北海道の海岸 特選 釣り場ナビ

北海道新聞HotMedia・週刊釣り新聞ほっかいどう [編]

北海道新聞社

はじめに

　自然を体全体で感じ取れる磯場こそが海釣りの原点ではないだろうか。

　手軽で安全な港の釣りもいいが、磯場は大小の岩だけでなく砂地もあれば、小砂利もあり、奇岩を見ることもある。全てが自然のつくりだした造形美である。

　こういう場所で自然に身を委ねて、磯の匂いを吸い込み、波の音とともに自然界に溶け込み、魚とのやりとりに集中する。釣りから生まれた自然との一体感が、心地良い別世界に誘う。

　いろいろな磯釣り場でサオを出してみたいといつも思い願っている人は多いことだろう。だが問題がある。磯場への入釣方法がわかりにくいことだ。

　初めての磯釣り場に行こうとしても、目的の場所にたどり着くのはなかなか難しいし危険でもある。

　誰もが磯釣りを楽しむことができたらと思っていたところ、本紙通信員の岩見沢市在住、横山秀視さんが入釣方法の説明に徹した「特選釣り場ナビ」の連載企画を提案してきた。

　他の通信員、本紙記者も加わり週刊釣り新聞ほっかいどう（つりしん）に2012年8月から16年6月までの4年間、計200回、連載した。

週刊釣り新聞ほっかいどう編集長　大井　昇

本書出版にあたってはつりしん掲載の記事をあらためて精査し、文章もコンパクトに書き直し、入釣できなくなった釣り場は、新たに取材した釣り場と入れ替えた。

　本書は入釣ルートの目印地点の写真を載せ、釣り場にたどり着けるようにと道案内人の役割にこだわった。イラストマップでは釣りポイントを大文字のアルファベットで特定し、できるだけ釣り場の写真を掲載することで、同ポイントのイメージを膨らませてもらいたかった。

　数字の①②‥は写真撮影の位置か釣りポイントの写真である。釣り場の解説文と合わせてイラストマップを見ていただければ①②…の位置の意味を分かるようにしている。

　一般の釣りガイド本は釣り場を解説しているが、本書は入釣ルートの解説を中心におくという全国初のガイド本であり、戸惑う人もいるかもしれない。

　ただ、私たちは、読者が新しい磯場を知り、そこで釣りを楽しむことができたら、という思いをこめて取材、編集した。

　最後にこの企画の発案者であり、収録の釣り場を多く取材し、編集作業にもかかわり、釣り場の確認に奔走してくれた横山秀視氏に感謝申し上げる。彼がいなかったら本書は絶対、日の目を見なかった。

　さあ、本書を手に、新しい磯場を目指し出発しましょう。

北海道の海岸 特選釣り場ナビ [全道マップ]

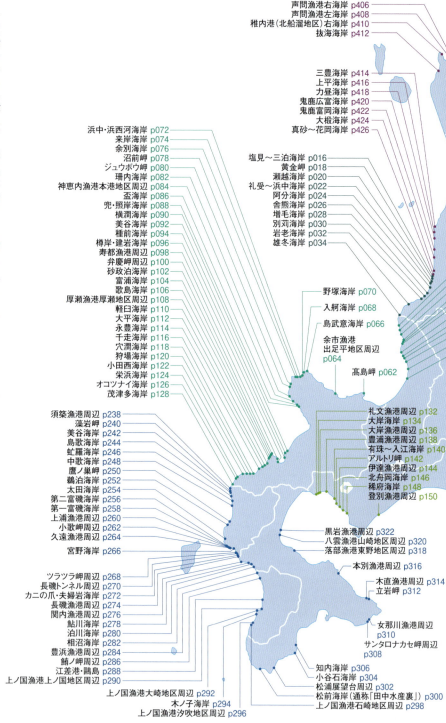

- 声問漁港右海岸 p406
- 声問漁港左海岸 p408
- 稚内港(北船溜地区)右海岸 p410
- 抜海海岸 p412
- 三豊海岸 p414
- 上平海岸 p416
- 力昼海岸 p418
- 鬼鹿広富海岸 p420
- 鬼鹿富岡海岸 p422
- 大椴海岸 p424
- 真砂〜花岡海岸 p426
- 塩見〜三泊海岸 p016
- 黄金岬 p018
- 瀬越海岸 p020
- 礼受〜浜中海岸 p022
- 阿分海岸 p024
- 舎熊海岸 p026
- 増毛海岸 p028
- 別苅海岸 p030
- 岩老海岸 p032
- 雄冬海岸 p034
- 浜中・浜西河海岸 p072
- 来岸海岸 p074
- 余別海岸 p076
- 沼前岬 p078
- ジュウボウ岬 p080
- 珊内海岸 p082
- 神恵内漁港本港地区周辺 p084
- 盃海岸 p086
- 兜・照岸海岸 p088
- 横潤海岸 p090
- 美谷海岸 p092
- 種前海岸 p094
- 樽岸・建岩海岸 p096
- 寿都漁港周辺 p098
- 弁慶岬周辺 p100
- 砂政泊海岸 p102
- 富浦海岸 p104
- 歌島海岸 p106
- 厚瀬漁港厚瀬地区周辺 p108
- 軽臼海岸 p110
- 大平海岸 p112
- 永豊海岸 p114
- 千走海岸 p116
- 穴澗海岸 p118
- 狩場海岸 p120
- 小田西海岸 p122
- 栄浜海岸 p124
- オコツナイ海岸 p126
- 茂津多海岸 p128
- 野塚海岸 p070
- 入舸海岸 p068
- 島武意海岸 p066
- 余市漁港出足平地区周辺 p064
- 高島岬 p062
- 礼文漁港周辺 p132
- 大岸海岸 p134
- 大岸漁港周辺 p136
- 豊浦漁港周辺 p138
- 有珠〜入江海岸 p140
- アルトリ岬 p142
- 伊達漁港周辺 p144
- 北舟岡海岸 p146
- 稀府海岸 p148
- 登別漁港周辺 p150
- 須築漁港周辺 p238
- 藻岩岬 p240
- 美谷海岸 p242
- 島歌海岸 p244
- 虹羅海岸 p246
- 中歌海岸 p248
- 鷹ノ巣岬 p250
- 鵜泊海岸 p252
- 太田海岸 p254
- 第二富磯海岸 p256
- 第一富磯海岸 p258
- 上浦漁港周辺 p260
- 小歌岬周辺 p262
- 久遠漁港周辺 p264
- 宮野海岸 p266
- 黒岩漁港周辺 p322
- 八雲漁港山崎地区周辺 p320
- 落部漁港東野地区周辺 p318
- 本別漁港周辺 p316
- 木直漁港周辺 p314
- 立岩岬 p312
- ツラツラ岬周辺 p268
- 長磯トンネル周辺 p270
- カニの爪・夫婦岩海岸 p272
- 長磯漁港周辺 p274
- 関内漁港周辺 p276
- 鮎川海岸 p278
- 泊川海岸 p280
- 相沼海岸 p282
- 豊浜漁港周辺 p284
- 鮪ノ岬海岸 p286
- 江差港・鴎島 p288
- 上ノ国漁港上ノ国地区周辺 p290
- 女那川漁港周辺 p310
- サンタロナカセ岬周辺 p308
- 知内海岸 p306
- 小谷石海岸 p304
- 松浦展望台周辺 p302
- 松前海岸(通称「田中水産裏」) p300
- 上ノ国漁港石崎地区周辺 p298
- 上ノ国漁港大崎地区周辺 p292
- 木ノ子海岸 p294
- 上ノ国漁港汐吹地区周辺 p296

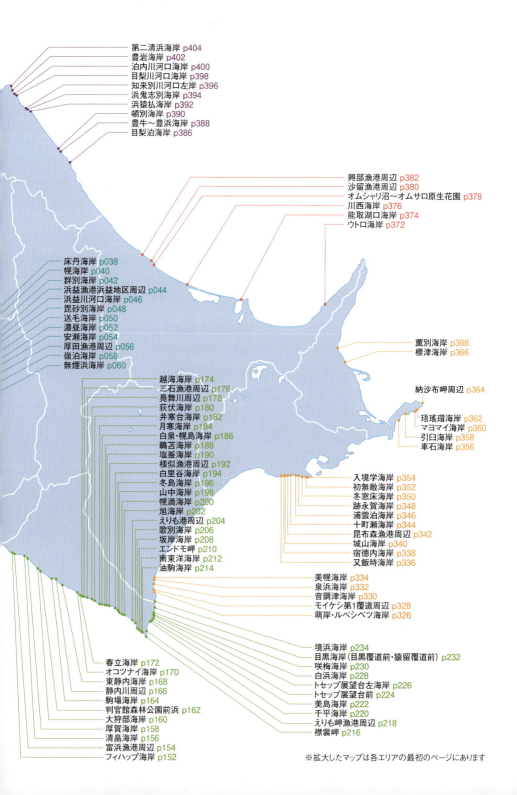

北海道の海岸 特選釣り場ナビ［目次］

はじめに ……………………………………… 2
全道マップ …………………………………… 4
目次 …………………………………………… 6
この本の使い方 ……………………………… 12

道央 留萌エリア

塩見〜三泊海岸［留萌市］ ………………… 16
黄金岬［留萌市］ …………………………… 18
瀬越海岸［留萌市］ ………………………… 20
礼受〜浜中海岸［留萌市］ ………………… 22
阿分海岸［増毛町］ ………………………… 24
舎熊海岸［増毛町］ ………………………… 26
増毛海岸［増毛町］ ………………………… 28
別苅海岸［増毛町］ ………………………… 30
岩老海岸［増毛町］ ………………………… 32
雄冬海岸［増毛町］ ………………………… 34

道央 石狩・後志

床丹海岸［石狩市］ ………………………… 38

幌海岸[石狩市] ……… 40	珊内海岸[神恵内村] ……… 82
群別海岸[石狩市] ……… 42	神恵内漁港本港地区周辺[神恵内村] ……… 84
浜益漁港浜益地区周辺[石狩市] ……… 44	盃海岸[泊村] ……… 86
浜益川河口海岸[石狩市] ……… 46	兜・照岸海岸[泊村] ……… 88
毘砂別海岸[石狩市] ……… 48	横澗海岸[寿都町] ……… 90
送毛海岸[石狩市] ……… 50	美谷海岸[寿都町] ……… 92
濃昼海岸[石狩市] ……… 52	種前海岸[寿都町] ……… 94
安瀬海岸[石狩市] ……… 54	樽岸・建岩海岸[寿都町] ……… 96
厚田漁港周辺[石狩市] ……… 56	寿都漁港周辺[寿都町] ……… 98
嶺泊海岸[石狩市] ……… 58	弁慶岬周辺[寿都町] ……… 100
無煙浜海岸[石狩市] ……… 60	砂政泊海岸[寿都町] ……… 102
高島岬[小樽市] ……… 62	富浦海岸[島牧村] ……… 104
余市漁港出足平地区周辺[余市町] ……… 64	歌島海岸[島牧村] ……… 106
島武意海岸[積丹町] ……… 66	厚瀬漁港厚瀬地区周辺[島牧村] ……… 108
入舸海岸[積丹町] ……… 68	軽臼海岸[島牧村] ……… 110
野塚海岸[積丹町] ……… 70	大平海岸[島牧村] ……… 112
浜中・浜西河海岸[積丹町] ……… 72	永豊海岸[島牧村] ……… 114
来岸海岸[積丹町] ……… 74	千走海岸[島牧村] ……… 116
余別海岸[積丹町] ……… 76	穴澗海岸[島牧村] ……… 118
沼前岬[積丹町・神恵内村] ……… 78	狩場海岸[島牧村] ……… 120
ジュウボウ岬[神恵内村] ……… 80	小田西海岸[島牧村] ……… 122

栄浜海岸[島牧村]……………………124
オコツナイ海岸[島牧村]……………126
茂津多海岸[島牧村]…………………128

道央
胆振・日高

礼文漁港周辺[豊浦町]………………132
大岸海岸[豊浦町]……………………134
大岸漁港周辺[豊浦町]………………136
豊浦漁港周辺[豊浦町]………………138
有珠〜入江海岸[伊達市・洞爺湖町]……140
アルトリ岬[伊達市]…………………142
伊達漁港周辺[伊達市]………………144
北舟岡海岸[伊達市]…………………146
稀府海岸[伊達市]……………………148
登別漁港周辺[登別市]………………150
フィハップ海岸[日高町]……………152
富浜漁港周辺[日高町]………………154
清畠海岸[日高町]……………………156
厚賀海岸[日高町]……………………158
大狩部海岸[新冠町]…………………160

判官館森林公園前浜[新冠町]………162
駒場海岸[新ひだか町]………………164
静内川周辺[新ひだか町]……………166
東静内海岸[新ひだか町]……………168
オコツナイ海岸[新ひだか町]………170
春立海岸[新ひだか町]………………172
越海海岸[新ひだか町]………………174
三石漁港周辺[新ひだか町]…………176
鳧舞川周辺[新ひだか町]……………178
荻伏海岸[浦河町]……………………180
井寒台海岸[浦河町]…………………182
月寒海岸[浦河町]……………………184
白泉・幌島海岸[浦河町]……………186
鵜苫海岸[様似町]……………………188
塩釜海岸[様似町]……………………190
様似漁港周辺[様似町]………………192
白里谷海岸[様似町]…………………194
冬島海岸[様似町]……………………196
山中海岸[様似町]……………………198
幌満海岸[様似町]……………………200
旭海岸[様似町]………………………202

えりも港周辺[えりも町] ……………204	美谷海岸[せたな町] ……………242
歌別海岸[えりも町] ……………206	島歌海岸[せたな町] ……………244
坂岸海岸[えりも町] ……………208	虻羅海岸[せたな町] ……………246
エンドモ岬[えりも町] ……………210	中歌海岸[せたな町] ……………248
南東洋海岸[えりも町] ……………212	鷹ノ巣岬[せたな町] ……………250
油駒海岸[えりも町] ……………214	鵜泊海岸[せたな町] ……………252
襟裳岬[えりも町] ……………216	太田海岸[せたな町] ……………254
えりも岬漁港周辺[えりも町] ……218	第二富磯海岸[せたな町] ………256
千平海岸[えりも町] ……………220	第一富磯海岸[せたな町] ………258
美島海岸[えりも町] ……………222	上浦漁港周辺[せたな町] ………260
トセップ展望台前[えりも町] ……224	小歌岬周辺[せたな町] …………262
トセップ展望台左海岸[えりも町] …226	久遠漁港周辺[せたな町] ………264
白浜海岸[えりも町] ……………228	宮野海岸[せたな町] ……………266
咲梅海岸[えりも町] ……………230	ツラツラ岬周辺[せたな町] ………268
目黒海岸[目黒覆道前、猿留覆道前][えりも町] 232	長磯トンネル周辺[せたな町] ……270
境浜海岸[えりも町] ……………234	カニの爪・夫婦岩海岸[せたな町] …272
	長磯漁港周辺[せたな町] ………274
道南 渡島・檜山	関内漁港周辺[八雲町] …………276
	鮎川海岸[八雲町] ………………278
須築漁港周辺[せたな町] ………238	泊川海岸[八雲町] ………………280
藻岩岬[せたな町] ……………240	相沼海岸[八雲町] ………………282

豊浜漁港周辺[乙部町]	284
鮪ノ岬周辺[乙部町]	286
江差港・鷗島[江差町]	288
上ノ国漁港上ノ国地区周辺[上ノ国町]	290
上ノ国漁港大崎地区周辺[上ノ国町]	292
木ノ子海岸[上ノ国町]	294
上ノ国漁港汐吹地区周辺[上ノ国町]	296
上ノ国漁港石崎地区周辺[上ノ国町]	298
松前海岸[通称「田中水産裏」][松前町]	300
松浦展望台周辺[福島町]	302
小谷石海岸[知内町]	304
知内海岸[知内町]	306
サンタロナカセ岬周辺[函館市]	308
女那川漁港周辺[函館市]	310
立岩岬[函館市]	312
木直漁港周辺[函館市]	314
本別漁港周辺[鹿部町]	316
落部漁港東野地区周辺[八雲町]	318
八雲漁港山崎地区周辺[八雲町]	320
黒岩漁港周辺[八雲町]	322

道東　十勝・釧路・根室

萌岸・ルベシベツ海岸[広尾町]	326
モイケシ第1覆道周辺[広尾町]	328
音調津海岸[広尾町]	330
泉浜海岸[広尾町]	332
美幌海岸[広尾町]	334
又飯時海岸[釧路町]	336
宿徳内海岸[釧路町]	338
城山海岸[釧路町]	340
昆布森漁港周辺[釧路町]	342
十町瀬海岸[釧路町]	344
浦雲泊海岸[釧路町]	346
跡永賀海岸[釧路町]	348
冬窓床海岸[釧路町]	350
初無敵海岸[釧路町]	352
入境学海岸[釧路町]	354
車石海岸[根室市]	356
引臼海岸[根室市]	358
マヨマイ海岸[根室市]	360
琱瑤瑠海岸[根室市]	362

納沙布岬周辺[根室市]……………………364
標津海岸[標津町]…………………………366
薫別海岸[標津町]…………………………368

道東 道北 オホーツク

ウトロ海岸[斜里町]………………………372
能取湖口海岸[網走市]……………………374
川西海岸[湧別町]…………………………376
オムシャリ沼[興部町]〜オムサロ原生花園[紋別市]……378
沙留漁港周辺[興部町]……………………380
興部漁港周辺[興部町]……………………382

道北 宗谷・留萌

目梨泊海岸[枝幸町]………………………386
豊牛〜豊浜海岸[浜頓別町]………………388
頓別海岸[浜頓別町]………………………390
浜猿払海岸[猿払村]………………………392
浜鬼志別海岸[猿払村]……………………394
知来別川河口左岸[猿払村]………………396

目梨川河口海岸[稚内市]…………………398
泊内川河口海岸[稚内市]…………………400
豊岩海岸[稚内市]…………………………402
第二清浜海岸[稚内市]……………………404
声問漁港右海岸[稚内市]…………………406
声問漁港左海岸[稚内市]…………………408
稚内港[北船溜地区]右海岸[稚内市]……410
抜海海岸[稚内市]…………………………412
三豊海岸[苫前町]…………………………414
上平海岸[苫前町]…………………………416
力昼海岸[苫前町]…………………………418
鬼鹿広富海岸[小平町]……………………420
鬼鹿富岡海岸[小平町]……………………422
大椴海岸[小平町]…………………………424
真砂〜花岡海岸[小平町]…………………426

解説 ………………………………………428

P64 余市漁港出足平地区周辺、P102 砂政泊海岸、P160 大狩部海岸の3カ所は、釣り場やアクセス路の状況悪化などのため、3刷以降は紹介記事の掲載を見送っています。

この本の使い方

■北海道マップ
釣り場の所在市町村を表記。

■釣り場説明文
前文で釣り場の特徴を記載し、本文では各ポイントの入釣方法、釣れる魚種を解説。

■釣り場マップ
お薦めの釣りポイントはアルファベットのA、B、C…で表記。数字の①、②、③…は釣り場の写真位置、または写真の撮影位置であり、釣り場説明文に①、②、③の位置説明を記載している。

■注意事項
[活用方法]
・岩場は危険を伴うので初めての入釣の際は日中のうちに地形、入釣ルートを事前確認しておくこと。いきなり夜間に入釣するのは危険。
・最初の入釣は安全を考えて、複数での釣行が望ましい。
・イラストマップには公設駐車場のみを記載した。地元の了解が得られれば駐車できる場所もある。地元の釣具店のアドバイスも得ながら情報を集めて駐車スペースを探しトラブルや駐車違反のないように心掛けること。
・磯場には波をかぶったり、滑りやすい場所がある。転倒するだけで大けがを負うこともあるので注意するとともに、事前に必ず天気予報を確認しておくこと。
・入釣の際、住宅の横を通る場所もあるので大声を出さないこと。

◆おことわり
2016年8月、9月に相次いで北海道に上陸した台風、温帯低気圧の影響により大きな被害を受けるとともに、一部の海岸の形状も大きく変わりました。掲載した釣り場によってはポイントの位置が変わっているところもあるので実釣の際は現場確認を徹底し、安全第一を心掛けるようお願いします。

■釣り期
主な対象魚をピックアップして釣れる時期を赤色で表記。

■MEMO（メモ）
注意事項を中心に入釣に役立つ情報を紹介。

■釣り場で
・防波堤上は高波などにより海中転落の危険があるので注意すること。
・消波ブロック上は、足場が不安定で転落などの危険があるので注意すること。
・港や磯場に設置している立ち入り禁止や注意事項の標示物の内容を順守すること。
・工事を行っている場所には近づかないこと。
・漁業活動の支障となるような行為はしないこと。コンブ干し場には絶対入らないこと。
・漁船の航路となっている場所では釣り糸が船に絡んで危険なので注意すること。
・救命胴衣は必ず着用すること。
・ごみや残ったエサなどは必ず持ち帰ること。

道央
留萌エリア

塩見〜三泊海岸 p016
黄金岬 p018
瀬越海岸 p020
礼受〜浜中海岸 p022
阿分海岸 p024

雄冬海岸 p034
岩老海岸 p032
別苅海岸 p030
増毛海岸 p028
舎熊海岸 p026

[留萌市] しおみ〜さんどまりかいがん

塩見〜三泊海岸

一帯の海底は砂地、玉石、岩盤など変化に富み、カレイやカジカなどが狙える。

　写真①のA点は、小平町臼谷漁港の留萌側。移動しながらのカジカの拾い釣りができる。A〜C点は水深が浅いため夜釣り狙いがいい。

　写真②のB点は防潮堤越しにサオが出せるが、雨や雪が降ると滑りやすくなる。カジカポイントだが、範囲が広いので、移動しながら拾い釣りした方がいい。

　写真③のC点は三泊漁港の留萌側。消波ブロックが設置されているが、取り込みなどサオは出しやすい。10〜11月のカジカがメーンとなる。ここでは、移動するにも範囲が狭いので、イカゴロを打ち続け、カジカを寄せる釣り方がベストだろう。

　写真④のD点は留萌港三泊埠頭の留萌側で、防潮堤から海岸に下りてサオを出す。クロガシラなどカレイがメーンで5月上旬から6月上旬ごろまでが狙いやすい。手前はかなり浅く50〜100mの範囲で探る。また留萌川の濁りの影響を受けやすく、アカハラが多いのが欠点だが、クロガシラの2ケタ釣りの実績も過去にある。

　写真⑤のE点はJR留萌駅から約3kmある留萌川の河口付近。写真⑥の駐車場もあり、のり面ブロック伝いに海岸に出ることができる。このE点は河口ということでアカハラ

も多いが、9月下旬〜10月中旬ごろまでサケが狙える。入釣者のほとんどは投げ釣りだ。

E点の入釣者は地元を中心に少数だが、留萌近郊でサケが好調の年には早朝だけで5、6匹のサケを一人で手にしたこともあった。侮れないポイントといえるが、逆に留萌近郊でサケが不調の年はさっぱり釣れないこともある。

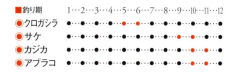

[道央] 留萌

[留萌市]

①秋にはカジカが期待できる臼谷漁港から入釣するA点

②秋にカジカが期待できるB点

③秋にカジカが期待できる三泊漁港の留萌側C点

④春のクロガシラが期待できるD点

⑤秋にはサケが期待できるE点

⑥E点入釣時の駐車場

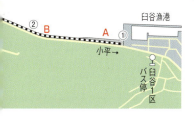

MEMO

留萌川河口海岸は河口規制がないが河川でのサケ・マス採捕は禁止されているので注意すること。

[留萌市] おうごんみさき

黄金岬

岸側は岩礁地帯でカジカ釣りができ、遠投すると砂地に届き、春はカレイやホッケ釣りが楽しめる。

　JR留萌駅から西方向に海岸線を目指し2kmほど進むと黄金岬に出る。

　A〜C点では5月上旬からのマガレイやホッケ釣りで、数釣りが狙えるので入釣者が多い。手前は根掛かりするので、80m以上の遠投が必要になる。また、マイカのウキ釣りでの入釣者も多い。

　写真④は、春のカレイやホッケ釣り場A〜C点に入釣する際の駐車場として利用できる。C点へは写真③の道路からの階段を利用して入釣する。長靴でも入釣できるがウエーダーを履いた方が安心だ。A、B点は写真①の道路際に置かれた消波ブロックを下りて入釣する。A点への入釣にはウエーダーが必要だが、写真②のB点への入釣には長靴で十分。

　写真⑥のD点は、岩礁と岩礁に架けられた桟橋を歩いて入釣する。メーンは7月上旬からのマイカ。ウキ釣りでタナは3〜4mがベスト。高価なウキ釣り仕掛けを失わないためにも、最低でも60m以上の距離が出ないと根掛かりするので注意してほしい。また、マイカ釣りの時期は、写真⑤にあるようにキャンプを楽しむ人が多くいる。黄金岬は留萌市の

観光名所の一つに挙げられており、キャンプがてらマイカ釣りを楽しむ釣り人もいる。

写真⑧のE点は11月からのカジカがメーン。道路向かいには写真⑦の駐車場がある。歩く距離も短くサオは出しやすいが、根掛かりが激しいため、仕掛けや捨て糸を付けたオモリは多めに持参しよう。

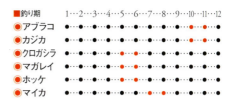

■釣り期	1	2	3	4	5	6	7	8	9	10	11	12
●アブラコ	●	●	●	●	●	●	●	●	●	●	●	●
●カジカ	●	●	●	●	●	●	●	●	●	●	●	●
●クロガシラ	●	●	●	●	●	●	●	●	●	●	●	●
●マガレイ	●	●	●	●	●	●	●	●	●	●	●	●
●ホッケ	●	●	●	●	●	●	●	●	●	●	●	●
●マイカ	●	●	●	●	●	●	●	●	●	●	●	●

[道央] 留萌

[留萌市]

①A点の釣り場

③春先の人気カレイ釣り場C点

②B点の釣り場

④A、B、C点に入釣する際の駐車場

⑤留萌の観光名所になっているキャンプ場

⑥マイカのウキ釣りが楽しめるD点

⑦E点の道路向かいにある駐車場

⑧秋にはカジカが期待できるE点

MEMO

黄金岬の夕陽は、北海道に5カ所しかない「日本の夕陽百選」に選ばれているビューポイント。

[留萌市] せごしかいがん

瀬越海岸

海底のほとんどが砂地になっていて、カレイ釣り場として人気がある。

　クロガシラは2月下旬から釣れ、この時期に30cmのクロガシラを数匹上げることも可能だ。

　入釣するにはJR留萌駅から西方向に海岸線を目指し、2kmほどで瀬越海岸に出る。

　写真①のA点はクロガシラに実績があり、3～4月のなぎの日には、釣り人のいない日はないと言っても言い過ぎでないほど人気の釣り場。防潮堤の上からサオを出せる点も人気の要因だろう。A、B点ともに2～3月は1回の大きなしけで砂の位置が変わり、魚がたまるポイントも変わるので移動して釣り歩くと、釣果アップにつながる。

　写真②のB点はカレイの早場ポイント。100m以上の遠投が必要だが、70～80m付近にもポイントがあるので、仕掛けを投げたままにせず、5～10分に1回は仕掛けをさびいて誘いをかけて狙う。

　写真③はC点入釣の際、駐車場として利用できるが7月上旬は海水浴場の駐車場となり、有料となる。

　写真④のC点は早春にクロガシラ、初夏にマガレイが釣れ、写真⑤の左角は特に人気がある。写真⑥のC～D点間の砂浜は、夏は海水浴場だが、3～4月はルアーマンが数多く入釣する。サクラマスの魚影は薄いよ

※JR留萌線　留萌～増毛間は2016年12月廃止

うだが、アメマスは魚影が濃く、70cmのビッグサイズが上がった実績がある。写真⑦のD点は春にクロガシラ、マガレイが釣れる人気ポイント。C、Dとも手前は捨て石が入っていて根掛かりするので遠投を心掛ける。

写真⑧のE点は海水浴場を挟むように設置されている釣り突堤。道路から100mほど歩かなければならないが、遠投しなくても深みに仕掛けを落とせるので、釣り人が絶えない。3〜6月に実績があり、3〜4月にクロガシラ、5〜6月にはマガレイが狙える。

[道央] 留萌 ［留萌市]

■釣り期	1	2	3	4	5	6	7	8	9	10	11	12
●クロガシラ	●	●	●	●	●	●	●	●	●	●	●	●
●マガレイ	●	●	●	●	●	●	●	●	●	●	●	●
●ホッケ	●	●	●	●	●	●	●	●	●	●	●	●
●アメマス	●	●	●	●	●	●	●	●	●	●	●	●

①防潮堤上からサオを出せ、良型クロガシラが狙えるA点

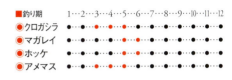
②階段状の護岸が施されサオが出しやすいB点

③C点入釣時に利用できる駐車場

④カレイやホッケで人気の釣り突堤(留萌側)C点

⑤一番の人気ポイントの釣り突堤(留萌側)左角(C点)

⑥C、D点の突堤の間にあるゴールデンビーチもい

⑦釣り突堤(中央)D点

⑧釣り突堤(増毛側)E点

MEMO
近年は健康ブームで、瀬越海岸でウオーキングを楽しむ人が多い。階段状の護岸ブロックが施され入釣しやすいB点付近では、キャスティング時の周囲への注意は忘れずに。

[留萌市] れうけ～はまなかかいがん

礼受～浜中海岸

礼受漁港を境に増毛寄りが礼受海岸で岩礁地帯の遠浅が続く。
留萌寄りの浜中海岸は海水浴場だったところで、砂浜となっている。

写真①のA点は4月上旬からのカレイ釣り場。浜中海岸はイシモチの数釣りができるが、クロガシラはポツポツ程度。マガレイはあまり釣れないので、釣り期は5月末ぐらいまで。沖合に離岸堤があるが、遠投すれば離岸堤より遠くに飛ばすことも可能。カレイは中投でも釣れるが、離岸堤と離岸堤の間を狙って遠投してみるのも面白い。

写真③のB点は、近年のソルトルアー人気で釣り人の姿を見掛けるようになった。釣り期は3月上旬から5月末ごろまでで、アメマスがメインだが、まれにサクラマスも上がる。B点に入釣の際には写真②の駐車場を利用するといいだろう。

写真⑤のC点は礼受漁港で放流したサケが投げ釣りで狙える。時期は10月上旬だが釣り期は短い。写真④はC点への入釣時の段差。60～90cm程度の脚立やはしごを用意しておくといいだろう。

写真⑥のD点はちょい投げでカジカが釣れるポイント。礼受漁港の山側の増毛寄りにあるボックスカルバート（箱形の暗きょ）をくぐり、斜路に釣り座を構えてサオを出す。数釣りは難しいが、風が強い日でも波が立ちづらく、北寄りのサオが出せる利点がある。

写真⑦のE点はちょい投げでカジカを狙う。エサは定番のソウダガツオだがアカハラの切り身で釣果を上げる人もいる。礼受郵便局の看板の手前に海側への下り口がある。カジカの時期は10～11月。

※JR留萌線　留萌～増毛間は2016年12月廃止

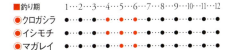
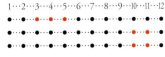

[道央] 留萌

[留萌市]

①カレイ類が狙えるA点

②B点入釣の際の駐車場

③アメマスやサクラマスが狙えるB点

④C点への下り口

⑤砂浜でサケ釣りが楽しめるC点

⑥秋にはカジカが狙える礼受漁港南側のD点

⑦秋にはカジカが狙えるE点の礼受郵便局前浜

MEMO

礼受～浜中海岸はどの魚種についても釣れると太鼓判は押せないが、混み合っていないので、のんびり釣りがしたいという人にはお薦めだ。

[増毛町] あふんかいがん

阿分海岸

岩盤や玉石が堆積しており、一部には砂地に飛び根が点在する。秋から冬にかけてのカジカ、アブラコ狙いで入釣する人が多い。

　写真①のA点はちょい投げでカジカが狙える。船揚げ場に釣り座を構えてもいいが、北側の砂浜でも釣果が見込める。

　写真②、③のB点はカジカのポイント。数は狙えないが、南側は写真にもあるように消波ブロックが設置されていないので入釣者が多い。北側はブロックが設置されて取り込みづらいが、人が入っていない分、カジカがたまっていることもあるので、入釣の際は南側だけでなく、北側からもサオを出してほしい。

　写真④のC点は防潮堤からサオを出すことができる。このC点では2ケタのカジカが上がることがあるが、ここ近年は好釣果の情報はない。C点の利点はしけの日でもサオを出せること。強風でもカジカは上がっている。

　写真⑤のD点は阿分漁港の南側。防波堤に積まれた消波ブロックを下りて釣り座を構える。釣り期は秋から初冬にかけてで、降雪後の入釣には細心の注意が必要。2ケタの釣果は難しいが、3、4匹のヒットは期待できる。

　写真⑥のE点の下り口（写真⑦）は急ではないが降雪後、滑りやすいので注意。入釣者が多く人気があるカジカのポイントで、沖から波が2、3枚立っていれば好条件となる。ちょい投げで釣果が上がる。釣り期は10月中旬から11月末ごろまで。

■釣り期	1…2…3…4…5…6…7…8…9…10…11…12
●アブラコ	●…●…●…●…●…●…●…●…●…●…●…●
●カジカ	●…●…●…●…●…●…●…●…●…●…●…●

[道央] 留萌

[増毛町]

①しけに強くカジカが狙えるA点

②しけに強いB点の北側

③しけの日に強く、カジカの狙えるB点の南側

④しけの日に強く、カジカの数釣りが狙えるC点

⑤カジカやアブラコが狙える阿分漁港南側のD点

⑥秋にはカジカが期待できるE点

⑦国道からE点への入り口

MEMO

カジカ釣りのエサには皮の硬いアカハラの切り身が最適で、多めに持参しよう。エサを取ってしまうイソガニが多いのでサンマの切り身など、皮の薄いエサは5分と持たない。

[増毛町] しゃぐまかいがん

舎熊海岸

波打ち際に玉石が堆積しており一見、根掛かりが激しそうだが砂地が多くカレイ場として増毛町内では人気が高い。

　JR増毛駅跡地から国道231号を北上、6kmほど進むとJR舎熊駅跡地がある。この一帯が舎熊海岸である。

　写真①のA点はサケ・マス河口規制標柱の信砂川側で、5月1日から11月30日まではサケ・マスが禁漁となっている。その年にもよるが、同海岸は1回のしけで砂の位置が変わることが多い。A点は比較的水深があり、遠投でイシモチ、スナガレイ、クロガシラの好漁に恵まれることもある。

　写真②のB点は写真③のサケ・マス河口規制標柱の増毛側。カレイ釣りでも人気だが、近年は4〜6月のサクラマス狙いのルアーマンの入釣が多く、早朝に全体で2ケタのサクラマスが上がる日もある。9〜10月はサケが狙えるが近年は、回遊の状況が芳しくなく、1匹釣れれば上出来といったところだ。

　写真④⑤のC、D点は防潮堤越しにサオが出せる。C点は「青看板前」、D点は「郵便局前」と呼ばれ、春のカレイシーズンは人気があり遠投で、イシモチ、スナガレイ、クロガシラが釣れる。

　写真⑥のE点の海底は玉石で、サケの穴場的ポイントとなっていて、春には遠投でカレイが釣れる。

　写真⑦のF点も海底に玉石が堆積している。11月上旬からクロゾイやカジカが狙え、防潮堤越しにサオが出せる。釣り場は増毛市街方向に約700mも続いており、釣り歩きながらサオを出すとカジカの数釣りが期待できる。

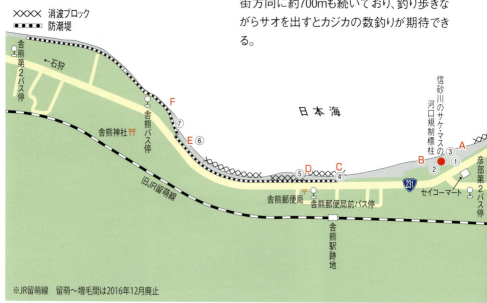

※JR留萌線　留萌〜増毛間は2016年12月廃止

[道央] 留萌 [増毛町]

■釣り期	1・2・3・4・5・6・7・8・9・10・11・12
●クロガシラ	
●サクラマス	
●サケ	
●カジカ	
●アブラコ	
●クロゾイ	

①春のカレイ釣りで人気釣り場のコンビニ前のA点　②春のサクラマスや秋のサケ釣りで人気のB点

④春のカレイ釣りで人気のC点

⑤人気釣り場の通称「郵便局前」と呼ばれるD点

⑥サケ釣りの穴場ポイントE点

③A、B点の間にあるサケ・マス河口規制標柱

⑦秋にはクロゾイやカジカが釣れるF点

MEMO

カレイの早場としても有名な舎熊海岸は釣り期が2〜6月と長い。例年、サケやサクラマスの時期にサケ・マス河口規制の規則違反となる信砂川側でサオを出している人を見掛ける。知らなかったでは済まされないので入釣の際には十分、注意してほしい。

[増毛町] ましけかいがん

増毛海岸

[道央] 留萌

[増毛町]

玉石や根が多く根掛かりが多発するが、一部には砂地もありカレイが狙える。またサケ釣りができる有名ポイントが点在する。

A点は国道沿いに越波対策の柵が施されている所の北側にあり、3～6月にルアー釣りでアメマスやサクラマスが狙える。写真①の中央奥にある越波柵付近から、のり面を下りて入釣する。

写真②③は箸別川河口の両海岸。サケ釣りで有名だが、B点は3、4月に遠投でカレイが狙える。岸側は玉石が堆積しており一見、カレイ釣り場には見えないが、岸際30mから先には砂地に飛び根が存在し、クロガシラが期待できる。C点では9月上旬から投げ釣りでサケが狙える。エサはソーダガツオで、飛距離は60～70mがベスト。

写真④のD点の増毛港北防波堤基部は6～9月のロックフィッシングでソイやアブラコが狙える。ただし消波ブロック上からの釣りとなる。入釣の際にはスパイクブーツとライフジャケットは必需品。

E点はサケが狙えるポイントで、写真⑤⑥は永寿川河口周辺をそれぞれ右側と左側から写したもの。防潮堤の上からサオを出すことができる。投げ釣りの入釣者が多いが、永寿川河口の左海岸沿いに並べられた消波ブロック上からウキルアーやウキ釣りでサケを狙うことができる。入釣には左海岸側にある船揚げ場を通って入釣する。

写真⑦のF点は10月下旬からのカジカがメーン。暑寒別川河口右海岸の旧海水浴場から入釣し、移動しながらちょい投げでカジカの数釣りを狙う。

暑寒別川は5月1日～11月30日、左右両岸500mにサケ・マス採捕の河口規制が掛かる。

※JR留萌線　留萌～増毛間は2016年12月廃止

[道央] 留萌

[増毛町]

■釣り期	1…2…3…4…5…6…7…8…9…10…11…12
● クロガシラ	●…●…●…●…●…●…●…●…●…●…●
● アメマス	●…●…●…●…●…●…●…●…●…●…●
● サクラマス	●…●…●…●…●…●…●
● サケ	●…●…●…●
● カジカ	●…●…●…●…●
● アブラコ	●…●…●…●…●…●…●

①ルアー釣りでサクラマスやアメマスが狙えるA点

②3月上旬からカレイ類が狙えるB点

③サケの人気釣り場、C点

④ロックフィッシングでソイやアブラコが狙えるD点

⑤10月上旬にはサケの投げ釣りでサオが林立するE点

⑥サケのウキルアーやウキ釣りでサオが出せるE点

⑦10月下旬からカジカが狙えるF点

MEMO
町道を境に民宿や民家が多いので、地域住民に迷惑が掛からないように静かに釣ることを忘れないで。

[増毛町] べつかりかいがん

別苅海岸

海底は玉石が堆積しているが、一部には砂地もありカレイが狙え、暑寒別川や別苅漁港の周辺ではサケが狙える。

写真①のA点は暑寒別川河口左岸。11月からのカジカがメインの釣り場。国道231号を留萌方向から走り、暑寒別橋を渡って海岸方向に右折すると国道と平行に町道がある。町道に入り、ここから1m程度ののり面を下りて入釣する。町道は約1km先で、国道とつながっている。イカゴロを使わないカジカの拾い釣りで2ケタのカジカを狙うことができる。

写真②、③掲載の看板通り、暑寒別川河口両岸500mは5月1日から11月30日までサケ・マス採捕禁止区域となっているので禁止期間中に、カジカ狙いでサオを出すと誤解されることがあるので注意してほしい。禁止区域外でのサケ釣りは数が出ないためか入釣者は少ない。写真④、⑤のB点の船揚げ場は11月からのカジカポイント。沖合に消波ブロックがあるので、しけの日でも波が立たない。ただ、1つの船揚げ場で狙えるカジカはせいぜい3匹止まり。船揚げ場を移動しながら数釣りを狙う。

写真⑥のC点は4月上旬からクロガシラが狙える。いい時に当たると2ケタ釣りが可能。写真⑦はD点。留萌方向から札幌方向に進んで津田屋自治会館を30mほど過ぎた所を右折すると海岸に出られる。別苅漁港までの約500mが釣り場となる。海底は大きな玉石が並んでいて根掛かりが激しい。ウキ釣りが良く、6〜12月までハチガラが狙える。写真⑧のE点では、別苅漁港内でサケ稚魚の海中飼育を行うようになり、平成22〜23年ごろから釣れるようになった。ウキルアーやウキ釣りが主な釣り方。釣り期は9月下旬から10月下旬まで。

■釣り期	1…2…3…4…5…6…7…8…9…10…11…12		1…2…3…4…5…6…7…8…9…10…11…12
●クロガシラ	●…●…●…●…●…●…●…●…●…●…●…●	●ソイ・ガヤ	●…●…●…●…●…●…●…●…●…●…●…●
●アメマス	●…●…●…●…●…●…●…●…●…●…●…●	●サケ	●…●…●…●…●…●…●…●…●…●…●…●
●サクラマス	●…●…●…●…●…●…●…●…●…●…●…●	●カジカ	●…●…●…●…●…●…●…●…●…●…●…●

[道央]留萌

[増毛町]

①秋にはカジカが期待できるA点

②サケ・マス採捕禁止の啓発看板

③サケ・マス採捕禁止の啓発看板には規制区域が記載されている

④しけの日でもサオが出せるB点

⑤B点の船揚げ場はカジカポイント

⑥クロガシラの数釣りができるC点

⑦津田屋自治会館からE点までの500mほどがD点の釣り場。ハチガラが狙える

⑧平成22〜23年ごろからサケが釣れるようになったE点

MEMO

別苅漁港は小さな漁港のため駐車できる場所が少ない。漁業活動の妨げにならないよう細心の注意が必要。

[増毛町] いわおいかいがん

岩老海岸

根掛かりが激しいが、遠投で砂地に届くところがあり、根魚だけでなくイシモチ、クロガシラが釣れるポイントもある。

写真①のA点は湯泊岬の北側。海岸に下りて釣り座を構えるよりも護岸上からのクレーン釣りでハチガラやガヤが6月から狙えるようになる。秋にはちょい投げでカジカが釣れる。投げ釣りでイカゴロを使った釣りに実績がある。

写真②から望むB点は湯泊岬南側。国道から海岸に下りるには小さな脚立があると便利で、先端部までは岩の上を歩かなければならないが、先端部ではハチガラに加え、マゾイ、シマゾイが上がる。

写真③と④のC点は汐岬を撮影した。北側からは潮の満ち引きによりウエーダーが必要となるが、南側からは水につかることなく入釣でき近投でソイやガヤ、遠投でカレイが狙える。釣り期はソイが6～12月、カレイは5～7月。写真⑤のD点は国道沿いに並べられた消波ブロックを渡って入釣する。スパイクブーツは必需品。魚種はガヤやクロゾイがメインとなり、まれにハチガラが釣れる。

投げ釣りのほかにもサオ1本で手軽に楽しめるロックフィッシングもお薦めしたい。写真⑥はE点。武好トンネルの裏側で、波打ち際に並べられた消波ブロックの境目がポイント。根魚狙いの近投で夏はハチガラ、秋はカジカがメインとなる。写真⑦のF点もハチガラ、カジカのポイントで釣り期は6～12月。ここも遠投でカレイが狙える。90mほど沖の大岩の南北30～40mの間がポイントとなる。カレイの釣り期は5～7月だが5、6月にホッケが好調なら合わせて大漁が期待できる。

[道央] 留萌

[増毛町]

①クレーン釣りがお薦めのA点

②岩場を歩いて先端部へ入釣できるB点

③国道から消波ブロックを下り先端部へ入釣できるC点北側

④国道沿いから岩場を歩いて先端部へ入釣できるC点南側

⑤国道から消波ブロックを下り入釣できるD点

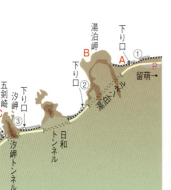

⑥波打ち際に並べられた消波ブロックの境目がポイントとなるE点

⑦沖合の大岩の南北がカレイポイントとなるF点

MEMO

1回のしけで砂の位置が変わることがあるので、砂地のポイントを確認してから2、3本目のサオを出すようにする。

[増毛町] おふゆかいがん

雄冬海岸

[道央] 留萌
[増毛町]

根の荒い場所が多くアブラコ、ハチガラ、マゾイなどの根魚が釣れるだけでなく、秋にはサケが岸寄りする。初夏から晩秋まで入釣者の絶えることがない。

写真①と②はA点。赤岩岬覆道横を通って入釣する。先端部からの近投でも水深があり、ガヤやアブラコのほかにもマゾイやシマゾイも釣れる。

写真③と④はB点。国道から写真④の階段を利用して海岸に出る。階段を下り増毛市街地方面に少し戻ると海面に岩が出ている。この岩の横を投げ釣りで攻めるとハチガラが釣れる。根が荒いため、捨て糸は絶対必要だがウキ釣りも面白い。A、B点の釣り期は6～12月。

写真⑤のC点ではサケが狙える。雄冬漁港で海中飼育されたサケが回帰するのでタイミング次第では複数匹が釣れる。入釣は国道横から小さな沢を下りなければならないので、ウエーダーが必要。釣り期は9～10月で、朝はサケを狙い夜はハチガラを狙うのもいい。写真⑥のD点は雄冬漁港第2北防波堤基部。10月下旬からのカジカの好ポイント。40cm以上が多いため、取り込み時には消波ブロックを下りなければならないので要注意。

写真⑦はE点で国道沿いにあるキャンプ場の裏。護岸が整備されており、入釣は楽だが、取り込みの際は、胸壁越しになるため、脚立や踏み台を用意すると楽だ。釣り期は6～12月と長く、ハチガラやカジカが狙える。写真⑧はF点。今は閉まっているが国道沿いに商店があったため、商店裏と呼ばれる有名ポイント。ここもE点同様にちょい投げでハチガラやカジカが狙える。E、F点は根が荒く、捨て糸を使った釣りとなり、仕掛けも多いときは10組以上ロストする。

[道央] 留萌

[増毛町]

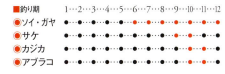

■釣り期	1…2…3…4…5…6…7…8…9…10…11…12
●ソイ・ガヤ	
●サケ	
●カジカ	
●アブラコ	

①赤岩岬覆道の横を通って入釣するA点

②赤岩岬覆道の浜益側から撮影。こちら側からA点には行けない

③B点は良型ハチガラが狙える

④B点に出る階段

⑤サケ期待のC点

⑥D点はカジカの好ポイント

⑦キャンプ場裏にあるE点

⑧有名ポイントで商店裏と呼ばれるF点

MEMO

根掛かりが激しいので、釣り座が高いポイントを選びクレーン釣りをすると仕掛けを失うリスクを多少は防げる。

道央
石狩・後志

- 床丹海岸 p038
- 幌海岸 p040
- 群別海岸 p042
- 浜益漁港浜益地区周辺 p044
- 浜益川河口海岸 p046
- 毘砂別海岸 p048
- 送毛海岸 p050
- 濃昼海岸 p052
- 安瀬海岸 p054
- 厚田漁港周辺 p056
- 嶺泊海岸 p058
- 無煙浜海岸 p060
- 髙島岬 p062
- 余市漁港出足平地区周辺 p064
- 島武意海岸 p066
- 入舸海岸 p068
- 野塚海岸 p070
- 浜中・浜西河海岸 p072
- 来岸海岸 p074
- 余別海岸 p076
- 沼前岬 p078
- ジュウボウ岬 p080
- 珊内海岸 p082
- 神恵内漁港本港地区周辺 p084
- 盃海岸 p086
- 兜・照岸海岸 p088
- 横澗海岸 p090
- 美谷海岸 p092
- 種前海岸 p094
- 樽岸・建岩海岸 p096
- 寿都漁港周辺 p098
- 弁慶岬周辺 p100
- 砂政泊海岸 p102
- 富浦海岸 p104
- 歌島海岸 p106
- 厚瀬漁港厚瀬地区周辺 p108
- 軽臼海岸 p110
- 大平海岸 p112
- 永豊海岸 p114
- 千走海岸 p116
- 穴澗海岸 p118
- 狩場海岸 p120
- 小田西海岸 p122
- 栄浜海岸 p124
- オコツナイ海岸 p126
- 茂津多海岸 p128

[石狩市] とこたんかいがん

床丹海岸

床丹は、釣り場が国道沿いにあるため、入釣しやすい。
カジカやアブラコ、ソイなど魚種も豊富。

　床丹海岸は、幌漁港から国道231号を増毛方向へ1kmほど進んだ所に位置する。

　床丹覆道の南口に位置するA点（写真①）は、玉石場に釣り座を構える所で、近投が荒根、遠投がバラ根となっている。ターゲットはカジカ、ソイ、ガヤ、ハチガラなど。なお、右側の床丹覆道前にある磯は、波打ち際に消波ブロックが積まれているため入釣は難しい。

　B点（写真②）は、床丹川の河口の玉石場に陣取る。近投が荒根、遠投がバラ根で、A点同様の釣果が得られる。

　C点（写真④）は、船揚げ場に陣取る。ここへは、写真③の通り、国道からイラストの矢印にしたがって、第2床丹橋の下をくぐって入釣する。近投でカジカ、遠投でソイやハチガラが狙える。

　D点（写真⑤）は、C点の左側に陣取る。船揚げ場から入釣する。近投が荒根、遠投がバラ根となっており、A、B点同様の釣果が得られる。

　なお、D点の左側一帯は以前、防潮堤越しにサオを出せたが、2021年3月、越波対策により高さが4.5mほどのフェンスが設置されたため、サオを出せなくなった。五ツ岩前は特に良型のソイやアブラコが釣れるポイントだっただけに惜しまれる。

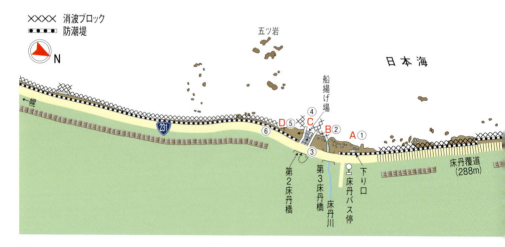

[道央]石狩・後志

[石狩市]

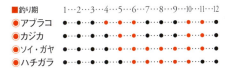

■釣り期	1	2	3	4	5	6	7	8	9	10	11	12
●アブラコ					●	●				●	●	
●カジカ												
●ソイ・ガヤ				●	●	●				●	●	
●ハチガラ				●	●	●	●	●		●	●	

①床丹覆道南口のA点 ②B点の床丹川河口

③第2床丹橋から船揚げ場に向かうルート　④C点の船揚げ場　⑤船揚げ場の左側のD点

⑥新たに設置された高さ4.5mほどのフェンス

> **MEMO**
> D点は10時方向へ100mほど遠投すると隠れ根があり、良型のアブラコやソイがヒットする。

[石狩市] ぼろかいがん

幌海岸

春はカレイやカジカ、秋はソイやサケなどが釣れる。
シーズン中は多くのサオが立ち並ぶ人気釣り場である。

　A点(写真①)は、防潮堤に釣り座を構える。海側に設置した波よけのフェンスの南端から下り、3mほどの幅がある防潮堤の上にサオをセットする。沖に離れ岩があり、その周囲を遠投で狙っていくと、アブラコ、カジカ、ソイのほかカレイも釣れる。注意点は、海面からの高さが8mほどあるため、クレーン釣りとなること。

　B点(写真②)は、北防波堤基部の玉石場に陣取る。ターゲットはカジカやソイ、アブラコなど。北防波堤の消波ブロック付近を狙うと好釣果となる。

　C点(写真③)は、西防波堤の外海側を狙う。足場のよいブロックを選んでサオを出す。遠投をかけると砂地に届き、マガレイやイシモチなどのカレイ類が釣れる。

　D点(写真④)は、西防波堤の白灯台から防波堤の延長線上に遠投をかけると、マガレイやイシモチ、クロガシラなどがヒットする。消波ブロック周りでは、良型のアブラコやソイも釣れる。白灯台へは、北防波堤基部から胸壁の上を歩いていくと入釣しやすい。

　E点(写真⑤)は南防波堤で、胸壁の高さが1mほどしかないため、外海狙いが容易。ターゲットはカジカやカレイなど。

　F点(写真⑥)は、幌川河口の右岸で、左岸に比べ、足場の玉石が小粒で、釣り座が構えやすい。秋のサケのほか、春先は遠投でカレイが狙える。

　G点(写真⑦)は、幌川河口で、秋のサケ釣りポイント。シーズン中はサオが立ち並ぶ。

　H点(写真⑧)は、幌川河口の左岸で、F、G点同様の魚種を狙う。

[道央] 石狩・後志

[石狩市]

■釣り期	1・2・3・4・5・6・7・8・9・10・11・12		1・2・3・4・5・6・7・8・9・10・11・12
●アブラコ	●・●・●・●・●・●・●・●・●・●・●・●	●マガレイ	●・●・●・●・●・●・●・●・●・●・●・●
●カジカ	●・●・●・●・●・●・●・●・●・●・●・●	●ソイ	●・●・●・●・●・●・●・●・●・●・●・●
●クロガシラ	●・●・●・●・●・●・●・●・●・●・●・●	●サケ	●・●・●・●・●・●・●・●・●・●・●・●

①国道下の防潮堤に釣り座を構えるA点

②漁港の右側の磯(B点)

③カレイが釣れる西防波堤の外海側(C点)

④マガレイの好釣り場として知られる西防波堤の白灯台前(D点)

⑤内防にあたる南防波堤(E点)

⑥幌川河口の右岸(F点)

⑦サケ釣り場として知られる幌川河口海岸(G点)

⑧幌川河口の左岸(H点)

MEMO
西防波堤でカレイ類が釣れるのは、主に5月中旬から6月下旬にかけて。外海側への遠投で魚影を探る。

[石狩市]くんべつかいがん

群別海岸

玉石場主体の磯と砂地にバラ根が広がる漁港が主な釣り場。
カジカやアブラコ、カレイが狙える。

　A・B点へは、漁港の右側から磯に出て、玉石場を歩いて入釣する。
　写真①(A点)は、漁港から500mほど右に進んだ所にある磯を写したもので、大きな玉石が室蘭沢まで続く。この辺り一帯は、1年を通してほとんどサオが入っていないため、アブラコやハチガラなどの良型が釣れる。
　写真②(B点)は、漁港から300mほど進んだ所にある2畳ほどの広さのテーブル岩を写した(写真の中央右)。この辺りは、根掛かりは激しいが、良型のアブラコやカジカ、ハチガラなどがヒットする。
　漁港右側の磯(C点、写真③)は、A、B点に比べると小粒の玉石場となっていて、釣り座を構えやすい。遠投をかけるとバラ根となり、カジカやアブラコ、ソイなどが釣れる。
　西防波堤は、外海側がよく、砂地にバラ根が広がっていて、ソイ、アブラコ、クロガシラなどが釣れる。ここへは、西防波堤基部から消波ブロックを足場にして胸壁の上に上がると、先端まで行くことができる。写真④(D点)は、西防波堤の先端方向、写真⑤(同じくD点)は、先端から曲がり角方向を写したもの。
　写真⑥(E点)は、南防波堤で、船道及び外海狙いでカジカやソイなどがヒットする。

浜益漁港郡別地区

写真⑦（F点）は、漁港左の磯で、離岸堤周りで、カジカ主体にガヤやアブラコなどがヒットする。

写真⑧（G点）は、群別川河口で、秋にサケ釣りでにぎわう。カジカやソイなどの根魚もヒットする。

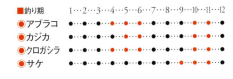

■釣り期	1・2・3・4・5・6・7・8・9・10・11・12
●アブラコ	
●カジカ	
●クロガシラ	
●サケ	

[道央]石狩・後志

[石狩市]

①漁港から右に500㍍ほど進んだ磯（A点）

②漁港から右に300㍍ほど進んだ磯（B点）

③西防波堤右側の磯（C点）

④西防波堤の先端方向（D点）

⑤西防波堤の曲がり角方向（D点）

⑥内防にあたる南防波堤（E点）

⑦漁港の左側の磯（F点）

⑧群別川河口（G点）

MEMO

西防波堤先端は、胸壁の下を歩くと行き止まりとなり、高さ4m弱のはしごがないと白灯台に上がれないので、注意を要する。

[石狩市] はまますぎょこうはまますちくしゅうへん

浜益漁港 浜益地区 周辺

[道央] 石狩・後志
[石狩市]

マガレイやクロガシラなどのカレイ類やアブラコ、カジカ、ソイ、コマイなど、多魚種が釣れる。

　A、B点へは、浜益漁港浜益地区から群別寄りに500mほど国道を進んだ所にある分岐点（写真③）から海岸沿いの道路を進む。

　B点（写真②）は、旧中村食堂の前浜で、磯は玉石場となっており、中・近投は根掛かりが多いが、遠投をかけると砂地に達し、春はカレイ、カジカのほか、初冬はコマイやアブラコなどが狙える。

　写真①（A点）は、B点より右に100mほど進んだ所にある、はまます郷土資料館前から右側の磯で、遠投をかけると砂地に達し、カレイやカジカ、ソイなどが釣れる。

　写真④（C点）は、漁港右側の磯で、沖の離れ岩と漁港に張り付いている消波ブロック周りを狙うと、ソイやガヤ、アブラコなどがヒットする。

　写真⑤（D点）は、西防波堤の先端部（赤灯台）で、船道及び左側の消波ブロック周りで、ソイやガヤ、アブラコ、マガレイ、クロガシラがヒットする。

　北防波堤の中間部付近のE点（写真⑥）は、階段に挟まれた胸壁の上が釣り座となる所で、外海狙いがよく、外海への中・遠投でマガレイのほか、ホッケやコマイがヒットする。海底は砂地が主体でほとんど根掛かりしない。

　写真⑦（F点）は、港内への投げで、ホッケやカジカ、クロガシラなどが釣れる。

　写真⑧（G点）は、北防波堤先端部の白灯台で、港内側への投げで、ホッケ、アブラコ、ソイのほか、クロガシラが狙える。

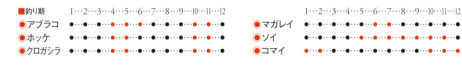

■釣り期	1…2…3…4…5…6…7…8…9…10…11…12
●アブラコ	●・●・●・●・●・●・●・●・●・●・●・●
●ホッケ	●・●・●・●・●・●・●・●・●・●・●・●
●クロガシラ	●・●・●・●・●・●・●・●・●・●・●・●
●マガレイ	●・●・●・●・●・●・●・●・●・●・●・●
●ソイ	●・●・●・●・●・●・●・●・●・●・●・●
●コマイ	●・●・●・●・●・●・●・●・●・●・●・●

[道央]石狩・後志

[石狩市]

①はまます郷土資料館から右側の磯（A点）

②旧中村食堂前の磯（B点）

③A・B点へ通じる国道との分岐点

④浜益漁港（浜益地区）の右側の磯（C点）

⑤西防波堤の赤灯台（D点）

⑥外海を狙う北防波堤中間部（E点）

⑦家族連れが多い北防波堤の港内側（F点）

⑧北防波堤先端部の白灯台（G点）

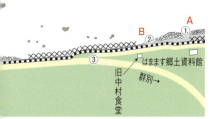

MEMO

漁港周辺の海底は、砂地あり玉石場ありと変化に富む。夜はソイ、日中はホッケやカレイを狙う。

[石狩市] はまますがわかこうかいがん

浜益川河口海岸

サケのポイントとして知られるが、春はサクラマス、カレイ、秋にはカジカも釣れる。周辺にはトイレや海浜公園、キャンプ場があり、家族連れも楽しめる。

写真①のA点は、浜益覆道下の玉石原。ごつごつとした岩が転がっており、岸から30mまでは根が非常に荒い。晩秋にカジカやアブラコ釣りが楽しめる。写真②は、浜益覆道下の玉石原へ入釣する際の目印となる「浜益中学校」のバス停待合所。

写真③のB点は春から秋にかけて投げ釣りを楽しむ人が見られるが、カワガレイとイシモチがメーンで、マガレイはほとんど釣れない。また3月ごろからルアー釣りでサクラマス、秋は投げ釣りでサケが狙える。

写真④のC点は浜益川河口右の導流堤。5月上旬から先端部の投げ釣りでカワガレイをメーンに良型イシモチが狙え、遠投するとマガレイやクロガシラ、ホッケも釣れる。ルアー釣りでヒラメが上がった実績がある。サケは、サケ・マスの河口規制が掛かる前と河口規制解除後にウキルアー釣りで狙う。1級ポイントは中間付近で、取り込みの際は柄の長いタモが必要。

写真⑤のD点は左岸導流堤先端部。早春の投げ釣りでは、カワガレイがメーンとなるが、遠投でマガレイやイシモチが交じる。

写真⑥のE点は、左岸のサケ・マス河口規制標柱左の海岸（規制区域は左岸100m、右岸200m）。写真の消波ブロック群から左の海岸一帯でサケの投げ釣りが楽しめる。河口から数えて1番目と2番目の消波ブロック群の間が人気。ここで実績がある仕掛けは、潮受けがいいといわれている羽付きフロートの胴突き2本バリで、30〜50m付近を狙う。

写真⑦のF点はサケの投げ釣りポイント。標柱前のポイントと比べると釣果は半減するが、のんびり釣りが楽しめる。写真⑧は、左の導流堤基部に通じる道路。

■釣り期	1	2	3	4	5	6	7	8	9	10	11	12
●サケ								●	●	●	●	
●ヒラメ					●	●	●	●	●			
●アブラコ			●	●	●	●	●	●	●	●	●	
●カジカ										●	●	●

[道央]石狩・後志

[石狩市]

①カジカの好釣り場の浜益覆道下の玉石原

②バス停横を通るとA点に出られる

③晩春のサクラマス釣り場として注目されているB点

④サケのほか投げ釣りでも人気のC点

⑤遠投でマガレイが釣れるD点

⑥サケの投げ釣りポイントのE点

⑦サケの釣りの期待は薄いからか、いつも空いているF点

⑧左の導流堤に通じる道路。狭く車の交差はできないので注意

MEMO

サケ、マスを狙う場合、河口規制期間が毎年変わるので事前にチェックすること。

[石狩市]びしゃべつかいがん

毘砂別海岸

春はイシモチ、クロガシラ、マガレイが狙えるほか、毘砂別川河口ではサクラマスの実績もある。サケ釣り場としてもよく知られている。

写真①は国道231号から毘砂別海岸へ入る入り口手前にある道路標識。ここから30mほど行くと左折できる道路があり海岸へ行ける。

A点(写真②)は、秋の投げのサケ釣りと春のカレイの好ポイント。カレイ釣りのシーズン初めはイシモチ、カワガレイが主体で、その後、クロガシラ、マガレイが交じりだす。遠投が有利。

写真③はB点の毘砂別川河口を護岸上から撮影。ここは、サケの1級ポイント。ウキルアーやウキ釣りなどで狙う。10月が最盛期。また、3〜5月いっぱいはサクラマスの実績があるほか、秋にヒラメも狙える。

C点(写真④)は、船揚げ場横の投げ釣りで4〜6月、ちょい投げで良型クロガシラが釣れる。漁業作業中の入釣は避けること。

D点(写真⑤)は基本的にカレイ釣り場で、手前から50m以内は根掛かりする。100mほどの遠投で、3月からカワガレイとイシモチが釣れ始め、その後にクロガシラ、マガレイと続く。夏にロックフィッシングでクロゾイ釣りが楽しめる。

E点(写真⑥)は、先端部の投げ釣りでカレイが狙える。やはり砂地までの遠投が必要だが、釣果はトップクラス。春には40cm級の大型クロガシラも期待できる。

F点(写真⑦)は右岸方向を探ると、ロックフィッシングでクロゾイやアブラコ、カジカが釣れる。マゾイやハチガラが上がった実績も

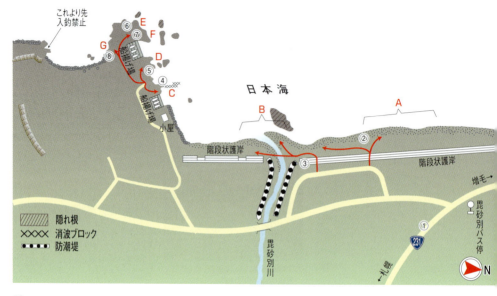

ある。

　G点（写真⑧）は、玉石原の海岸。根掛かりが激しく、投げ釣りでは捨て糸が必要。秋のカジカ、アブラコ釣りに人気がある。

■釣り期	1…2…3…4…5…6…7…8…9…10…11…12
●サケ	・…・…・…・…・…・…・…●…●…●…・…・
●サクラマス	・…・…・…●…●…●…・…・…・…・…・…・
●マガレイ	・…・…・…●…●…●…・…・…・…・…・…・
●クロガシラ	・…・…・…●…●…●…●…・…・…・…・…・

[道央]石狩・後志

[石狩市]

①道路標識が毘砂別海岸への入り口道路の目印となる

②入釣が楽で家族連れでも手軽に釣りが楽しめるA点

③サケのほか、サクラマスやヒラメが期待できるB点

④春にクロガシラが狙えるC点

⑤夏場はクロゾイ釣りが楽しめるD点

⑥カレイの1級ポイントのE点

⑦ロックフィッシングが楽しめるF点

⑧カジカの好ポイントG点

MEMO

水底の変化が激しく前年に根掛かりがなかった場所で根掛かりすることもあるので注意。

49

[石狩市] おくりげかいがん

送毛海岸

崖上を通る国道から約3km離れた崖下に位置する。
地形上、海岸伝いに他の地区に行くことができないため、その利便性の悪さが影響して、
1年を通して入釣者が少ないが、その分、根魚中心に魚影は濃く、隠れた穴場となっている。

　送毛海岸は、札幌方面から国道231号を北上し、厚田を抜け、濃昼から約5km進んだ所にある分岐点（送毛の道路標識あり）から、3kmほど舗装路を海に向かって下ると到着する。

　長磯岩の右側に位置するA点（写真①）は、玉石場となっており、沖の離れ岩の周囲を狙うと、カジカ、アブラコのほか、良型のハチガラが釣れる。

　B点（写真②）は、離れ岩に囲まれたワンドとなっている所で、右側の長磯岩の前方へ遠投をかけると深みに達し、ソイやアブラコの良型が釣れる。100m以上の飛距離が必要である。

　C点（写真③）は、B点に隣接している岩場で、12時方向へ遠投をかけると、良型のソイが釣れる。足元も深さがあるため、ちょい投げも面白い。

　送毛川の河口にあたるD点（写真④）は、玉石場に釣り座を構えるポイント。ターゲットはカジカ。

　船揚げ場のE点（写真⑤）も、D点同様、カジカのポイントとして知られ、ちょい投げから中投で魚影を探っていく。

　番屋前のF点（写真⑥）は、左側に離れ岩があり、その周囲で良型のアブラコ、沖へ遠投をかけると深みに達し、ソイやアブラコが釣れる。

　G点（写真⑦）も、F点同様、遠投が功を奏するポイントで、良型のアブラコやソイが

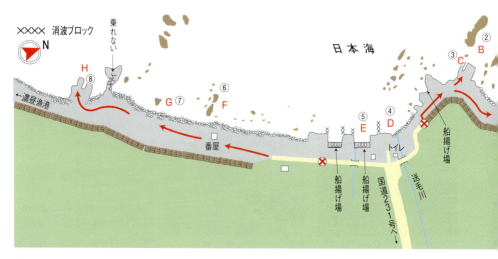

ヒットする。

　H点（写真⑧）は、岩場に釣り座を構えるポイントで、遠投でソイやアブラコが釣れる。

■釣り期	1･･2･･3･･4･･5･･6･･7･･8･･9･･10･･11･･12
●アブラコ	
●カジカ	
●ソイ・ガヤ	

[道央]石狩・後志

[石狩市]

①良型のハチガラが釣れるA点

②遠投でアブラコ・ソイを狙うB点

③遠投で良型のソイが釣れるC点（中央の岩）

④送毛川河口（D点）

⑤カジカ場で知られるE点

⑥遠投で良型のアブラコが釣れるF点

⑦深みを狙うと良型のアブラコが釣れるG点

⑧釣り座を構えやすいH点

MEMO

いずれのポイントも、根掛かりが激しい。事前に仕掛け等を工夫して根掛かり対策を施しておく必要がある。

51

[石狩市]ごきびるかいがん

濃昼海岸

沖に砂地が広がっているため、
カレイの寄りがよい所として知られる。

　西防波堤（A点、写真①）は、港内外にサオが出しやすい。外海側には消波ブロックが積まれており、取り込みづらいが、外海への中・遠投でマガレイやイシモチなどのカレイが狙える。

　西防波堤の先端付近（B点、写真②）は、沖堤右側への中・遠投でマガレイ、沖堤手前でクロガシラなどが狙える。取り込み時はブロックの上に上がる必要があるため、注意を要する。

　西防波堤中間部の港内側（C点、写真③）は、高さ3mほどの胸壁があるため、西寄りの風がしのげる。足元でクロガシラ、ちょい投げでカジカのほか、チカや小サバなども釣れる。

　南防波堤（D点、写真④）は、先端部が異なる構造となっているため、段差を乗り越えないと先端には入れない。仲間同士で荷物を手渡しするなどの方法により入釣する。外海側、港内側へのちょい投げで、クロガシラやカジカなどがヒットする。

　写真⑤（E点）は、南防波堤の胸壁の上を写したもの。ブロック周りでソイ、ガヤ、ちょい投げでカジカが釣れる。

　写真⑥（F点）は、夏のキャンプシーズン中の濃昼川の河口を写したもので、海底は砂

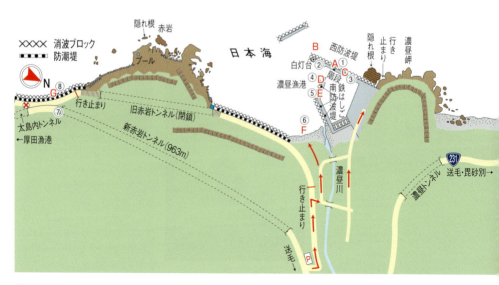

地にバラ根があり、秋のカジカ場として定評がある。写真⑦は、新赤岩トンネルの南口を写したもの。

G点（写真⑧）は、防潮堤の上からサオを出すポイント。海面からの高さが8mほどあり、クレーン釣りとなる。ハチガラ、ガヤ、カジカなどが釣れる。

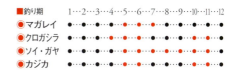

【道央】石狩・後志

［石狩市］

①西防波堤の中間から基部方向（A点）

②西防波堤の先端部付近（B点）

③西防波堤の港内側（C点）

④南防波堤の先端部（D点）

⑤南防波堤のE点、右が外海側

⑥濃昼川河口のF点

⑦新赤岩トンネル南口

⑧防潮堤に釣り座を構えるG点

MEMO

札幌から近いため、シーズン中は釣り人が多く特に、家族連れが目立つ。

53

[石狩市] やそすけかいがん

安瀬海岸

周辺の海岸の中でも特にカジカの魚影が濃い。
晩秋のカジカのほか、アブラコやクロガシラ、ソイやガヤも期待できる。

写真①は、国道231号の安瀬橋の山側にある「濃昼山道入口」の看板。ここの広場は駐車場として利用でき安瀬橋下の砂利道を通り抜け海岸に出る。

写真②のA点は、岩盤地帯だが、カジカのほか、クロゾイやマゾイ、ハチガラが釣れる好ポイント。ただし、根掛かり必至のため、捨て糸などの対策が必要。後ろは断崖となっており、海岸の幅が非常に狭く逃げ場がないため、波が高い日の入釣は避ける。

写真③のB点は、写真①から右へ30m付近にある石垣の跡。カジカの好ポイントだが、入釣しやすいことからシーズン中は人の姿が絶えない。手前は根が荒いので注意。カジカ以外に40cm超えのアブラコ、30cm級のクロゾイが釣れる。

写真④のC点は、安瀬橋前の海岸で、カジカの好ポイント。国道の外灯があるため夜間でも明るく釣りやすい。

写真⑤のD点は、小川があり真水が注ぎ込んでいるため、カジカなどが集まりやすく、タイミングが良ければ良型カジカの2ケタ釣りが期待できる。10月上旬が最盛期。

写真⑥のE点は、安瀬橋付近よりさらにカジカの数釣りが期待できるポイント。コマセネット仕掛けなどを使用し、ネット付近にケミカルライトを付けると釣果アップにつながる。

写真⑦のF点は、国道から下りられる階段があり入釣は楽。階段下の周辺がポイントで、9月下旬から10月中旬が最盛期。条件が良ければ35cm前後のカジカが2ケタ釣れることもある。

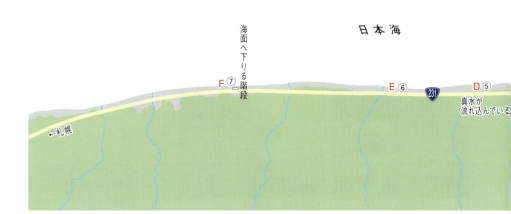

[道央] 石狩・後志

[石狩市]

■釣り期	1･･2･･3･･4･･5･･6･･7･･8･･9･･10･･11･･12
●アブラコ	●･･●･･●･･●･･●･･●･･●･･●･･●･･●･･●･･●
●カジカ	●･･●･･●･･●･･●･･●･･●･･●･･●･･●･･●･･●
●ソイ	●･･●･･●･･●･･●･･●･･●･･●･･●･･●･･●･･●

①安瀬橋横にある「濃昼山道入口」の看板。この看板を目印に海岸に出る

②カジカばかりでなくクロゾイやハチガラも期待できるA点

③崩れた石垣が目印のB点

④安瀬橋前のC点

⑤真水が流れ込むD点

⑥期待度満点のE点

⑦入釣に便利な階段。階段の前がF点

MEMO

基本的に岸側はどこでも根掛かりするため、対策が必要。なお、釣果が上がらない場合は、1カ所にとどまらず、拾い釣りをするのがいい。

[石狩市]あつたぎょこうしゅうへん

厚田漁港周辺

1年を通して入釣者が絶えない所として知られる。
ターゲットはサケやカレイ、カジカ、コマイのほか、チカ、サバ、アジなど多彩。

A点(写真①)は、海水浴場の右にある突堤基部から消波ブロックを越えて入釣する。海底は砂地にバラ根が点在し、カジカ主体にコマイなどが釣れる。

写真②は、海水浴場を写したもの。右側の突堤(B点)及び左側の突堤(C点)は、共に先端部が狙い目で、ブロック周りと沖への遠投で、ソイ、ガヤ、アブラコ、カレイ、コマイなどが釣れる。

写真③は、南防波堤の先端部(D点)。胸壁が高く(4m強)、外海側には投げられない。船道へのちょい投げで、カジカやクロガシラなどが釣れる。

南防波堤の中間部にある突堤(E点、写真④)は、以前、外防波堤の先端部だった所で、防波堤の延長線上や11時方向への中・遠投で、マガレイやスナガレイ、クロガシラなどのカレイやカジカなどが狙える。設置してある鉄ばしごを上り下りして入釣する。

写真⑤は、西防波堤の先端にある白灯台下(F点)。1年を通して入釣者が絶えないポイントで、クロガシラやカジカ、ガヤのほか、チカやサバ、アジなど、季節に応じていろいろな魚種が楽しめる。

厚田川河口のG点(写真⑥)は、サケのポイント。シーズン中はサオが立ち並ぶ。

H点(写真⑦)は、崖下のポイントで、カジカやアブラコに交じって、良型のクロガシラが釣れる。

I点(写真⑧)も、H点同様、崖下のポイントで、カジカやアブラコに交じってクロガシラが釣れる。

なお、厚田川には5月1日〜8月31日の期間中、左岸200m、右岸100mにサケ・マス採捕の河口規制が掛かる。

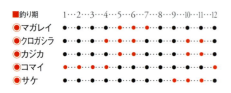

■釣り期	1	2	3	4	5	6	7	8	9	10	11	12
●マガレイ				●	●	●	●	●	●	●		
●クロガシラ				●	●	●	●	●	●	●		
●カジカ	●	●	●	●	●	●	●	●	●	●	●	●
●コマイ	●	●	●	●						●	●	●
●サケ									●	●		

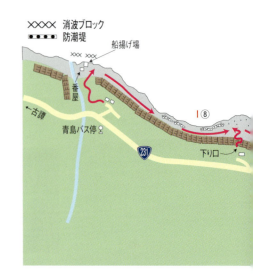

MEMO

H点へは、別狩バス停前にあるケアセンターの左側から、I点へは、青島バス停にある民家の左脇から畑を抜け、物置の左から入釣する。

[道央] 石狩・後志

[石狩市]

①海水浴場の右側の磯（A点）

②海水浴場（B・C点）

③南防波堤の先端部（D点）

④南防波堤中間部にある突堤（E点）

⑤西防波堤（外防）の白灯台前（F点）

⑥サケ釣り場として知られる厚田川河口（G点）

⑦クロガシラが狙えるH点

⑧クロガシラの好釣り場で知られるI点

57

[石狩市] みねとまりかいがん

嶺泊海岸

カジカの有名釣り場。晩秋の夜は多くの釣り人でにぎわいをみせ、春先は良型アブラコが狙える穴場的な場所でもある。

写真①は海岸に向かう道路と国道231号が交差する丁字路。A点（写真②）は、ちょい投げで狙えるポイント。良型カジカが連発し、アブラコも頻繁にヒットする。カジカは45cm級も釣れ、クロゾイやハチガラもたまに上がる。嶺泊海岸の1級ポイントといえる。

B点（写真③）は、嶺泊北バス停の下にある船入り澗。1、2人しか入れないが、正面方向に投げるとカジカの数釣りが期待できる。小型主体だが、35〜40cm級の良型が交じることもあり、潮回りが良ければ2ケタ釣りが楽しめる。最盛期は10月上旬。

C点（写真④）から右側一帯は玉石の海岸で、海底はコンブ根や海藻が多く根掛かり必至。ただし、太いミチ糸なら強引に引くと抜けるため、捨て糸などの対策は不要。入釣者が多く数釣りこそ難しいが、シーズン開幕を告げる早場ポイントとなっている。

D点（写真⑤）は、消波ブロックに囲まれている船入り澗の中央から沖正面方向にイカゴロ仕掛けでカジカを狙う。人気ポイントとなっているためか、入釣者が多く数釣りは難しいものの、釣れれば良型ということが多い。嶺泊川河口左海岸のE点（写真⑥）は、カジカが好む真水が注ぎ込む好ポイント。消波ブロック越しにちょい投げすると良型がヒットする。ただアカハラが多く、本命のカジカが釣れず苦戦することもある。

E点から左側へ50mほど行ったF点（写真

⑦）は、E点よりカジカの魚影は濃い。他が1ケタ台のときでも、ここでは2ケタ釣りになることがあり、40cm以上のアブラコも期待できる。釣り方は、イカゴロ、またはコマセネットを利用して集魚する方法がいい。

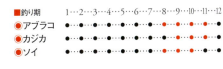

[道央] 石狩・後志

[石狩市]

①嶺泊海岸への入り口となる道路。嶺泊バス停の待合小屋を目印にするといい

②嶺泊海岸の1級ポイントといえるA点

③釣り座は狭いがカジカの数釣りの期待が高いB点

④カジカの早場のC点

⑤入釣しやすいD点

⑥嶺泊川河口左岸のE点

⑦カジカの魚影が濃いF点

> **MEMO**
> カジカは夜釣りがメインなので入釣の際は近隣の住民の迷惑にならないよう騒音を出さないこと。ごみのポイ捨て、たき火も厳禁。

[石狩市] むえんはまかいがん

無煙浜海岸

旧知津狩川と正利冠川との間の海岸で、春先は雪代の影響で濁ることが多いが5月ごろから良型クロガシラ、晩秋にはカジカやアブラコが釣れる。

写真①は、海岸へ出るための分岐点。付近にあるサイロ跡地と廃屋が目印。写真②のA点は晩秋のカジカ釣り場。海底は根が点在し根掛かりするので、捨て糸などの対策が必要。

写真③のB点は正利冠川河口左海岸にある消波ブロック付近から左海岸一帯。カジカのポイントで、10月ごろの最盛期にはアブラコも交じる。

写真④のC点は4~6月、カワガレイに交じってクロガシラやホッケ、アブラコが釣れる。左の消波ブロックから30~50m付近が良く、遠投するのが攻略のこつ。晩秋のカジカは消波ブロック付近を探ると好釣果につながる。

写真⑤のD点は、船揚げ場跡地の中央付近。左右に消波ブロックがあるため、潮通しが悪く海藻などがたまっていることが多く、根掛かりもするが、4~6月は日中の中投でカワガレイやアカハラ主体に数は少ないが良型クロガシラが釣れ9~11月は、夜にイカゴロ仕掛けで消波ブロック付近を狙うと、カジカやアブラコが釣れる。

写真⑥のE点は、日中カワガレイのポイントだが、9月中旬以降の夜釣りでカジカやアブラコが上がる。消波ブロック方向は、所々根掛かりするが気にならない。

写真⑦のF点は、雪解けが早い年なら3月ごろから、25cm前後のカワガレイが釣れ、35cm級の良型も交じる。5月ごろはカワガレ

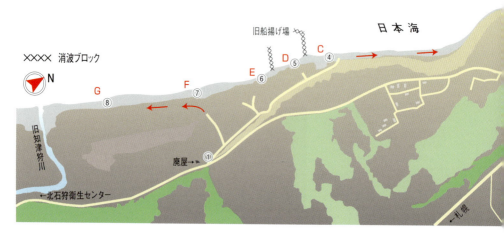

イにアカハラが交じる程度だが、遠投でクロガシラやイシモチ、ホッケがヒットする。写真⑧のG点は、付近一帯ならどこでもカワガレイの数釣りが期待できる。

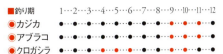

[道央] 石狩・後志

[石狩市]

①札幌方面から見た分岐点。左へ曲がると無煙浜海岸へ出られる

②根掛かり対策必須のA点

③カジカの2ケタ釣りも可能なB点

④晩秋のカジカ釣りに定評のあるC点

⑤消波ブロック近くを狙うとカジカが来るD点

⑥9月以降の夜釣りでカジカなどが期待できるE点

⑦遠投でクロガシラなどが期待できるF点

⑧カワガレイが主体となるG点

MEMO

B点は、コンブや海藻などの漂着物が多く根も荒いがクロガシラも狙える。ただし、波が高い日は逃げ場がないので入釣は控えたい。

[小樽市]たかしまみさき

高島岬

【道央】石狩・後志

【小樽市】

高島岬の日和山(ひよりやま)灯台下は春のカレイの好ポイント。
4月上旬からクロガシラが釣れ始め、中旬からは遠投でマガレイが狙える。

A点(写真①)は玉石原の海岸。手前は根掛かりするものの、ちょい投げでアブラコやカジカが釣れる。灯台下の磯場への入釣は右回りで行く場合、入釣口(写真②)は、6mほどの崖を上り、設置のロープを使って下りる。荷物はすべてリュックサックに収め必ず両手を空けておくこと。

B点(写真③)の岩場は、カレイ最盛期の5月上旬でも、先端からの遠投でマガレイがぽつぽつ釣れる程度。夜釣りも魚影は薄い。

C点(写真④)の岩場は中間が高く隆起しているが、岩場のへりを回ると先端へ出られる。遠投でカレイが狙え、条件が良ければ2ケタ釣りが可能だがD、E、F点と比べると数は望めない。ただし、初夏はヤリイカ、マイカ釣りの好ポイントである。なお、投げ釣りの場合、近くを漁船が往来するのでライントラブルには注意すること。

D点(写真⑤)、E点は春のマガレイの1級ポイントで5月にはかなり混み合う。ポイントは左斜め方向で、遠投で良型マガレイの2ケタ釣りが楽しめる。

E点(写真⑥)は釣り場のスペースが広く、平たんなので釣りやすい。さらに毎年5月にはマガレイが爆釣する日がある。また、足元からドン深で、ロックフィッシングポイントとしても人気がある。40cm超えのアブラコや良型ハチガラが狙える。

E点からさらに水族館側へ向かうと、長靴

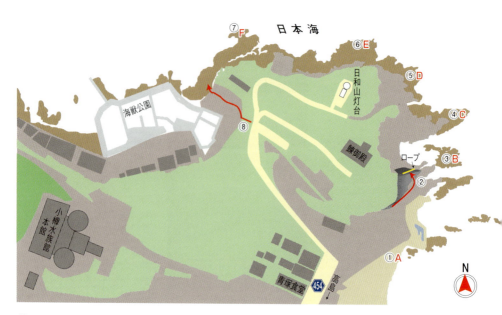

かウエーダーなしでは渡れない潮だまり（写真⑦）がある。この潮だまりの先がF点で、沖に見えるトド岩方向に遠投すると良型主体でマガレイが狙える。写真⑧は、水族館側から入釣する場合の入り口。急斜面を下るので、細心の注意が必要。

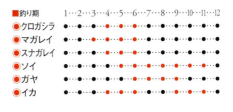

■釣り期	1	2	3	4	5	6	7	8	9	10	11	12
●クロガシラ												
●マガレイ												
●スナガレイ												
●ソイ												
●ガヤ												
●イカ												

【道央】石狩・後志

[小樽市]

①根掛かりするが、アブラコ、カジカが狙えるA点

②右回りルートの入り口となる6㍍ほどの崖

③入釣しやすいB点

④手前の岩場がC点。へりを回り先端へ向かう

⑤春のマガレイの1級ポイントのD点

⑥切り立つ岩場のE点

⑦写真左の中間部が潮だまり。ここを渡り一番奥に見えるF点の岩場に行ける。水平線に見えるのがトド岩

⑧左回りで行く場合の入釣口。地面は粘土質でぬれると滑りやすい。左に見えるのが水族館の海獣公園

MEMO

入釣ルートは険しいので雨の日などの入釣の際は無理をしないこと。カレイの最盛期は混み合い、場所取りのトラブルがあるので、お互いにマナーを守り釣りを楽しんでほしい。

［余市町］よいちぎょこうでたりひらちくしゅうへん

余市漁港 出足平地区 周辺

（おことわり）

余市漁港出足平地区にワッカケ岬への立ち入りを自粛するよう呼び掛ける看板が余市町と後志総合振興局により立てられました。落石が頻繁にあり危険なのがその理由で、安全が確保できる見通しもないため同岬を含む同港周辺紹介記事の掲載を見送らせていただきます。ご了承ください。

〈荒根で釣れる魚たち〉

海底に大小の岩や玉石が連なり海藻類が繁茂している所では、日本海・太平洋共に根魚が狙える。根掛かりが多いため、オモリに捨て糸を付けるなど根掛かり対策が必要となる。

■アブラコ

北海道で狙えるアブラコは主に2種類。日本海や噴火湾、日高西部で釣れる「アイナメ」と日高東部、十勝、釧路、根室で釣れる「ウサギアイナメ」（共に標準和名）。水深3〜15mの沿岸に多く生息する。両者共に成長が早く、4〜5年で全長40cmとなる。当たりは鋭く引きも強い。特に引きは「アブラコの三段引き」として有名。海藻類が繁茂する根周りを狙う。エサはソウダガツオやサンマの短冊、虫類など。

アイナメ

■ホッケ

主に日本海で狙う。春と秋にエサ取りのため群れで来遊する。泳ぎは達者ですばしこい。4年で全長40cmに成長する。アミエ

ウサギアイナメ

ホッケ

ビなどに群がる性質があるため、エビの粉末などをまいて足元に群れをおびき寄せ、ウキ釣りで釣るのが主流。大きな群れを寄せることができれば、大釣りが可能。エサはエビやマグロの切り身など。

■クロゾイ(クロソイ)
<small>カッコ内は標準和名、以降同じ</small>

水深5〜15m付近に多く生息する。成長が早く、5年程度で全長40cmに成長する。中層や上層で小魚を補食する性質があるため、ウキ釣りやルアー釣りで狙うのが一般的。泳ぎは達者で1日に何kmも移動する。エサはオオナゴやサンマ、カツオの短冊、虫類など。

クロゾイ

■ガヤ(エゾメバル)
生息域やエサ、釣り方などはクロゾイと同じ。異なるのは成長のスピード。成長は遅く、25cmに成長するのに8年ほどかかる。日本海では20cm級が主流。太平洋では型が良く30cm超えが交じる。味は一級品。

ガヤ

■ハチガラ(ムラソイ)
日本海に多く生息する。成長は遅く、30cmに成長するのに約15年かかるといわれる。エサ取り時の活動範囲が水深2〜5mと浅いのが特徴。強靭な筋肉と骨をもつ。当たり、引き共に強烈。エサや釣り方はクロゾイと同じ。

ハチガラ

■マゾイ(キツネメバル)とシマゾイ(シマソイ)
両者共に水深15m以上の深場に生息する。アブラコやクロゾイが釣れる所ではほとんど釣れない。成長が遅く、40cmになるのに両者とも約15年かかるといわれる。大型は底層にいることが多いため、投げ釣りで底を狙うのが定石。仕掛けは胴突き型でハリは大型。エサはソウダガツオやサンマの短冊やイカゴロなど。味は共に一級品。

マゾイ

シマゾイ

[道央]石狩・後志

[余市町]

[積丹町] しまむいかいがん

島武意海岸

積丹町の観光名所の一つである。
風光明媚なマリンブルーの美しい海が一望できる。

　美国から国道を進み、幌武意に通じる道道野塚婦美線に入り、幌武意市街地を抜け、入舸の手前から島武意海岸に通じる道路を右折する。

　徒歩入釣できるタケノコ岩（A点）へは、島武意の駐車場に車を止め、海岸に通じるトンネル（写真⑧）を抜け、崖上から遊歩道となっている丸太造りの階段（写真⑦）を下り、矢印にしたがって磯を進むと到着する。写真⑥は、その入釣ルートを写したもの。写真の右側に見える岩場がタケノコ岩で、左側に見える離れ岩が軍艦岩。なお、タケノコ岩は行きよりも帰りがきつい釣り場のため、荷物は軽くし、軽装備で入釣することをお薦めする。

　タケノコ岩手前のB点（写真③）は、平たんな岩で、釣り座を構えやすい。前方の軍艦岩や左側への中・遠投で、良型のアブラコやカジカ、ソイなどが狙える。ただし、根掛かりに注意が必要。

　タケノコ岩（A点）への入釣は、1mほどの溝を越える必要がある。荷物を手渡しするか、2m弱の板を持参する。先端部のA点（写真②）から右側にかけての一帯が良く、良型のアブラコやカジカ、ソイなどが釣れる。なお、写真①は、軍艦岩からタケノコ岩を写したもの。

　軍艦岩（C点）とその前方にある軍艦岩

の離れ（D点、以下「離れ」という）へは、幌武意漁港からの船渡しで入釣する。

軍艦岩（C点、写真④）は、沖方向に面している岩と、写真では分かりにくいが左側（陸から見ると右側）の岩が低くなっていて、釣り座を構えやすい。ちょい投げで良型のアブラコやカジカ、ソイなどが釣れる。

軍艦岩の離れ（D点、写真⑤）は、積丹町屈指の深場で、水深が16m以上もあり、大物のソイやアブラコなどが狙える。

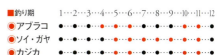

■釣り期	1…2…3…4…5…6…7…8…9…10…11…12
●アブラコ	●…●…●…●…●…●…●…●…●…●…●…●
●ソイ・ガヤ	●…●…●…●…●…●…●…●…●…●…●…●
●カジカ	●…●…●…●…●…●…●…●…●…●…●…●

[道央] 石狩・後志

[積丹町]

①軍艦岩からタケノコ岩（A点）を望む

②タケノコ岩（A点）の沖方向の岩場を写す

③B点の岩（右側前方に見えるのが軍艦岩）

④軍艦岩の離れ（D点）から軍艦岩（C点）を望む

⑤軍艦岩の離れ（D点）

⑥遊歩道（丸太造りの階段）からタケノコ岩方向を望む

⑦176段の階段がある遊歩道

⑧島武意海岸の入り口にあたるトンネル

MEMO

5月から6月にかけて、良型のソイやアブラコがヒットする。特に、高級魚で知られるシマゾイがよく釣れるので、この時期の釣行はお薦め。

[積丹町]いりかかいがん

入舸海岸

[道央] 石狩・後志
[積丹町]

大きなワンドの中に漁港や岩場、河口を有する海岸。
魚種は豊富で多彩な釣りができる。

　入舸漁港内の突堤A点(写真①)は、突堤周りでソイやガヤ、アメマスが狙える。突堤の陸側にある船揚げ場前はアメマスの好釣り場として知られる。

　北防波堤のB点(写真②)は、足元から水深がある所で、先端部は遠・中・近の投げ分けによりマガレイやホッケ、クロガシラなど、港内側はちょい投げでホッケやカジカ、アブラコ、クロガシラなどが狙える。

　C点(写真③)は、北防波堤に張り付いている岩場で、先端部からの中・遠投でホッケ交じりにマガレイが狙える。

　D点(写真④)は、C点の右側にある岩場で、先端部から沖への遠投で、C点同様、マガレイが狙える。

　E点(写真⑤)は、10~11時方向への遠投で、C、D点同様、マガレイが釣れる。ちょい投げすると、アブラコやソイもヒットする。

　漁港とワンドを挟んで対岸には、外防波堤と岩場が連なっている。ここへは入舸トン

ネル東口から旧道（写真⑥）を歩いて入釣する。外防波堤は写真⑦の通り、岸から延びる岩と離れているため、ここへ入るにはゴムボートが必要。ターゲットは先端付近からの投げでマガレイやホッケ、中央部付近からのちょい投げでクロガシラやアブラコなど。

外防波堤の左側にある岩場F点（写真⑧）は、旧道の防潮堤を下りて入釣する。下りるには3mほどのはしごが必要。この正面は遠投をかけるとマガレイ、ちょい投げでホッケやソイ、アブラコなどが釣れる。

【道央】石狩・後志

[積丹町]

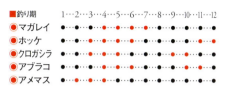

■釣り期	1	2	3	4	5	6	7	8	9	10	11	12
●マガレイ	・	・	・	●	●	●	●	●	●	●	・	・
●ホッケ	・	・	・	●	●	・	・	・	●	●	●	・
●クロガシラ	・	・	・	●	●	●	●	●	●	●	・	・
●アブラコ	・	・	・	●	●	●	●	●	●	●	●	・
●アメマス	・	・	・	●	●	●	・	・	・	●	●	・

①入舸漁港内の突堤（A点）

②入舸漁港北防波堤（B点）

③北防波堤に張り付いている岩（C点）

④C点の右側にある岩（D点）

⑤D点の右側にある岩（E点）

⑥入舸トンネルの海側にある旧道

⑦外防波堤全景

⑧F点の岩

MEMO

マガレイが狙える入舸漁港の外海側は、遠投するほど好釣果となるが、春に毎年定置網が入るため、その動きに注意を要する。

[積丹町]のづかかいがん

野塚海岸

漁港とその周辺が砂地にバラ根、積丹川から北(入舸)方向が岩場と玉石場となっており、ホッケやアブラコ、ソイ、クロガシラなどが釣れる。

A点の岩場(写真①)は、日司トンネルの南口から約50m歩いた所にある下り口(コンクリート階段)から入釣する。ホッケのウキ釣りが可能な所で、投げ釣りも良く、ちょい投げでアブラコやソイもヒットする。

なお、A点の左側はB点の船揚げ場前まで約200mにわたり大岩場が連なっており、ホッケやアブラコ、ソイの好釣り場となっているが、下り口がないのが難点で、A点から磯場を歩いて入釣する必要がある。

B点の船揚げ場は、川(河口)の両サイドに釣り座を構える所(写真②)で、水深は浅いが夜釣りをかけると、アブラコやソイ、カジカが釣れる。

野塚漁港の東防波堤の右側にある船揚げ場(C点、写真③)は、早春にクロガシラが釣れる。沖の消波堤前や東防波堤との間の船道を狙っていく。

東防波堤の先端部(D点、写真④)は、北防波堤との間の船道及び外海側を狙うと、ホッケやクロガシラが釣れる。外海側は、消波ブロックがないため、釣りやすい。

北防波堤の先端部(E点、写真⑤)は、防波堤の延長線上と東防波堤との間の船道を狙う。ホッケやアブラコ、クロガシラが釣れる。

北防波堤の基部の曲がり角(F点、写真⑥)は、沖へ遠投をかけるとマガレイ、消波ブ

積丹川は5月1日〜8月31日、左右両岸300mにサケ・マス採捕の河口規制が掛かる。

ロック周りでアブラコやソイ、ハチガラが狙える。

　西防波堤（G点）は、消波ブロック越しとなるが（写真⑦）、ブロック周りでアブラコやソイ、ガヤなどが釣れる。

　漁港の左側にある砂浜（H点、写真⑧）は、アメマスとマガレイの釣り場。

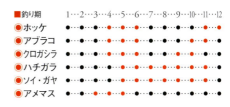

［道央］石狩・後志

［積丹町］

①ホッケのウキ釣り場として知られるA点の岩場

②船揚げ場から狙うB点

③早春のクロガシラ場であるC点の船揚げ場

④外海側を狙える東防波堤（D点）

⑤北防波堤（外防）の先端部（E点）

⑥遠投でマガレイが狙えるF点

⑦消波ブロック周りを狙うG点

⑧なぎの日にマガレイが釣れるH点

MEMO

野塚漁港のクロガシラ釣りは、南から北方向へ弱い風が吹き、さざ波程度の波があるときにサオを出すと、好釣果が期待できる。

[積丹町] はまなか・はまにしかわかいがん

浜中・浜西河海岸

●積丹町

平凡な砂浜が続いている所だが、キャンプ場の左右には岩場が広がり、カレイのほかアブラコやカジカ、ソイなどの根魚が釣れる。

　積丹浜中バス停から右側（野塚側）へ約100m進んだA点（写真①）は、岩場が張り出し、その根際で、良型のアブラコやカジカ、ガヤなどが釣れる。

　野塚野営場と呼ばれる積丹浜中バス停前の砂浜のB点（写真②）は、春にマガレイやスナガレイ、カワガレイなどカレイが狙える。遠投をかけるほど数をそろえることができる。また、早春のアメマスのポイントとしても知られる。

　積丹浜中バス停の左側（浜西河側）のC点（写真③）は、沖に岩場が点在している所で、マガレイやスナガレイのほか、アブラコやソイ、ガヤなども釣れる。中・遠投で狙っていく。

　D点（写真④）は、砂浜と玉石場が入り交じっていて、根境を狙うとアブラコやカジカ、ソイ、ガヤなどがヒットする。

　写真⑤は、D点とE点との間の磯を写したもの。大きな玉石が200mほど連なっている。カジカやアブラコの良型が狙えるが、下り口がないのが難点で、入釣にあたっては、D点及びE点から歩いていく必要がある。

　旧温泉旅館「北都」の右側一帯のE点（写真⑥）は、春にマガレイやスナガレイなどカレイが釣れる。ここもB点同様、遠投をかけるほど釣果が伴う。また、アメマスポイントとしても知られ、早春はサオが立ち並ぶ。

　写真⑦は旧温泉旅館「北都」。この前浜は、夏にキャンプにくるマイカー客でにぎわう。

　滝の沢橋の左側のF点（写真⑧）は、沖

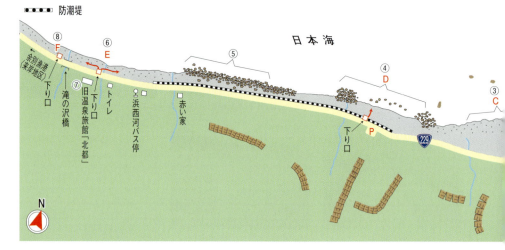

に離れ岩が点在している所で、その周囲を狙うと、アブラコのほか、カジカやガヤ、ハチガラなどが釣れる。

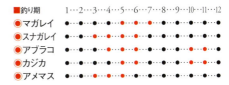

■釣り期	1･･2･･3･･4･･5･･6･･7･･8･･9･･10･･11･･12
●マガレイ	･･･････●･●･●･●･●･●･●････
●スナガレイ	･･･････●･●･●･●･●･●･●････
●アブラコ	･･･････●･●･●･●･●･●･●･●･●
●カジカ	･･･････●･●･●･●･●･●･●･●･●
●アメマス	･･･････●･●･●･●･●･●･●････

[道央] 石狩・後志

[積丹町]

①岩場を狙うA点　　　②積丹浜中バス停付近のB点

③積丹浜中バス停左側に位置するC点　　④根魚を狙えるD点　　⑤D点とE点の間の磯

⑥旧温泉旅館「北都」右側のE点　　⑦旧温泉旅館「北都」

⑧根魚を狙えるF点

MEMO
カレイは、波がない日が2～3日続いた後を狙うと好釣果が期待できる。弱い東寄りの風が吹く日に当たると、よりヒット率が増す。

[積丹町] らいきしかいがん

来岸海岸

ホッケやアブラコ、カジカ、マガレイ、クロガシラなど豊富な魚種が楽しめる釣り場で、シーズン中は多くの釣り人が訪れる。

　武威トンネル前の岩場（A〜C点）は、南防波堤の基部から磯伝いに入釣する（写真⑤）。北防波堤と対峙する岩場のC点（写真③、④）は、中投でホッケ、沖の消波堤方向への遠投でマガレイが釣れる。ここから右のA、B点は、さらしをこいで進む所が多いため、ウエーダーを着用する。なお、落石が多いので崖下は歩かないこと。A点（写真①）は足元から深く、左右の離れ岩の中央を狙うと、ホッケやアブラコ、ハチガラなどが釣れる。エンカマに要注意。B点（写真②）は、初めて行くと分かりづらいため、A点を目指すといい。両サイドにある離れ岩の周囲を狙うとA点同様の釣果が得られる。ただし、根掛かりに要注意。

　北防波堤の基部に張り付いている大岩場のD点（写真⑥）は、周囲の根が荒く、根掛かりが激しいポイントであるが、溝を丹念に探ると良型のアブラコやカジカがヒットする。来岸トンネルの西口にある防潮堤の右側を通って入釣する。

　E点（写真⑦）は離れ岩に乗るポイントで、正面が深場となっているため魚の寄りが良く、ホッケやクロガシラがヒットする。ウエーダーを履き、飛び石伝いに入釣する。

　F点（写真⑧）は、防潮堤のすぐ目の前にある岩で、周囲の根は荒く、根掛かりに注意が必要だが、中・遠投をかけるとホッケやアブラコ、クロガシラなどがヒットする。

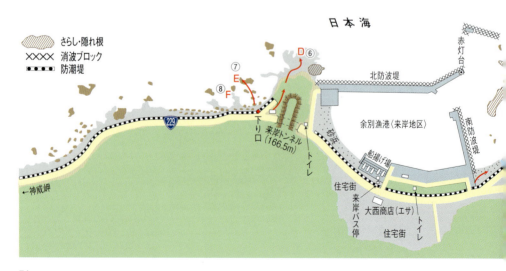

■釣り期	1…2…3…4…5…6…7…8…9…10…11…12		1…2…3…4…5…6…7…8…9…10…11…12
● ホッケ	● ● ● ● ● ● ● ● ● ● ● ●	● クロガシラ	● ● ● ● ● ● ● ● ● ● ● ●
● アブラコ	● ● ● ● ● ● ● ● ● ● ● ●	● ソイ・ガヤ	● ● ● ● ● ● ● ● ● ● ● ●
● マガレイ	● ● ● ● ● ● ● ● ● ● ● ●		

[道央] 石狩・後志

[積丹町]

①足元から深さがあるA点。なぎのとき限定の釣り場

②左右の離れ岩を狙うB点

③北防波堤と対峙する岩(C点)

④C点から沖堤方向を望む

⑤南防波堤の右側一帯

⑥北防波堤基部にある岩場(D点)

⑦クロガシラが狙える離れ岩(E点)

⑧入釣しやすいF点

MEMO

余別漁港〈来岸地区〉は2021年4月以降、北防波堤、南防波堤とも立ち入り禁止となっている。入釣できないため、注意が必要である。

[積丹町] よべつかいがん

余別海岸

ホッケの魚影が濃い所として知られ、
シーズン中は多くの釣り人が訪れる。

　北防波堤の外海側に張り出している突堤のA点（写真①）は、余別川から流れ出る川水の恩恵を受け、魚の寄りが良い。ターゲットはマガレイ、スナガレイのほかホッケやアブラコ、ソイなど多彩。

　北外防波堤の先端部にある突堤のB点（写真②）は、足元からドン深のポイント。船道へちょい投げすると、ホッケやソイ、クロガシラなどがヒットする。ここへは、写真③の通り、防波堤基部に敷設しているはしごを上り、胸壁の上を歩いて入釣する。途中、段差が4つほどあるため（段差の高さは30〜80cm）、上り下りに注意が必要となる。

　漁港の左側にあるワリシリ岬は、C点（写真④）がホッケのウキ釣り場としてにぎわうポイント。旧道が閉鎖されたため漁港側から岬をまわって入釣する。

　D点（写真⑤）は、海面から高さがない平盤で、主に夜釣りで根魚を狙う。周囲の根は荒く、根掛かりが激しいが、良型のハチガラやカジカ、アブラコが釣れる。

　E点（写真⑥）は、船揚げ場の左にある防潮堤の上からサオを出すポイントで、主に夜釣りでガヤやソイ、アブラコを狙う。

　F点（写真⑦）は、ガガ岬と呼ばれる岩場で、神威岬の左側に位置する神岬や沼前海岸が南寄りの風でしけ気味のときにホッケの群れが入ってくることで知られる。ウキ釣

余別川は5月1日〜8月31日、左岸500m、右岸200mにサケ・マス採捕の河口規制が掛かる。

り中心で、シーズン中はサオが林立する。
　G点（写真⑧）は、正面沖に離れ岩があり、その周囲を狙う。ターゲットはホッケやアブラコ、ソイなど。

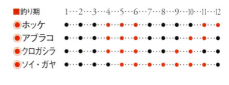

①北防波堤中間部にある突堤（A点）

②北外防波堤先端部付近の突堤（B点）

③北外防波堤基部に敷設しているはしご（入釣の起点）

④ホッケのウキ釣り場として知られるC点

⑤夜釣りで良型のハチガラが釣れるD点

⑥船揚げ場（E点）

⑦ホッケのウキ釣り場として知られるF点

⑧サオが出しやすいG点。根掛かりに注意

MEMO

北外防波堤の港内側は全域クロガシラの好釣り場。西まじりの風で波がやや高いときを狙うと、好釣果が期待できる。

[積丹町・神恵内村]ぬままえみさき

沼前岬

沼前岬は、徒歩入釣可能なポイントと、船渡しで入釣するポイントに分かれる。本書では、徒歩入釣可能なポイントを紹介する。

徒歩入釣の起点となるのは、積丹トンネルの南口(左側)。

写真⑧は、積丹トンネル南口にある護岸を写したもので、護岸の行き止まり地点から磯に下りることができる。最大の難所はF点までの間で、岩壁伝いに進む所があるため、滑落に注意が必要となる。

F点(写真⑦)は、目印となる離れ岩がある所で、10時方向へ遠投をかけると砂地に達し、ホッケに交じってマガレイが釣れる。写真で沖方向に見えるのが、ジュウボウ岬である。なお、F点からE点までの間は、見通しがいい岩場が続く。

E点(写真⑥)は、沖方向へ向かって遠投をかけるとマガレイが釣れるが、隠れ根が点在しているため、取り込み時には注意が必要となる。写真の上部に見える離れ岩が、カレイ場の岸側にある岩である。

写真⑤は、E点から岬(右)方向を写したもので、そびえ立っている岩が沼前岬(A〜D点)である。

D点(写真④)は、サオが出しやすい岩場で、カレイ場方向への中・遠投及びちょい投げで、良型のソイやアブラコが釣れる。

C点(写真③)は、沖に向かって遠投をかけるとマガレイ、近投で良型のソイやアブラコが釣れる。写真で、左上に見えるのが、岬先端にある離れ岩である。

B点(写真②)は、ごつごつとした岩が連なり、釣り座を構えにくい所だが、2〜3時方向

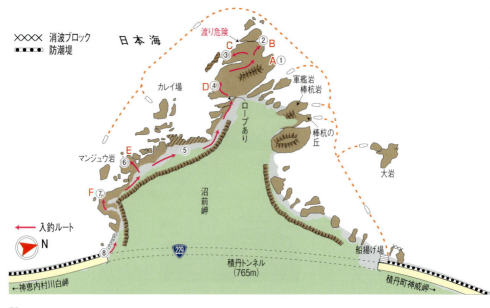

へ遠投をかけると、マガレイが釣れる。

A点（写真①）は、海面から高さがあり、釣り座も構えやすいが、奥行きがないため、サオが振りにくい。ターゲットはマガレイ。写真の上部に見える岩が軍艦岩（船渡しで入釣）である。

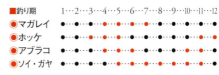

[道央] 石狩・後志

[積丹町・神恵内村]

①軍艦岩の隣（沖側）に位置するA点

②B点の岩場

③沖への遠投でマガレイが釣れるC点

④アブラコやソイの良型が釣れるD点

⑤E点から沼前岬（A〜D点）を望む

⑥沖への遠投でマガレイが狙えるE点

⑦10〜11時方向でマガレイが釣れるF点

⑧入釣の起点となる積丹トンネル南口の護岸

MEMO

A〜D点へは道のりが長く、岩の上り下りも多いため、荷物をできるだけ軽くし、軽装備で入釣することをお薦めする。飲料水は普段より多めに持参することが大切である。

[神恵内村]じゅうぼうみさき

ジュウボウ岬

ジュウボウ岬は、別名「西の河原」と呼ばれ、風光明媚な観光名所として知られる。

写真①は、西の河原トンネルの北口を写した。

写真②は、トンネル付近からジュウボウ岬方向を写したもの。荒い玉石場が250mほど続くが、この玉石場（A点）で、中・遠投で良型のアブラコやカジカ、ハチガラなどがヒットする。

B点（写真③）は、奥マンジュウ岩と呼ばれる離れ岩で、ここへは沼前岬から船渡しで入釣する。正面沖に砂地が広がっており、マガレイが釣れる。岩の周囲で、良型のアブラコやソイ、ハチガラがヒットする。写真では分かりづらいが、沖正面の岩場は傾斜が緩やかで、サオが出しやすくなっている。

C点（写真④）の岩は、左右の離れ岩の周囲を狙うと、ホッケやアブラコ、ソイ、カジカなどがヒットする。

D点（写真⑤）は、岩が尖っているため、サオが出しにくいが、前方の離れ岩の周囲で、アブラコやハチガラなどが狙える。

E点（写真⑥）は、平たんな岩となっているため、D点に比べ、サオが出しやすい。足元で良型のアブラコやソイ、クロガシラ、沖方向への遠投でマガレイが釣れる。入釣の起点である写真①からここまで来るのに30〜40分ほどかかる。

写真⑦は、E点の左にある岩を写した。基部が断崖となっていて、入釣は困難。

写真⑧は、西の河原を写した。写真の右端に見える山のような大岩が、ジュウボウ岬

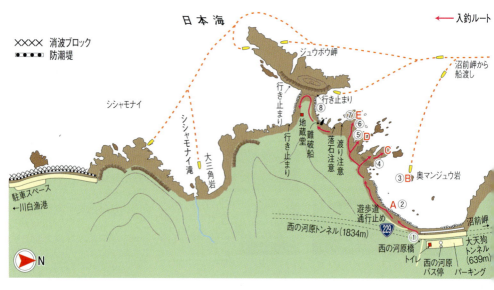

である。ジュウボウ岬は断崖となっていて、陸路からは入釣が困難。ここへは沼前岬からの船渡しで入釣する。ターゲットはアブラコやソイなどの根魚が中心である。

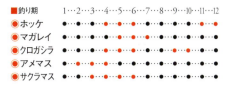

[道央] 石狩・後志

[神恵内村]

①西の河原トンネル北口

②玉石場でサオを出すA点

③マガレイの好釣り場として知られる奥マンジュウ岩（B点）

④比較的入釣しやすい岩場（C点）

⑤岩が尖っていて足場が悪いD点

⑥岩が平坦で入釣しやすいE点

⑦ジュウボウ岬に一番近い岩場

⑧地蔵堂がある西の河原

MEMO

ジュウボウ岬へのルートは、足場が悪い玉石場やアップダウンが激しい岩場が多いため、荷物をできるだけ少なくし、軽装備で入釣する必要がある。飲料水は普段より多めに持参すること。

[神恵内村]さんないかいがん

珊内海岸

漁港、河口、岩場と変化に富んだ海岸で、魚種も豊富。
シーズンになると、ウキ、投げ、ルアーを操る釣り人でにぎわう。

A、B点は、神恵内漁港珊内地区の東防波堤の基部から磯伝いに入釣する。旧国道は閉鎖されており、入ることはできないため、注意すること。

A点一帯(写真①)は、ノーラン岬まで玉石場が続く。旧国道が閉鎖されてから、あまりサオが入っていないため、夜釣り主体で、ハチガラやクロゾイ、シマゾイなどの良型が期待できる。ただし、根が荒いため、根掛かりに注意が必要である。

漁港の右側の磯にあたるB点(写真②)は、夜釣りでカジカやソイ、アブラコが釣れる。A点同様、根が荒いため、根掛かりする。

西防波堤のC点(写真③)は、先端付近でホッケやソイ、東防波堤との間の船道でアブラコやカジカ、クロガシラが釣れる。

東防波堤のD点(写真④)は、船道と外海狙いでホッケやソイ、ガヤなどが楽しめる。

E点の岩場(写真⑤)は、ホッケのウキ釣り場としてにぎわう。

大岩場のF点(写真⑥)は、E点と同様、ホッケのウキ釣り場として人気のポイント。この正面は、潮通しが良く、ホッケの群れが寄りやすい。

珊内川河口のG点(写真⑦)は、アメマスやカジカ、アブラコ、ソイなどが釣れる。水量が豊富なため、雨の後や雨天時は避け、晴天の日が続いたときを狙ってサオを出すと、好釣果を得ることができる。

マッカ岬の右側基部にある岩場H点(写真⑧)は、マッカトンネル北口にある防潮堤に設置してあるはしごを下りて入釣すること

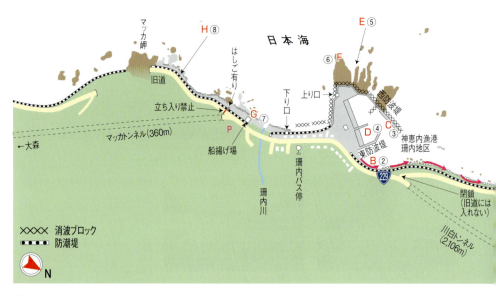

ができる。ここは周囲の根が荒く、根掛かりが激しい所だが、朝夕のまずめ中心に夜釣りをかけると、良型のアブラコやカジカ、ソイなどが釣れる。

[道央] 石狩・後志

[神恵内村]

■釣り期	1	2	3	4	5	6	7	8	9	10	11	12
● ホッケ	●	●	●	●	●	●	●	●	●	●	●	●
● アブラコ	●	●	●	●	●	●	●	●	●	●	●	●
● カジカ	●	●	●	●	●	●	●	●	●	●	●	●
● ソイ・ハチガラ	●	●	●	●	●	●	●	●	●	●	●	●
● アメマス	●	●	●	●	●	●	●	●	●	●	●	●

①ノーラン岬に続く磯(A点)

②漁港右側の磯(B点)

③西防波堤のC点

④東防波堤のD点

⑤F点の右にある岩場(E点)

⑥漁港に張り付いている大岩場(F点)

⑦珊内川河口(G点)

⑧マッカ岬右側基部の岩場(H点)

MEMO
ウキ釣りでホッケを狙うならE、F点がお薦め。大きな群れを寄せることができれば、3ケタ釣りも可能だ。

[神恵内村]かもえないぎょこうほんこうちくしゅうへん

神恵内漁港 本港地区 周辺

大きなワンドの基部に水量豊富な川があり、釣り場として理想的な形状をしている。魚種も豊富で、積丹半島屈指の好釣り場として知られる。

西防波堤先端から突堤にかけての間（A点、写真①）は、ちょい投げや中投で、ホッケ、クロガシラ、カジカ、ソイなどが釣れる。

南防波堤の先端付近（B点、写真②）は、ホッケやクロガシラ、ソイ・ガヤなどが釣れる。

古宇川河口（C点、写真③）は、アメマスやサクラマスの好釣り場として知られる。

竜神岬の先端部へは、海沿いを進むルートと山沿いを進むルートがある。海沿いを進むルートは、古宇川河口近くの防潮堤出口から入釣する。ウエーダーを履き、砂利を歩くか、海をこいで進む。山沿いを進むルートは、きのえ荘の左側にある国道のガードレールから国道下を、50mほど草木をかき分けて進み、人が地ならしした細い道から岬に向かって進む。途中、左右に分かれる所があり、右へ進むとD点、左へ進むとF点の基部（写真⑧）に出る。写真④は、山沿いルートで磯に出る地点。

D点（写真⑤）は、写真④を出たところにあり、さらしをこいで先端の岩場に入ることができ、竜神岬の右先端部の岩場（E点、写真⑥）も、同様に先端部に入れる。

D、E点とも、漁港目掛けて80m以上の遠投をかけると、マガレイの数釣りができる。ただし、岩場の正面にかけ上がりがあるので

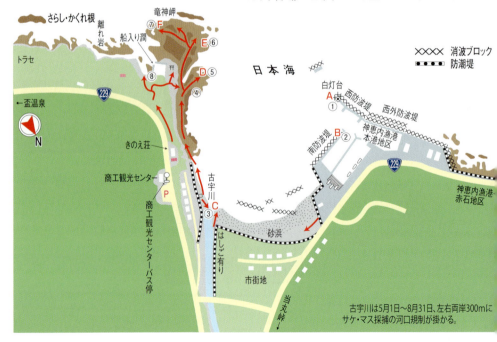

古宇川は5月1日〜8月31日、左右両岸300mにサケ・マス採捕の河口規制が掛かる。

注意すること。

　岬の左側先端部のF点(写真⑦)は、E点から磯伝いに入釣する。ここは根魚を狙うポイントで、ソイ、アブラコが主なターゲット。なお、ここへは山沿いを進むルートからも入れ、船入り澗手前にある大岩(写真⑧)の周りの海をこいで渡り、船入り澗の周りを歩いて入釣する。

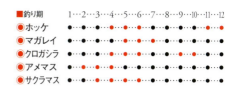

■釣り期	1	2	3	4	5	6	7	8	9	10	11	12
●ホッケ	●	●	●	●	●	●	●	●	●	●	●	●
●マガレイ	●	●	●	●	●	●	●	●	●	●	●	●
●クロガシラ	●	●	●	●	●	●	●	●	●	●	●	●
●アメマス	●	●	●	●	●	●	●	●	●	●	●	●
●サクラマス	●	●	●	●	●	●	●	●	●	●	●	●

【道央】石狩・後志

[神恵内村]

①西防波堤先端部付近(A点)

②南防波堤先端部付近(B点)

③古宇川河口(C点)

④山沿いルートで磯に出る付近

⑤竜神岬のE点の陸側にある平盤(D点)

⑥竜神岬右側先端部(E点)

⑦竜神岬の左側先端部、写真は潮位35cmの状況(F点)

⑧F点の基部にある岩(山沿いルートの出口)

MEMO

西防波堤から港内側へちょい投げすると、4〜5月にかけてクロガシラがヒットする。5〜8mほどの飛距離がベストだ。

［泊村］さかずきかいがん

盃海岸

●泊村

盃温泉の前浜にある弁天島や興志内（おきしない）トンネル前にある大岩場と盃漁港盃地区が主な釣り場。海底は砂地や玉石、凹凸がある岩礁と変化に富む。

弁天島へは国道から茂岩弁天橋を渡って入る（写真①）。A、B、C点へは、右側にある整備された遊歩道を通って入釣する。D点へは、左側の遊歩道を通って行くことができる。ただし、基部がさらしとなっているため、ウエーダーが必要。

A点（写真②）は、離れ岩となっている所で、50cmほどの溝を越えて入釣する。ここは対岸の岩場との間を狙っていくポイントで、水深は深く、ホッケのほかアブラコやクロガシラ、マガレイなどが釣れる。

B点（写真③）は、弁天島で一番人気があるポイントで、12～2時方向へ中・遠投をかけると、マガレイの数釣りが楽しめる。

正面沖を攻めるC点（写真④）は、B点同様、遠投をかけるとマガレイが釣れる。ただ、沖に向かって根が張り出しているため、かけ上がりで根掛かりしないよう、魚がヒットしたら、サオを高く上げ、高速で取り込む必要がある。

D点（写真⑤）は、ソイやアブラコなど根魚が主なターゲット。海底の根が荒いため、根掛かりに注意が必要となる。

興志内トンネルの前浜にあるE点（写真⑥）は、正面に根があり、その左右に打ち込んで、アブラコやソイを狙う。

F点（写真⑦）は、盃漁港盃地区の北防波堤基部から入釣する。先端部の岩は比較的平たんで釣り座を構えやすくなっている。根が荒く、根掛かりは激しいが、良型のソイやアブラコが釣れる。

盃漁港盃地区の北防波堤先端部のG点（写真⑧）は、一人しかサオを出すことができないが、ホッケやアブラコ、ソイ、ガヤなどが釣れる。ただし、根掛かりに注意すること。

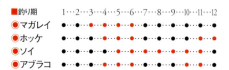

■釣り期	1	2	3	4	5	6	7	8	9	10	11	12
●マガレイ			●	●	●	●	●	●	●	●		
●ホッケ			●	●	●	●			●	●	●	
●ソイ			●	●	●	●	●	●	●	●	●	
●アブラコ			●	●	●	●	●	●	●	●	●	

MEMO

マガレイ場で知られるB点は、3月から釣れ始め、6月末までロングランで狙える。遠投するほど数狙いができるため、遠投派にはお薦めのポイントだ。

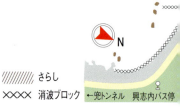

①弁天島の入口（茂岩弁天橋）

②A点の岩

③マガレイポイントのB点

④正面沖を狙うC点

⑤海面から高さがないD点

⑥釣り座を構えやすいE点

⑦入釣しやすいF点

⑧北防波堤先端（G点）

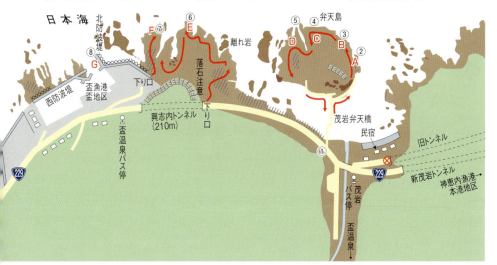

兜・照岸海岸

[泊村] かぶと・てるぎしかいがん

千畳敷岩を有する兜・照岸海岸は、泊村の中では最も人気がある釣り場の一つ。1年を通じて釣り人の絶え間がない。

A点（写真①）は、足元からドン深となっているポイントで、足元でホッケ、中遠投でマガレイやクロガシラ、ソイ、アブラコが釣れる。

B点（写真②）は、千畳敷岩と呼ばれる超人気釣り場。シーズン中は立すいの余地がないほど混み合う。足元からドン深で、遠投をかけると水深が12〜14mに達する。先端から右側にかけてはホッケのウキ釣り場、左側は遠投のマガレイ場となっている。また、左側は初夏にマイカが釣れることでも定評がある。ここへは、旧兜トンネル手前の護岸に敷設してあるはしご（写真③）を下りて入釣する。

C点（写真④）は、千畳敷岩から約200m離れた岩場で、ホッケやアブラコ、ソイなどが釣れる。バラ根が点在するため、根掛かりに注意が必要。

D点（写真⑤）は、入り江に入ってくる魚を左右の岩場から狙うポイントで、ターゲットはホッケ、ソイ、アブラコ、カジカなど。

E点（写真⑥）は、立岩（写真の中段右）の前方に張り出している岩場で、10〜12時方向へ遠投をかけると、マガレイが釣れる。ちょい投げもよく、アブラコやカジカ、ソイなどがヒットする。基部がさらしとなっているため、ウエーダーは必携。

F点（写真⑦）は、先端部の周囲が荒根となっているため、ちょい投げが基本。ターゲットはアブラコやハチガラ、カジカなど。

G点（写真⑧）は、F点同様、先端部に陣取り、ちょい投げで、アブラコやカジカを狙う。

■釣り期	1…2…3…4…5…6…7…8…9…10…11…12
●マガレイ	●…●…●…●…●…●…●…●…●…●…●…●
●ホッケ	●…●…●…●…●…●…●…●…●…●…●…●
●ソイ	●…●…●…●…●…●…●…●…●…●…●…●

	1…2…3…4…5…6…7…8…9…10…11…12
●アブラコ	●…●…●…●…●…●…●…●…●…●…●…●
●カジカ	●…●…●…●…●…●…●…●…●…●…●…●

【道央】石狩・後志

[泊村]

①サオが出しやすいA点の岩

②人気釣り場の千畳敷岩（B点）

③A、B、C点への下り口（はしごを利用）

④多くの釣り人がサオを出せるC点

⑤入り江の両サイドを狙うD点

⑥マガレイが狙えるE点

⑦根魚を狙うF点

⑧周囲が荒根のG点

MEMO

F、G点は、レストランの駐車場からけもの道を通って崖下りで入釣する。草が少ない春先に入釣すると迷わないで進めるが、夏以降は草が行く手を遮るため、入釣ルートが分からなくなることがあり、注意が必要となる。

[寿都町]よこまかいがん

横澗海岸

横澗海岸は、釣り場が国道沿いにあるため、磯の様子が一望でき、入釣しやすい所である。

　北防波堤先端部のA点(写真①)は、消波ブロック越しとなるが、ブロック周りでソイ、アブラコ、大島方向への投げでホッケが釣れる。海底は砂地に小岩が点在し、ポイントによって根掛かりする。

　先端手前の突堤周辺(B点、写真②)は、消波ブロック周りや船道狙いで、ホッケやアブラコ、カジカ、クロガシラなどが釣れる。やや波があるときが狙い目。

　東防波堤(C点、写真③)は、消波ブロック周りと船道を狙う。ターゲットはアブラコ、ソイ、クロガシラなど。ただし、遮るものがなく、風が強いと、吹きさらしとなるので、注意が必要。

　北護岸基部に張り付いている大岩場(D点、写真④)は、入釣しやすい岩場で、潮通しがよく、ホッケのほかアブラコやソイ、カジカなどがヒットする。ただし、根が荒いため、仕掛けに工夫が必要。

　E点の岩(写真⑤)は、溝や岩の上り下りが多いため、入釣にやや難がある(ウエーダー必携)。先端部に陣取り、中・近投でソイ、アブラコ、遠投でホッケを狙う。根掛かりが多いので、注意が必要。

　F点の岩(写真⑥)は、海面から高さがないため、べたなぎが入釣の条件となる。遠投すると砂地にバラ根となり、根掛かりが少なくなり、ホッケやマガレイなどが釣れる。

　G点の岩(写真⑦)は、F点の岩と同様、海面から高さがないため、べたなぎ限定で入釣する。H点から磯伝いに入釣する。ここもF点同様、遠投すると砂地にバラ根となり、

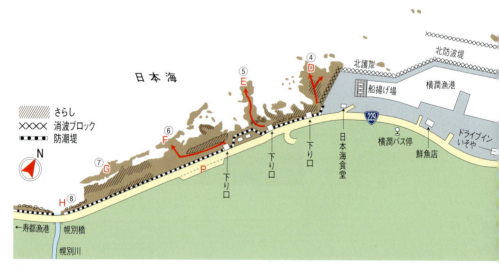

ホッケやマガレイが釣れる。
　幌別川河口のH点（写真⑧）は、ホッケやカジカ、アブラコなどが釣れる。

■釣り期	1	2	3	4	5	6	7	8	9	10	11	12
●ホッケ	●	●	●	●	●	●	●	●	●	●	●	●
●アブラコ	●	●	●	●	●	●	●	●	●	●	●	●
●ソイ・ガヤ	●	●	●	●	●	●	●	●	●	●	●	●
●クロガシラ	●	●	●	●	●	●	●	●	●	●	●	●
●マガレイ	●	●	●	●	●	●	●	●	●	●	●	●

［道央］石狩・後志

［寿都町］

①北防波堤先端部のA点

②五目釣りができる北防波堤の突堤付近のB点

③風に注意が必要な東防波堤のC点

④ホッケが釣れるD点

⑤良型のアブラコが釣れるE点

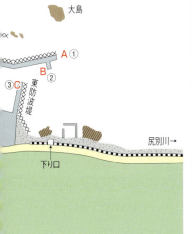

⑥ポイント攻略がカギとなるF点

⑦遠投でカレイが狙えるG点

⑧良型カジカがヒットする幌別川河口のH点

MEMO

H点は、背後の防潮堤（国道）と波打ち際との距離が短いため、キャストの際、注意すること。ウエーダーは必携。

[寿都町]びやかいがん

美谷海岸

[道央]石狩・後志
[寿都町]

入り組んだ岩場に離れ岩が点在する荒根地帯で、根掛かりが激しい。ターゲットは主にアブラコやハチガラ、カジカなど。

鮫泊漁港の右側にある船揚げ場と、その右側に張り出している岩（A点、写真①）は、入釣しやすく、釣り座も構えやすい所で、夜間はカジカ、ハチガラ、日中はアブラコやクロガシラが期待できる。

鮫泊漁港の左側にある岩場（B点、写真②）は、櫛の歯状になった岩がある所で、漁港に近い岩に陣取り、沖の離れ岩や漁港との間のワンドを狙うと、ホッケやアブラコ、ソイ、カジカなどがヒットする。

美谷（歌棄）漁港〈北美谷〉の右にある岩場（C点、写真③）は、入釣しやすく、釣り座も構えやすい。潮通しが良く、狙うのはホッケ主体にソイ、カジカ。

同漁港北防波堤（D点、写真④）は、先端が良く、対岸の長磯岩との船道狙いでカジカとクロガシラ、外海側に積まれている消波ブロック周りではソイやアブラコが上がって来る。

長磯岩（E点、写真⑤）は、基部から沖に向かって細長い岩が200mほど延びている所で、先端部はアブラコ、ホッケ、ソイ、中間部（右側）でカジカやクロガシラが釣れる。入釣にあたっては基部がさらしとなっているため、ウエーダーが必要となる。また、先端部へのルート上に2カ所、溝があるため、ここの通過には注意が必要となる。

美谷（歌棄）漁港（写真⑥）は、小さな漁港で、魚の入りが悪く、多くを望めないが、漁港の外海側に張り付いている大岩場の右側（F点、写真⑦）は、ホッケやアブラコ、ソイ、カジカなどが狙える。

稲荷神社前にある細長い岩（G点、写真⑧）は、ごつごつとした岩で歩きにくいが、両

サイドが溝となっていて、溝にカジカやアブラコ、ホッケ、ソイなどが潜む。

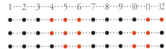

■釣り期	1	2	3	4	5	6	7	8	9	10	11	12
●ホッケ	●	●	●	●	●	●	●	●	●	●	●	●
●アブラコ	●	●	●	●	●	●	●	●	●	●	●	●
●カジカ	●	●	●	●	●	●	●	●	●	●	●	●
●クロガシラ	●	●	●	●	●	●	●	●	●	●	●	●

[道央]石狩・後志

[寿都町]

①カジカやアブラコが釣れるA点

②鮫泊漁港の左側にあるB点

③美谷（歌棄）漁港〈北美谷〉の右側にあるC点

④美谷（歌棄）漁港〈北美谷〉北防波堤の先端D点

⑤長磯岩（E点）

⑥美谷（歌棄）漁港の全景

⑦美谷（歌棄）漁港に張り付いている大岩場（F点）

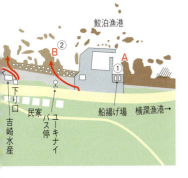

⑧良型アブラコが釣れるG点

MEMO

長磯岩（E点）は、海面から高さがない岩で、波があると磯にかぶることが多いので注意を怠らないように。

[道央]石狩・後志 [寿都町]

[寿都町]たねまえかいがん

種前海岸

大小の岩が入り組み、広い根を形成しているため、アブラコやカジカ、ハチガラなどの根魚が釣れる。

レンガ造りの倉庫の右(北)側に位置する岩場(A点、写真①)は、海面から高さがないため、潮位が20cm以下の時間帯を狙って入釣する。遠投でホッケやソイ、中投でアブラコやカジカが狙える。

B点(写真②)は、A点同様、海面から高さがないため、干潮時を狙う。中・遠投でホッケ主体に良型のアブラコがヒットする。

C点(写真③)は、基部がさらしとなっているため、ウエーダーが必要。正面沖に複数の離れ岩や隠れ岩礁が点在し、根掛かりするが、ホッケやカジカ、アブラコなどが釣れる。

五郎ベエ沢橋周辺(D点、写真④)は、玉石が連なっている所で、根掛かりは多いが、中・遠投で良型のカジカやアブラコ、ハチガラが釣れる。

種前バス停の右側にある岩(E点、写真⑤)は、やや根掛かりが多いが、中・遠投でホッケやアブラコ、ハチガラなどが狙える。

有戸漁港の西防波堤基部に張り付いている岩(F点、写真⑥)は、海面から高さがなく、潮位が20cm以下の時間帯を狙って入釣する。消波ブロックの周囲や沖への中・遠投でホッケやアブラコ、ソイ、カジカ、クロガシラなどが楽しめる。

有戸漁港の南防波堤(G点、写真⑦)は、外海側に消波ブロックが積まれておらず、胸壁の高さも1mほどしかないため、外海狙いができる。ターゲットは、ホッケ、カジカ、ハチガラなど。

有戸漁港の西防波堤先端にあたる白灯台前(H点、写真⑧)は、水深が深く、消波ブロック越しに防波堤の延長線上や沖正面を中・遠投で狙っていくと、ホッケやソイ、クロガシラなどが釣れる。

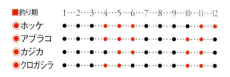

> MEMO
>
> 種前海岸は、西まじりの風が強いとしけ気味となるが、東まじりの風のときは、なぎることが多く、狙い目となる。

```
//////// さらし
××××   消波ブロック
■■■■   防潮堤
```

[道央] 石狩・後志

[寿都町]

①根魚が釣れるA点

②良型のアブラコが釣れるB点

③沖の離れ岩を狙うC点

④五郎ベエ沢橋周辺の磯（D点）

⑤種前バス停の右側にあるE点

⑥消波ブロックの横を通って入釣するF点

⑦外海狙いができる有戸漁港の南防波堤のG点

⑧有戸漁港の西防波堤先端のH点

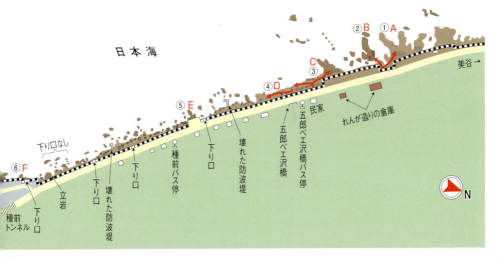

[寿都町] たるきし・たていわかいがん

樽岸・建岩海岸

樽岸・建岩は、砂地が近く、マガレイが釣れる海岸。
また、ホッケ、アブラコなど盛期には五目釣りが楽しめる。

　間谷の川周辺の磯(A点)は、海面から高さのない岩が連なっていて、一見、根が荒く見えるが、中投すると砂地に達する。夜間はカジカ、アブラコ、ハチガラ、日中はマガレイやクロガシラ、カワガレイなどが釣れる。

　B点の岩は、マガレイ場として知られ、シーズン中はサオが立ち並ぶ。写真②は右側から、写真③は左側から写したもの。

　番屋の沢橋の左側にあるC点の岩場(写真④)は、入釣しやすく釣り座も構えやすい。中・遠投をかけると、B点同様、マガレイがヒットする。離れ岩の周囲では、アブラコやカジカ、ガヤなどが釣れる。

　建岩バス停前のD点(写真⑤)は、先端までのルート上にさらしがあるため、潮位が5cm以下となる時間帯を狙って入釣する。先端から沖への中・遠投でマガレイが釣れる。ウエーダーは必携。

　一本防波堤の樽岸漁港(E点、写真⑥)は、ちょい投げでホッケやアブラコ、カジカ、中・遠投をかけると、マガレイが釣れる。ただし、先端部は海面から高さがなく、しけると波が簡単に乗ってくるため、波の動きには注意が必要。特に、東風が強いときは要注意である。

　F点の岩(写真⑦)は、入釣しやすく釣り座も構えやすい。離れ岩の周囲を狙うとアブラコやカジカ、遠投をかけるとマガレイが釣れる。ただし、至近距離に根があるため、取り込みに注意を要する。

　G点の岩(写真⑧)は、沖への遠投でマガレイ、左側のちょい投げで、アブラコやカジカが釣れる。ただし、F点同様、場所によっては根掛かりする。

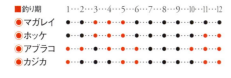

[道央] 石狩・後志

[寿都町]

①低い岩が点在するA点 　　　　　②マガレイ場のB点（右側から撮影）

③左側から撮影したマガレイ場のB点　④入釣しやすいC点　⑤潮位が低いときに入釣可能なD点

⑥E点の樽岸漁港　　　　　　　　⑦入釣しやすいF点　　　　⑧マガレイが狙えるG点

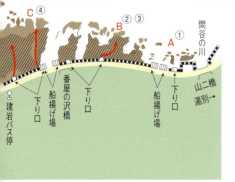

MEMO

海岸が東側で、釣り場が寿都湾の奥まった所にあるため、西風が強いときでも波が立ちにくい。島牧方面が西風でしけ気味のときは、狙い目となる。

[寿都町] すっつぎょこうしゅうへん

寿都漁港周辺

マガレイをはじめとするカレイのほか、アブラコやカジカ、ソイなどの根魚も釣れるエリアである。

　A点（写真①）は、海面から高さがない平盤。潮位が10cm以下の時間帯を狙って入釣する。ターゲットはマガレイやスナガレイなどのカレイ。遠投するほど数が狙える。ただし、シーズンになると定置網が入るため、注意が必要。

　B点（写真②）は、離れ岩や隠れ岩礁周りで良型のアブラコやカジカが釣れる。潮位が10cm以下の時間帯を狙って入釣する。

　C点（写真③）は、道路沿いに乗れる岩がある所で、入釣しやすい。根が点在しているため、根掛かりは多いが、良型のアブラコやカジカが狙える。

　D点（写真④）もC点同様、釣り場が道路の目の前にあるため、入釣しやすい。近投は離れ岩の周囲を狙ってアブラコやカジカ、遠投で砂地に届き、マガレイなどのカレイが釣れる。

　E点（写真⑤）は、写真の右側から磯に下りることができ、D点同様、近投でアブラコやカジカ、遠投でマガレイなどのカレイ類が釣れる。

　F点は、西防波堤の右側にある埠頭岸壁で、写真⑥は基部から写したもの。水深は浅く、夜釣り中心で、良型のアブラコやカジカが釣れる。

　G点（写真⑦）は、西防波堤を写したもので、先端部が一番のポイント。船道狙いで2時方向へ遠投をかけると、ホッケやクロガシラ、マガレイなどが釣れる。

　H点（写真⑧）は、北まじりの風が強く、しけ気味のときに好釣果を発揮するポイント

で、ホッケやカジカ、クロガシラなどが釣れる。ただし、漁業関係者の出入りがあるときは釣り場を移動する必要がある。

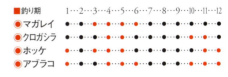

[道央] 石狩・後志

[寿都町]

①マガレイの好釣り場として知られるA点

②良型のアブラコやカジカが狙えるB点

③根魚とカレイの両方が狙えるC点

④C点同様の釣果が得られるD点

⑤遠投でマガレイが狙えるE点

⑥夜釣りでアブラコやカジカを狙うF点

⑦しけ時にホッケの数釣りができるG点（西防波堤）

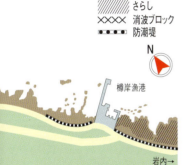

⑧雨天時に雨よけができるH点

MEMO

A〜E点でサオを出す場合は、西まじりの風が吹いているときを狙う。一方、F〜H点でサオを出す場合は、北まじりの風が強く、しけ気味のときが狙い目となる。

[寿都町] べんけいみさきしゅうへん

弁慶岬周辺

ホッケの千石場として知られ、春と秋のシーズン中は、ウキ釣り客でにぎわう。投げ釣りも良く、ソイやハチガラ、カジカなどが釣れる。

　弁慶岬の駐車場には、弁慶岬の名前の由来となっている弁慶像(写真①)がある。弁慶岬の先端部の岩場へは、この駐車場から弁慶灯台に進み、灯台から崖を下って入釣する。入釣に際しては、傾斜がきつく滑落の危険もあるため、仲間同士で荷物を手渡しするなどの方法を用いて慎重に下る必要がある。

　A点(写真②)は、砂地にバラ根がある所で、根掛かりが多いが、中・遠投をかけると、ホッケのほかソイやアブラコ、カジカなど、五目釣りが楽しめる。

　B、C点は、弁慶岬の基部にある政泊漁港(写真③、④)から入釣する。政泊漁港は、左右に防波堤があり、B点へは、右側の防波堤から入釣する。写真⑤は、漁港から見たB点の岩場を写したもので、写真⑥は、弁慶灯台から写した。写真⑥では、対岸の平岩が離れ岩になっているのが分かる。

　B点はホッケの魚道となっているポイントで、シーズン中はウキ釣り客でにぎわう。投げ釣りも良く、ホッケのほか、ソイやハチガ

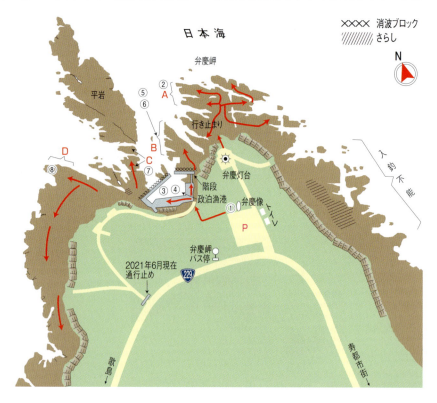

ラ、アブラコ、カジカ、クロガシラなどが釣れる。

B点の対岸にあるC点へは、左側の防波堤から消波ブロックを越えて入釣する。写真⑦がC点を写したものだが、手前がC点、奥が平岩である。

C点は、B点同様、ホッケの魚道となっている所で、魚影が濃く、ウキ釣りで大釣りが可能。

D点（写真⑧）も、B、C点同様、ホッケがたまるポイントで、ウキ釣りが中心。これより左側は、砂政泊まで500mほど岩場が続き、ホッケ、アブラコ、ソイなどが釣れる。

【道央】石狩・後志　【寿都町】

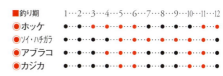

■釣り期	1	2	3	4	5	6	7	8	9	10	11	12
●ホッケ			●	●	●	●	●	●	●	●	●	
●ソイ・ハチガラ	●	●	●	●	●	●	●	●	●	●	●	●
●アブラコ			●	●	●	●	●	●	●	●	●	
●カジカ	●	●	●							●	●	●

①駐車場に立てられている弁慶像

②弁慶岬先端部の左側にあるA点の岩場

③政泊漁港の防波堤側

④政泊漁港の岸壁側

⑥弁慶灯台から見たB点の岩

⑤漁港から見たB点の岩

⑦手前がC点の岩。奥が平岩

⑧ウキ釣りが主体のD点

MEMO
弁慶岬周辺は、風が強い所である。特に北と南まじりの風が吹くと、風速10m以上の強風が吹くので、注意すること。

[道央]石狩・後志　[寿都町]

[寿都町] すなまさどまりかいがん

砂政泊海岸

●寿都町

（おことわり）

　砂政泊海岸は、砂政泊のバス停付近から海岸へと至る道が2020年、崖崩れのため通行止めとなりました。通行止め措置を講じた寿都町によれば開通の見通しはなく、アクセスの難しい状況がしばらく続くことが予想されることから紹介記事の掲載を見送らせていただきます。ご了承ください。

〈砂地で釣れる魚たち〉

　砂地が広がっている海底では、日本海・太平洋共にカレイ類が狙える。根掛かりが少ないため、仕掛けをさびく「誘い釣り」ができる。

■マガレイ

　行動範囲が広く、泳ぎが達者で目がいいのが特徴。海水の透明度によるが一般的に、20m先の仕掛けやエサを感知できる。エサを見つけると得意の泳ぎを生かして、一目散に近寄りエサに飛び掛かる。そのため、マガレイが群がるエリアに仕掛けを投入すれば「向こう合わせ」で次々と掛かってくる。仕掛けは胴突き型や遊動式オモリ型のいずれも可。ハリの付け根に色とりどりのパーツ（ウキ玉、エッグボール、ホタテミラーなど）を付けるのが良い。エサは主にイソメなどの虫類。

いい方である。マガレイが群れている時季は、マガレイの捕食への圧力が強いため、なかなかヒットしない。マガレイの岸寄り前や群れていない所を狙うのが定石。仕掛けやエサはマガレイと同じ。

スナガレイ

マガレイ

■スナガレイ

　マガレイほど泳ぎは達者でないが、目は

■イシモチ（イシガレイ）

カッコ内は標準和名、以降同じ

側線や両縁近くに帯状の骨盤がある。

河口周辺の海を好む。エサは虫類のほか、サンマの短冊など。40cmを超える大型に巡り合うことも多い。

イシモチ

■マツカワ

　俗称「タカノハ」。成長が早く、4年で体長約50cmに成長する。35cm未満のときは沿岸で虫類やエビ類などを食べるが、35cm以上に成長すると外洋に出て主に小魚などを食べる。大型は遠泳力に富み、エサを見つけたときの動きも俊敏。泳ぎながら一気にエサに接近し、猛然と食らいつく。このため当たりは強烈。根周りや通り道（回遊ルート）を狙う。仕掛けは胴突き型で、エサはカツオやサンマの短冊が良い。主に太平洋で釣れ、函館市古部町からえりも町東端までの太平洋海域に関しては35cm未満をリリースしなければいけない決まりがある。

マツカワ

■クロガシラ（クロガシラガレイ）

　砂地に海藻類が繁茂している根周りに群がる。泳ぎは苦手。ピンポイントで狙うのが定石。肉厚で大型になるが、口が小さいため、ハリは13〜15号が良い。エサは主に虫類。ハリ掛かりするとミチ糸がふける（垂れる）のが特徴。

クロガシラ

■マコガレイ

　クロガシラと見た目が似ている（両縁にしま模様がないか薄いのがマコガレイ）。マコガレイは暖海性で本州以南に多く生息しているが、近年は主に日本海を中心に北海道にも生活域を広げている。クロガシラは寒冷な海に適応するため、マコガレイが突然変異して生まれた魚。このため、釣り方などすべての点でクロガシラと類似している。

マコガレイ

[島牧村]とみうらかいがん

富浦海岸

入り組んだ岩場と多くの離れ岩で形成されている海岸で、アブラコやカジカ、ソイなどの根魚がよく釣れる。

　写真①は、富浦の出岬への入釣起点を写したもの。寿都に向かう国道の左側（海側）にあるごみステーションの横から入る。沢に沿って下るが、出岬が見える所から急勾配となる。スパイク付きの長靴は必携である。

　A点（写真②）は、海面から高さがない低い平盤で、潮位が10cm以下で、べたなぎのときを狙う。左中間部がよく、アブラコやカジカが釣れる。

　B点（写真③）は、船入り澗の左先端の岩場に陣取り、左前方にある離れ岩を狙うと、アブラコやカジカ、クロガシラなどが釣れる。

　C点（写真④）は、水深がある所で、ターゲットはホッケやソイ、アブラコなど。ただし、先端部の岩は海面から高さがなく、少しでも波があるとかぶってくるため、注意が必要である。

　歌島平盤へは、C点から磯伝いに行くことができるが、途中、玉石場を抜ける必要があるため、急がば回れで、漁港側から防潮堤の上を歩いて入る方が体力的には楽である。

　D点（写真⑤）は、平盤の右先端部に陣取る所で、ホッケやアブラコ、ソイなどが釣れる。

　E点（写真⑥）は、溝を挟んだ先端部の両サイドがよく、ホッケやアブラコ、ソイなどが狙える。

　F点（写真⑦）は、岩の右側から左方向を写したもので、左角がよく、ホッケやクロガシラ、アブラコなどが釣れる。

　G点（写真⑧）は、写真中央の左側に突

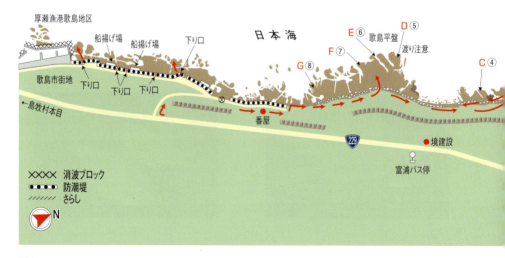

き出た平盤に釣り座を構える所。左斜め沖にある根に打ち込むと、アブラコやソイなどが釣れる。

なお、D～G点とも、先端の岩が低いため、波の動きに注意が必要である。

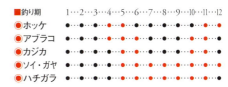

[道央] 石狩・後志

[島牧村]

①富浦の出岬に向かう入口

②海面から高さがない低い平盤（A点）

③船入り澗の左先端に釣り座を構えるB点

④周囲に比べ水深がある平盤（C点）

⑤歌島平盤の右側先端の岩（D点）

⑥溝の両サイドが狙い目のE点

⑦沖への中・遠投でホッケやクロガシラを狙うF点

⑧中央の突き出た平盤でサオを出すG点

MEMO

東まじりの風のときが狙い目。北まじりの風のときは、岬や平盤の左側で、波の影響が少ない所を選んでサオを出す。

[島牧村] うたしまかいがん

歌島海岸

潮通しが良いため、ホッケの寄りが良く、シーズン中、多くの釣り人が訪れる。

　A点（写真①）の磯は、入り組んだ岩が連なっている所で、水深も浅く、夜釣りのワンポイントでカジカやハチガラなどを狙う。

　B点（写真②）は、ホッケ場として知られるポイントで、小高くなった岩とその左右でサオを出す。至近距離に離れ岩があり、ここを狙うとアブラコやカジカがヒットする。

　C点（写真③）も、B点同様、ホッケ場で、左右の溝では、カジカもヒットする。

　D点（写真④）も、B、C点同様に、ホッケ狙いの場所。入釣しやすくサオも出しやすいが、岩に高さがないため、波の動きに十分注意が必要。

　厚瀬漁港歌島地区の右側にある岩（E点、写真⑤）は、深さもまずまずで、ホッケの寄りも良く、シーズン中はウキザオが並ぶ。ただ、基部が水だまりとなっているため、入釣にはウエーダーが必携。潮位が低い（10cm以下）時間帯を狙って入釣する。

　北防波堤（F点、写真⑥）は、先端部から沖方向への中・遠投が良く、ホッケやアブラコ、ハチガラ、カジカなどが釣れる。また、消波ブロック越しの外海狙いも面白く、アブラコやソイなどがヒットする。ブロックは三角の形をしていて、安定性があり、足場の確保がしやすい。

　西防波堤（G点、写真⑦）は、船道へのちょい投げ及び中・遠投でホッケのほか、アブラコやカジカがヒットする。

　H点（写真⑧）の岩場は、北まじりの風のときに好釣果を発揮するポイントで、カジカやアブラコなどがホッケに交じって釣れる。入釣しやすく釣り座も構えやすい。

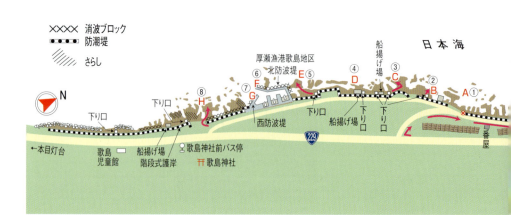

[道央] 石狩・後志

[島牧村]

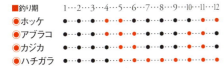

■釣り期	1…2…3…4…5…6…7…8…9…10…11…12
●ホッケ	
●アブラコ	
●カジカ	
●ハチガラ	

①根掛かり対策が必要なA点

②ホッケの入りが良いB点

③なぎの日を狙って入釣するC点

④入釣しやすいD点

⑤ホッケの千石場として知られるE点

⑥北防波堤の先端部F点

⑦西防波堤のG点

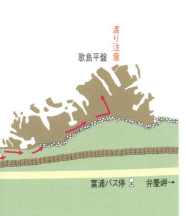

⑧アブラコやカジカが釣れるH点

MEMO

歌島海岸は、海面から高さがない岩が多く、しけると波がかぶるため、波の動きには注意が必要。潮位が10cm以下の時間帯を狙って、東まじりの風が吹くときに入釣する。

[島牧村] あっちゃせぎょこうあっちゃせちくしゅうへん

厚瀬漁港 厚瀬地区 周辺

入り組んだ岩場が連続し、ホッケ、アブラコ、カジカ、ソイ、クロガシラなど多魚種が釣れる。

長磯（A点、写真①）は右側にあるV字型をした細長い岩の先端がよく、前方にある離れ岩の周囲を狙うと、アブラコやカジカ、ソイなどがヒットする。基部のさらしをこいで入釣するため、ウエーダーは必携。潮位が10cm以下の時間帯を狙う。

本目岬の右側（B点、写真②）は、三つの突き出た岩のそれぞれの先端が良く、ホッケやアブラコ、カジカ、クロガシラなどが釣れる。

本目岬の左側（C点、写真③）はホッケの千石場として知られ、シーズン中はウキ釣りでにぎわう。

北防波堤は、先端（D点、写真④）が好釣り場で、船道狙いでホッケ、アブラコ、ソイ、カジカ、クロガシラなどが釣れる。ただし、胸壁がないため、風が強い日は要注意。

厚瀬崎の右側中間部に位置するE点（写真⑤）は、低い平盤が連なっている所で、潮位が20cm以下の時間帯を狙う。ホッケ、アブラコ、ソイ、カジカ、クロガシラなど多彩な釣りができる。

厚瀬崎の右側先端部のF点（写真⑥）は、沖堤とそれに接続している離岸堤が波よけの役目を果たしてくれる所で、波が立ちにくい。足元から深く、アブラコやソイ、ホッケ、クロガシラなどが釣れる。

厚瀬崎の南（左）側にあるG点（写真⑦）は、海面から高さがない平盤で、なぎ時限定（潮位10cm以下）で入釣する。中間部に1mほどの幅の溝があるため、板を持参する。先端部が好釣り場で、ホッケやアブラコ、ソイなどが釣れる。

栄磯平盤（H点、写真⑧）は、G点同様、海面から高さがないため、なぎ時限定（潮位10cm以下）で入釣する。左側が好ポイント

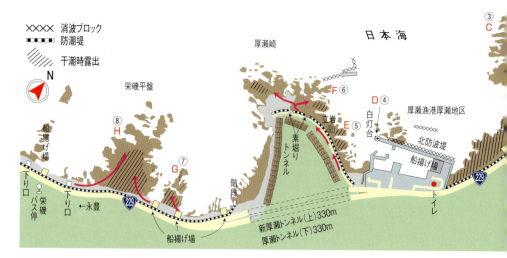

で、ホッケやアブラコ、カジカ、ソイ、ハチガラなどが釣れる。

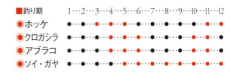

[道央]石狩・後志

[島牧村]

①本目岬の北（右）側にある長磯（A点）

②本目岬の右側（B点）

③本目灯台から本目岬の左側を望む（C点）

④北防波堤先端付近（D点）

⑤厚瀬崎右側中間部付近（E点）

⑥厚瀬崎右側先端部（F点）

⑦厚瀬崎の南（左）側にある平盤（G点）

⑧栄磯平盤の左側（H点）

MEMO

厚瀬崎の右側基部からF点手前にかけて、防潮堤が新設された。F点へは、この防潮堤の上を歩くと、入釣しやすい。

[島牧村] かるうすかいがん

軽臼海岸

軽臼平盤は、島牧村屈指の大岩場で、離れ岩や溝が至る所にあり、魚影が濃い所である。

軽臼平盤の右側にあたるA点（写真①）は、基部がさらしとなっており、ここの通過には、ウエーダーが必要。潮位が20cm以下の時間帯を狙う。海底は砂地に玉石があり、場所によって根掛かりする。ターゲットはホッケやアブラコ、カジカなど。

B点（写真②）は、離れ岩の左側に陣取るポイントで、切れ込んだ溝があるため、大きく迂回して入釣する。左右の離れ岩の周囲を狙うと、ホッケやアブラコ、カジカなどが釣れる。

写真③は、C～F点への入釣の起点となるコンクリート階段を写したもの。C～F点も、A、B点同様、基部が水だまりとなっているため、入釣にあたってウエーダーが必要。

C点（写真④）は、軽臼平盤の中で最も沖にある岩場で、遠投をかけると砂地に届き、マガレイが釣れる。近投はホッケやアブラコなど。

写真⑤は、D点（上の岩）とE点（中央の岩）を写したもの。

D点は、沖方向への遠投でマガレイ、中・近投でホッケ、足元でカジカなどが狙える。

E点は、中・近投で、ホッケやアブラコ、カジカなどが釣れる。

写真⑥は、軽臼平盤の左側基部を写したもので、右側にある平盤がF点である。ここは外海側がしけ気味のときでもサオが出せるポイントで、ホッケやカジカ、クロガシラなどがヒットする。

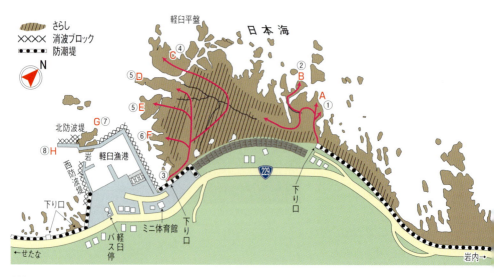

G点(写真⑦)は、軽臼漁港の北防波堤に張り付いている岩で、ここに入るには、高さ2.5m程度のはしごが必要。ホッケのほかアブラコやカジカ、ソイなどが釣れる。

北防波堤(H点、写真⑧)は、港内への投げで、ホッケやクロガシラなどが釣れる。先端に入るには、高さ1.5m程度のはしごが必要。

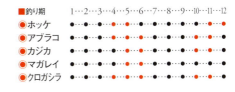

①軽臼平盤の右側にあたるA点

②中央上にある離れ岩の左側に位置するB点

③軽臼平盤の左側に入釣するときの起点となるコンクリート海岸(下り口)

④マガレイが狙えるC点(軽臼平盤の左側先端部)

⑤五目釣りができるD、E点

⑥カジカやクロガシラが釣れるF点(写真右側の平盤)

⑦良型アブラコが釣れるG点

⑧クロガシラが釣れる軽臼漁港の北防波堤(H点)

> **MEMO**
> C、D点でマガレイを狙うには、80m以上の遠投が必要。潮の流れ(左から右方向)が速いことがあるため、要注意。

[島牧村] おびらかいがん

大平海岸

[道央] 石狩・後志

[島牧村]

大平は、五目釣りができる釣り場である。
半面、釣り人の事故が多い所でもあるため、入釣の際は、注意が必要となる。

A点（写真①）は、船着き場の先にある岩場でサオを出すポイントで、ホッケやクロガシラ、アブラコのほか、アメマスやサクラマスも釣れる。

B点（写真②）のワンドは、両サイドの岩場に囲まれているため、周辺の磯がしけ気味のときでも、あまり波が立たない。深さも十分で、ホッケやアブラコ、クロガシラ、アメマスなどが釣れる。

C〜E点は、大平川の川水が流れている平盤の上をこいで入る所。ウエーダーは必携。

C点（写真③）は、ワンドの左側の先端付近に位置する岩で、マガレイやホッケなどが釣れる。

D点（写真④）は、平盤の先端部にあたり、ここに入るには幅1m強の溝を通過する必要がある。渡るには長さ2mほどの板を持参のこと。ここは足元からドン深で、沖方向への中・遠投でマガレイやホッケ、アブラコ、ソイなどが釣れる。

E点（写真⑤）は、沖への中・遠投で、D点同様の魚種が狙える。

F〜H点は、大平トンネルの南口から磯伝いに入釣する。

H点（写真⑧）は、先端の左角に陣取り、2〜3時方向へ打ち込むと、ホッケやアブラコ、ソイなどが釣れる。

G点（写真⑦）は、海面から高さがない平盤で、なぎ時限定でサオを出す。先端部に釣り座を構え、至近距離にある沖の離れ岩に打ち込むと、アブラコやクロガシラなどが

大平川は5月1日〜8月31日、左右両岸150mにサケ・マス採捕の河口規制が掛かる。

ヒットする。

　F点（写真⑥）は、砂地が近く、マガレイやクロガシラなどが釣れる。

　なお、いずれのポイントも、入釣に際してウエーダーは必携。

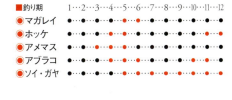

■釣り期	1	2	3	4	5	6	7	8	9	10	11	12
●マガレイ												
●ホッケ												
●アメマス												
●アブラコ												
●ソイ・ガヤ												

[道央] 石狩・後志

[島牧村]

①ワンドの右側にある岩場（A点）

②しけに強く多魚種が釣れるワンド（B点）

③ワンドの左先端部付近の岩（C点）

④大平平盤の先端部、うねりに注意（D点）

⑤D点の左にある岩、うねりに注意（E点）

⑥なぎ時限定で入釣するF点の岩

⑦沖の離れ岩を狙う低い平盤（G点）

⑧潮位が10cm以下の時間帯にサオを出すH点

MEMO

D、E点の先端部は、海面から高さがなく、波があるとうねりが来る所で、過去に犠牲者も多く出ていることから、波の動きには厳重な警戒が必要となる。

[島牧村] ながとよかいがん

永豊海岸

砂地主体に岩場や玉石場が点在している海岸で、クロガシラやアブラコ、カジカ、ソイなどが釣れる。

　床丹バス停の右側に張り出している床丹平盤は、基部がさらしとなっているため、ウエーダーを履いて入釣する。先端部のA点（写真①）は、沖への遠投で、カレイが狙えるが、根掛かりに注意が必要。なお、平盤から右側の磯は、アメマスポイントとして知られ、早春は釣り人でにぎわいをみせる。

　平盤の左側基部のB点（写真②）は、カジカやアブラコ、ホッケ、クロガシラなどが釣れる。

　千走漁港永豊地区の西防波堤の先端部のC点（写真③）は、50mほど沖にある離れ岩（写真④）の周囲を狙うと、ホッケやアブラコ、クロガシラが釣れる。ただし、この防波堤は、波があると簡単に越波してくる所であり、なぎ時限定でないと入釣できないので、注意を要する。

　ホンベツ川の右側の砂浜にあたるD点（写真⑤）は、波がないときを狙うと、ホッケやアブラコ、カジカ、クロガシラなどがヒットする。なお、D点の左側に張り出している岩場は、ワンポイントであるが、アブラコやカジカが釣れる。

　泊川の右側一帯にあたるE点（写真⑥）は、沖にバラ根が点在し、アブラコやカジカ、クロガシラが釣れる。やや波がある日を狙う。

泊川は5月1日〜10月31日、左右両岸300mにサケ・マス採捕の河口規制が掛かる（期間は2020年度の実績で、変更になる可能性あり）。

泊川河口の左岸にあたるF点（写真⑦）は、河口にある岩場との根境を狙うと、ソイやアブラコが釣れる。夜間はカジカがヒットする。

F点から30mほど左に進んだ所にあるG点（写真⑧）は、沖にある離れ岩へ遠投（120m以上）をかけると、アブラコやソイ、クロガシラがヒットする。

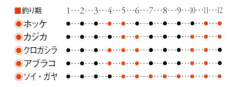

■釣り期	1	2	3	4	5	6	7	8	9	10	11	12
●ホッケ	●	●	●	●						●	●	●
●カジカ	●	●	●	●	●	●	●	●	●	●	●	●
●クロガシラ	●	●	●	●	●	●	●	●	●	●	●	●
●アブラコ	●	●	●	●	●	●	●	●	●	●	●	●
●ソイ・ガヤ	●	●	●	●	●	●	●	●	●	●	●	●

【道央】石狩・後志　［島牧村］

①床丹平盤の先端部（A点）

②床丹平盤の左側基部のB点

③永豊漁港の西防波堤のC点

④西防波堤の先端から狙う沖の離れ岩

⑤なぎ時を狙うD点

⑥沖のバラ根を狙うE点

⑦泊川河口の左側（F点）

⑧沖の離れ岩を遠投で狙うG点

MEMO

泊川河口（F点）にある岩場は、川水の流れの影響で、年によって乗れたり乗れなかったりする所。運よく入釣することができれば、沖への中・遠投で、大物のアブラコやソイがヒットする。ウエーダーは必携。

[島牧村] ちはせかいがん

千走海岸

千走地区は、平凡な砂浜に見えるが、実際は、バラ根が数多く点在し、アブラコやカジカ、ソイなどの根魚やクロガシラがよく釣れる。

　江ノ島トンネルの前方に張り出している「北国潤（ほっこくま）」と呼ばれる大岩場の西側（左側）基部にあたるA点（写真①）は、北まじりの風が吹き、トンネル右側の海岸が波高のときに、ホッケをはじめアブラコやカジカ、クロガシラなどがよく釣れる。早春には、消波ブロック周りで、アメマスやクロガシラがヒットする。

　千走川河口右岸のB点（写真②）は、飛距離が70m付近まで玉石場となっているため、根掛かりが多い。遠投をかけると砂地に届き、ホッケやクロガシラがヒットする。

　千走川河口左岸のC点（写真③）は、B点同様、根掛かりが多いが、中投で、カジカやソイ、ハチガラ、クロガシラがヒットする。河口に近づくほど、ヒット率は高まる傾向にある。

　写真④は、道の駅。24時間使用可能なトイレがある。

　D点は、新甫川（しんぽがわ）の河口（写真⑤）に釣り座を構える。雪解け時期を除き、水量が少なく、長靴で川を行き来できる。近・中投でカジカ、遠投でホッケやアブラコ、ソイ、クロガシラなどが釣れる。

　E点は、沖に離岸堤が連なっている所（写真⑥）で、ブロック周りを狙うとクロガシラやホッケ、アブラコ、ソイなどが釣れる。

　千走漁港千走地区の東防波堤の先端に位置する赤灯台前（F点、写真⑦）は、防波堤周りがポイントで、マガレイやクロガシラなどが釣れる。

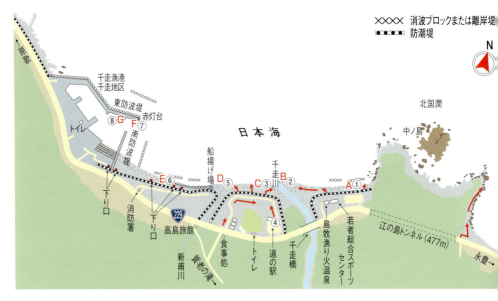

東防波堤の港内側にある突堤（G点、写真⑧）は、外海側がややしけているときに、ホッケやソイ、カジカ、クロガシラなどが釣れる。

なお、千走川は4月1日〜10月31日の期間中、左岸500m、右岸800mにサケ・マス採捕の河口規制が掛かる。

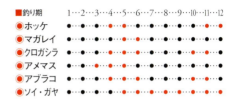

[道央] 石狩・後志

[島牧村]

①北国潤西側基部のA点

②遠投でクロガシラが釣れる千走川河口右岸（B点）

③千走川河口左岸のC点

④道の駅「よってけ!島牧」

⑤五目釣りが期待できる新甫川河口のD点

⑥早春にクロガシラが狙えるE点

⑦マガレイの好釣り場として知られる東防波堤先端のF点

⑧しけ時に釣果が期待できる東防波堤の突堤のG点

> **MEMO**
> マガレイ場のF点は、防波堤の延長線上が一番のポイントだが、船の出入りが多いため、要注意。

[島牧村] あなまかいがん

穴澗海岸

岩場が連なっている所で、アブラコやソイ、カジカなどの根魚が主なターゲット。どの岩場も海面から高さがないため、なぎ時限定で入釣する。

穴澗トンネルから東側（右側）へ約200mの所にあるA点の岩（写真①）は、平たんな形をしているため、入釣しやすく釣り座も構えやすい。ただし、周囲の根が荒いため、根掛かりは激しい。ターゲットはアブラコ、ソイ、ハチガラなど。

穴澗平盤（B、C点）へは、穴澗トンネル前にある船揚げ場（写真②）の左側にある大岩（穴がある）の中を抜けて、防波堤基部に敷設しているはしごを上り下りして、入釣する。平盤の先端部（B点）は、潮位が10cm以下の時間帯を狙う。基部がさらしとなっているため、ウエーダーは必携。

B点（写真③）は、ホッケやアブラコ、ソイ、カジカの釣り場。

C点（写真④）は、B点に比べ、さらに海面から高さがない岩で、潮位が5cm以下の時間帯を狙って入釣する。ターゲットはホッケ、アブラコ、ソイなど。

D点（写真⑤）は、穴澗トンネルのほぼ中央に位置する崖下の釣り場で、釣り座を構えやすく、ホッケ交じりでアブラコやソイなどがヒットする。

E、F、G点へは、トンネル西口から防潮堤を下って入釣する。足場が悪いため、下る際は、ロープを持参するなど、事前の備えが必要である。なお、晩春以降は、草木が生い茂り、見通しが悪くなるため、注意を要する。

E点（写真⑥）、F点（写真⑦）、G点（写真⑧）は、いずれも釣り座を構えやすい岩で、隠れ岩礁狙いで、アブラコやソイ、ハチガラの良型がヒットする。

[道央] 石狩・後志 ［島牧村］

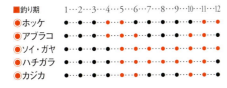

■釣り期	1	2	3	4	5	6	7	8	9	10	11	12
●ホッケ				●	●	●	●			●	●	●
●アブラコ			●	●	●	●	●	●	●	●	●	
●ソイ・ガヤ				●	●	●	●	●	●	●	●	
●ハチガラ	●	●	●	●						●	●	●
●カジカ				●	●	●		●	●	●		

①入釣しやすいA点の岩

②穴潤トンネル前の船揚げ場

③穴潤平盤先端部のB点

④穴潤平盤の左側に位置するC点

⑤崖下の釣り場(D点)

⑥釣り座を構えやすいE点

⑦アブラコの良型が釣れるF点

⑧離れ岩を狙うG点

MEMO

穴潤平盤のB点は、沖正面の根が荒く、根掛かりが激しい。左角から左方向へのちょい投げがよく、水深もあり、魚影が濃い。

[島牧村] かりばかいがん

狩場海岸

岩場と玉石場が入り組んでいる所で、根掛かり必至の釣り場である。サオの立て方やラインの張り方、当たりの合わせ方など多岐にわたる技術を必要とする。

新木巻覆道の西口にあたるA点（写真①）は、大岩が連なり、海底の根が荒く、攻略に難儀する。ターゲットはハチガラやアブラコ、カジカなど。

木巻灯台下のB点（写真②）は、沖に見える大きな岩の周囲やその左右にある隠れ根を狙う。ターゲットはアブラコ、ソイ、ハチガラなど。根掛かりは必至。

木巻川河口のC点（写真③）は、入釣は楽だが、根掛かりは激しく、攻略は難しい。アブラコやカジカ、ハチガラなどが釣れる。

木巻バス停の西側（左側）にある平盤のD点（写真④）及びE点の岩（写真⑤）は、入釣しやすく、釣り座も構えやすいが、周囲の根は荒く、根掛かりする。ターゲットはハチガラ、アブラコ、カジカなど。

狩場山神社の前浜に当たるF点（写真⑥）は、A〜C点に比べると玉石が小さく、釣り座が構えやすいが、根掛かりは激しい。ガヤやハチガラ主体にアブラコが交じる。

ツキノ岩と呼ばれる大岩場（G点、写真⑦）は、船揚げ場の左の防波堤から長さ10mほどの消波ブロックを越えて入釣する。岩の周囲は根が荒いが、アブラコやソイ、ハチガラの良型が釣れる。中・遠投をかけるとバラ根となり、アブラコやソイなどがヒットする。

キジルシの岩の左側（H点、写真⑧）は、A〜C点同様、比較的大きな玉石が連なっている所で、根掛かりは激しいが、中・遠投で良型のアブラコやハチガラなどが釣れる。

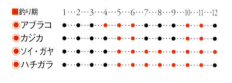

■釣り期	1	2	3	4	5	6	7	8	9	10	11	12
●アブラコ	・	・	・	●	●	●	●	・	・	●	●	・
●カジカ	・	・	・	・	・	・	・	・	・	・	・	・
●ソイ・ガヤ	・	・	・	●	●	●	●	●	●	●	・	・
●ハチガラ	・	・	・	●	●	●	●	・	・	●	●	・

MEMO

狩場でサオを出す場合、ミチ糸は7〜8号で、ハリは1本がベスト。ミキ糸とオモリの間には捨て糸（3号程度）かクリップを用いるのがよい。

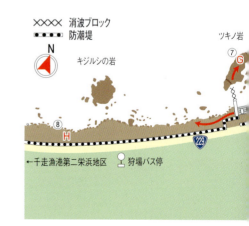

[道央] 石狩・後志

[島牧村]

①大きな玉石が連なるA点

②良型のアブラコが期待できるB点

③良型のハチガラやアブラコが釣れるC点

④釣り座を構えやすいD点

⑤入釣しやすく、サオも出しやすいE点

⑥根掛かりが激しいF点

⑦アブラコの数釣りが期待できるG点のツキノ岩

⑧中・遠投でアブラコを狙うH点

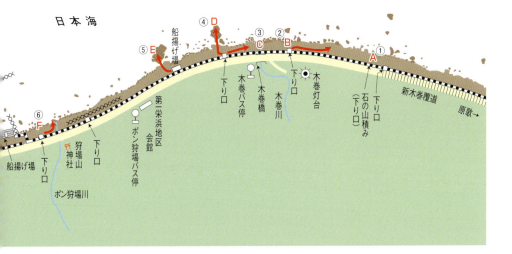

121

[島牧村] おだにしかいがん

小田西海岸

小田西海岸は、釣り場が国道に面しているため、車から海の様子を一望でき、入釣しやすい。

A点(写真①)は、ポロ狩場川の河口に陣取る。ちょい投げでカジカ、ハチガラ、アブラコが釣れる。海底は玉石が連なり、根掛かりが激しい。

B点(写真②)は、ハズレノ岩と呼ばれる離れ岩に陣取る(写真では、中央から右にある離れ岩)。ここへはイラストの矢印にしたがい、さらしをこいで入釣する(矢印部分が周囲よりも浅くなっている。ただ、水深が30〜50cmあるので、サオ立てをつえ代わりにして足元を確認しながら慎重に進む必要がある)。潮位が0cm前後の時間帯を狙って、波がないときに、ウエーダーを履いて入釣する。ターゲットはアブラコ、カジカ、ハチガラなど。

第一栄浜覆道の右側にあるC点(写真③)は、海底が砂地にバラ根で、根掛かりする。ターゲットはカジカ、ハチガラ、アブラコなど。

D点(写真④)は、小砂利浜でサオが出しやすいが、海底は荒根で、根掛かり必至。沖根への打ち込みで、アブラコやハチガラが釣れる。

小田西覆道の左側にあるE点(写真⑤)は、C、D点同様、釣り座を構えやすいが根掛かりに苦労する。ターゲットはアブラコやカジカ、ハチガラなど。

F点(写真⑥)も、小砂利浜でサオが出しやすいが、E点同様、沖根が荒く、根掛かりが多い。カジカやアブラコ、ハチガラなどが釣れる。

小田西川の右側にあるG点(写真⑦)は、沖に砂地が広がっており、D〜F点に比

べ、根掛かりは少ない。中・遠投をかけるとアブラコやカジカ、ハチガラなどが釣れる。

小田西川河口のH点（写真⑧）は、大きな玉石が連なっている所で、遠投すると、アブラコやカジカ、ハチガラがヒットする。

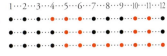

[道央] 石狩・後志

[島牧村]

①良型のカジカやアブラコが狙えるポロ狩場川河口（A点）

②さらしをこいで入釣するハズレノ岩（B点）

③サオが出しやすいC点

④沖根を狙うと良型のアブラコが釣れるD点

⑤沖の離れ岩を狙うE点

⑥根掛かりに注意が必要なF点

⑦良型アブラコやカジカがヒットするG点

⑧良型のアブラコが釣れる小田西川河口（H点）

MEMO

小田西海岸は、朝夕のまづめ時を中心に夜釣りで狙う。棒オモリを用いるなど、根掛かり対策も忘れずに。

123

[島牧村] さかえはまかいがん

栄浜海岸

ホッケ釣り場として島牧では一、二を争うほど人気がある所として知られる。

通称第二栄浜漁港と呼ばれる千走漁港第二栄浜地区の右側のA点（写真①）は、小砂利浜が続いていて、根掛かりが多く、釣りづらいが、カジカやハチガラなどが狙える。

東防波堤（B点、写真②）は、先端の白灯台が一番のポイントで、船道周辺へのちょい投げで、ホッケ主体にソイ、アブラコ、カジカ、クロガシラなどがヒットする。ただし、ここは遮るものがなく、風が強いと吹きさらしとなるため、注意を要する。白灯台下は、港内へのちょい投げで、ホッケやカジカなどが狙える。（なお、北防波堤は、進路上に上り下りできる階段がなく、途中で行き止まりとなる）

漁港左側にある大岩場は、C点（写真③）が一番のポイントで、足元から深く、ホッケ主体にアブラコやソイ、カジカ、クロガシラなどが釣れる。ホッケシーズンは、ウキ釣りでにぎわう。

D点（写真④）及びE点（写真⑤）は共に、C点と同様、ホッケのウキ釣り場としてにぎわう。投げ釣りも良く、離れ岩の周囲を狙うと、良型のソイやアブラコがヒットする。

E点の左側にある大岩場（F・G点）は、C点と人気を二分するホッケのウキ釣り場で、右側の先端部周辺（F点、写真⑥）及び左側（G点、写真⑦）は、シーズンになると、ウキ釣りのサオが林立する。ここは投げ釣りも面白く、沖への中・遠投で、ソイやアブラコ、クロガシラなどがヒットする。

H点（写真⑧）の岩は、シーズンを通して

入釣者が少ないが、魚影は濃く、ホッケのほか、良型のアブラコやソイがヒットする。

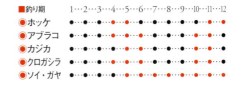

[道央] 石狩・後志

[島牧村]

①良型のカジカやハチガラが狙えるA点

②第二栄浜漁港の東防波堤（B点）

③ホッケの千石場として知られるC点

④C点の左に位置する平盤のD点

⑤良型のアブラコやソイが狙えるE点

⑥ホッケのウキ釣り場で知られるF点

⑦ホッケシーズンはサオが林立するG点

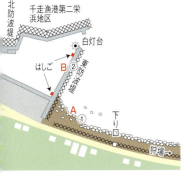
⑧左斜めにある離れ岩の周囲を狙うH点

MEMO

栄浜海岸で好釣果となるのは、北まじりの風が吹いているとき。南まじりの風のときは、波かぶりとなる恐れがあるため、注意を要する。

[島牧村] おこつないかいがん

オコツナイ海岸

ホッケ主体にアブラコやソイ、クロガシラなど魚種が豊富な所である。
特に大岩は、ホッケの千石場としてシーズン中はウキ釣りの人でにぎわう。

写真①は、オコツナイ川の右岸一帯を写したもので、小砂利浜が連なり、一見、釣れそうに見えるが、ガヤやカジカの散発場であり、多くを望めない。ここは右岸よりも左岸が良く（A点、写真②）、沖に見える離れ岩周辺を中投で狙っていくと、アブラコやソイ、ハチガラがヒットする。

写真③は、旧国道を写したもの。オコツナイ橋と、その奥にせり出しているオコツナイ赤岩（写真では黒く写っている）が見える。

オコツナイ赤岩は、先端部と左側がポイント（B点、写真④）で、岩の左側から岩伝いに入釣する。先端部はさらしとなっている所を通過する必要があるため、ウエーダーが必要。べたなぎ以外は入れない。ホッケやアブラコ、ソイ、クロガシラなど、五目釣りができる。

オコツナイ赤岩の左側にある大岩（C点）は、足元から真下の海底まで垂直に岩が切れ込んでいる。写真⑤が右側、写真⑥が正面から見た大岩の全景。ホッケのウキ釣り場として知られ、シーズン中はウキ釣りの人でにぎわう。ここは投げ釣りも良く、アブラコやクロガシラ、シマゾイなどが釣れる。

写真⑦は、大岩の下り口を写したもの。ここはかつてコンクリート斜路となっていて簡単に下りることができたが、南西沖地震で崩れ、現在は敷設しているロープを命綱にして下りる。高さは約2m。

写真⑧は、大岩から南（左）側一帯を写し

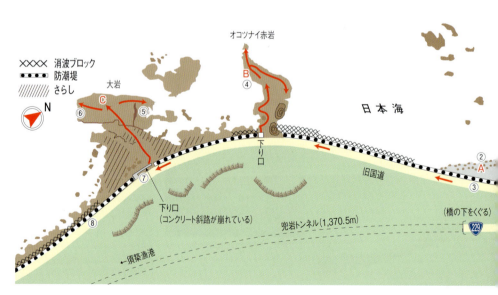

たもので、旧国道の現在の様子をうかがい知ることができる。以前、ここは覆道となっていたが、現在、覆道はすべて撤去されている。

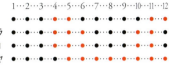

[道央] 石狩・後志

[島牧村]

①小砂利浜が続くオコツナイ川河口右岸

②良型のアブラコが期待できるオコツナイ川河口左岸のA点

③A点付近の旧国道

④オコツナイ赤岩の左側のB点

⑤右方向から見たC点の大岩

⑥正面から見た大岩（C点）

⑦大岩の下り口

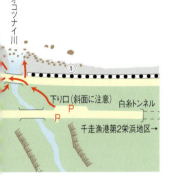
⑧大岩付近の旧国道

MEMO

オコツナイ海岸は、南まじりの風が強いときは、波がかぶることが多い。北や東まじりの風のときが狙い目である。

[島牧村] もつたかいがん

茂津多海岸

島牧村とせたな町の境界に位置する茂津多海岸は、大岩場や断崖が連なる風光明媚な所である。

狩場トンネル南口に位置する「穴床前」と呼ばれる大岩場（写真①）は、トンネル南口から入釣する。草むらを上り、大きな玉石が連なっている難所を通り、断崖となっている所（渡り厳重注意）を抜けると、左先端部（A点、写真②）に入ることができる。荷物はできるだけ軽くし、複数で入釣することを薦める。

左先端部は、岩が盛り上がっているため、釣り座を高い位置にとることができ、多少の波でもサオを出すことが可能。水深は足元から深く、ホッケやアブラコ、ソイ・ガヤなどが釣れる。

大三角岩は、岩の左側から消波ブロックを越えて入釣する。ブロックは足場が悪いため、細心の注意が必要。ポイントは左右の角で、共にホッケやアブラコ、ソイなどが釣れる。写真③は右角（B点）を写したもので、先端部は低く、サオを出しやすい。

茂津多トンネル北口の前浜にせり出している窓岩は、岩の中央が空洞となっていることから名づけられた岩である。人気釣り場の一つで、茂津多トンネル北口（写真④）から、防潮堤の上を歩いて入釣する（写真⑤）。防潮堤が切れる所から、山道に入り、草むらをこいで30mほど進むと、玉石場となる。写真⑥は玉石場から窓岩の右側を写したもの。この玉石場を抜けて、窓岩の左基部の岩をよじ登り、左側（写真⑧）を通って、窓岩の先端に向かう。

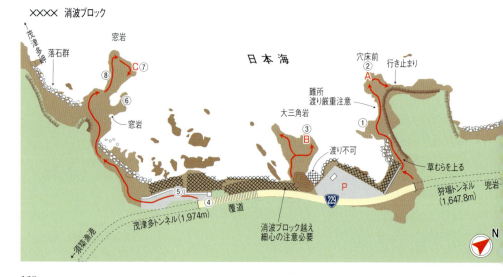

窓岩のポイントは左側（写真⑧）と沖正面、右側（C点、写真⑦）に分かれるが、一番安定して釣果が得られるのはC点で、足元から20m付近まで水深が深く、ホッケやアブラコ、ソイなどがよく釣れる。

[道央] 石狩・後志

[島牧村]

①左側から見た穴床前

②穴床前の左先端部（A点）

③大三角岩の右側先端（B点）

④茂津多トンネル北口

⑤茂津多トンネルから窓岩に通じるルート

⑥窓岩の右側全景

⑦窓岩の好ポイントである右側のC点

⑧窓岩の左側（入釣ルート）

MEMO

C点は足元から20m付近まで砂地となっており、クロガシラが釣れる。仕掛けにアクションを付けてやると、ヒットしやすい。

道央
胆振・日高

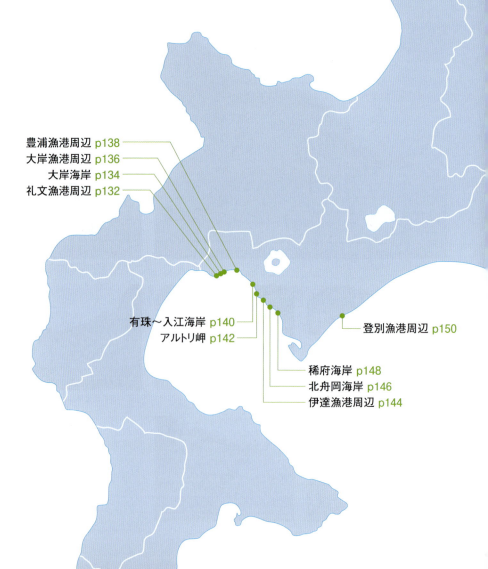

- 豊浦漁港周辺 p138
- 大岸漁港周辺 p136
- 大岸海岸 p134
- 礼文漁港周辺 p132
- 有珠～入江海岸 p140
- アルトリ岬 p142
- 稀府海岸 p148
- 北舟岡海岸 p146
- 伊達漁港周辺 p144
- 登別漁港周辺 p150

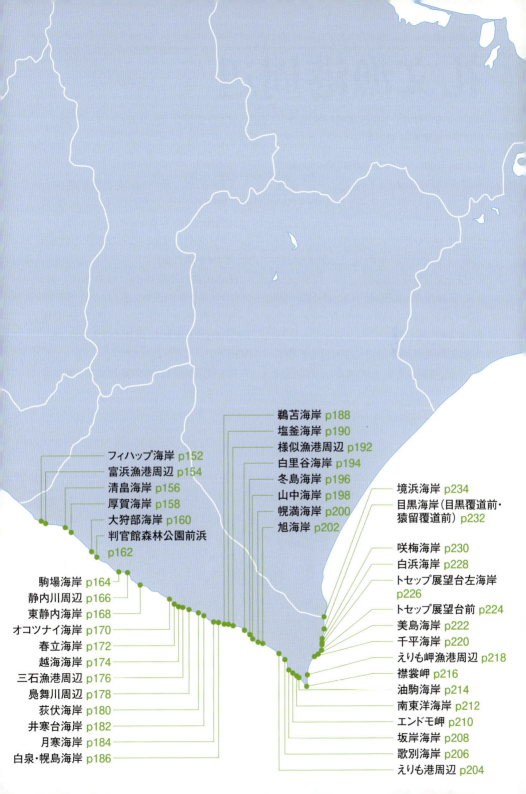

［豊浦町］れぶんぎょこうしゅうへん

礼文漁港周辺

●豊浦町

マガレイやクロガシラなどのカレイのほか、良型のソイやアブラコ、カジカなどがターゲット。特にソイは魚影が濃い。

　A点（写真①）のイコリ岬は、夏の大潮の干潮時（潮位10cm以下）にウエーダーを履いて、岩の上り下りや水深の浅い所をこいで進む。離れ岩が見える付近から先が好ポイントで、ソイやアブラコの良型が釣れる。礼文華川は、雨天時や雨後でなければ、ウエーダーで行き来できる。

　礼文漁港から礼文華川にかけての一帯（B点、写真②）は、マガレイやイシモチ、ヒラメなどの釣り場。

　礼文漁港の南防波堤に張り付く港内岸壁（C点、写真③）は、ソイ、ガヤ、チカなどがターゲット。

　東防波堤は、港内側にバラ根が点在し、その周囲でソイやアブラコが狙えるが、本命は外海側（D点、写真④）で、足場は悪いが、ソイやアブラコ、マガレイ、イシモチ、クロガシラ、ヒラメが釣れる。

　港内の突堤岸壁のE点（写真⑤）は、クロガシラやアブラコ、チカなど。

　礼文漁港の左側のF～H点は、防潮堤の上からサオを出す（海面からの高さは8～10mでクレーン釣りとなる）。

　F点（写真⑥）は、沖の離岸堤目がけて遠

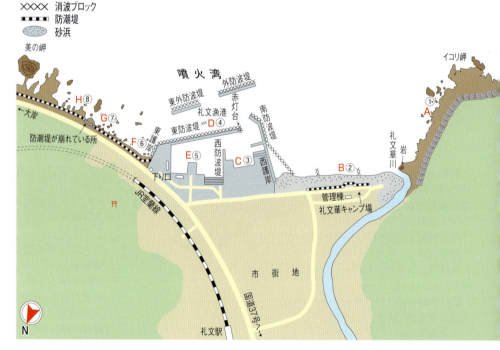

投をかけると、マガレイやイシモチ、ソイ、アブラコなどがヒットする。

　G点(写真⑦)は、至近距離の離れ岩がある所の右側から、60mほど沖に見える離れ岩の周囲を狙っていく。H点(写真⑧)は、上記の離れ岩の左側に陣取る。G点、H点ともターゲットはソイ、アブラコ、カジカなど。

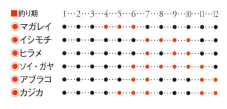

[道央]胆振・日高

[豊浦町]

①ソイやアブラコの良型が釣れるイコリ岬(A点)

②キャンプ場の前浜(B点)

③礼文漁港内の岸壁(C点)

④多魚種が釣れる東防波堤の外海側(D点)

⑤港内の突堤岸壁(E点)

⑥ガードレール前にサオを出すF点

⑦防潮堤の上から沖の離れ岩を狙うG点

⑧防潮堤越しに遠投で沖根を狙うH点

MEMO

G点、H点の防潮堤は、高さが1mほど。クレーン釣りに備えるため、防潮堤と同程度の長さのはしごが必要。実釣中は背後を通る車の往来に注意すること。

[豊浦町] おおきしかいがん

大岸海岸

茶津崎を中心とした左右の海岸は、風光明媚な所で、観光目的で訪れる人も多い。

美の岬の右にある大岩のA点（写真①）は、潮位が50cm以下の時間帯でべたなぎのときに、大岩の左から岩伝いに入釣する。ちょい投げでカジカやソイ、アブラコ、沖への中・遠投でマガレイやスナガレイ、イシモチ、ハモなど。なお、美の岬は、断崖のため、入釣できない。

美の岬の左のB点（写真②）は、防潮堤から沖方向へ遠投すると深みに達し、ソイ、アブラコ、ヒラメなどがヒットする。なお、防潮堤は崩れている所があるので、足場の確保には十分注意が必要。

C点は、道道608号脇の防潮堤を下り、磯から沖を狙う。写真③は、下り口の岩を写したもの。アブラコ、カジカ、ソイ、ヒラメなどが狙える。

写真④のD点は、文学碑公園前にある磯。平盤状の岩に乗り、沖へ遠投をかける。ターゲットはマガレイやイシモチなど。

写真⑤は、カムイチャシトンネルの上にある史跡公園からシーサイドキャンプ場（E点）を写したもの。写真⑥も同様に、史跡公園から旧大岸第1キャンプ場（F点）を写した。共に沖への遠投で、マガレイやスナガレイ、イシモチなどが釣れる。

写真⑦は、G点の入り口（JR線のアンダーパス）を撮影。写真⑧（G点）は、このアンダーパスの左側の磯。この辺り一帯は、沖根が点在し、ヒラメの好釣り場として知られる。

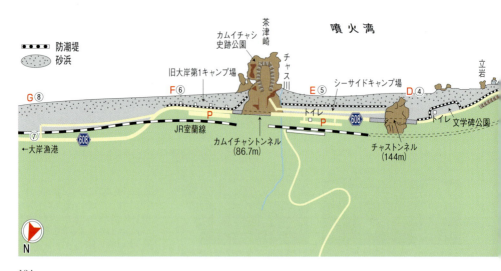

■釣り期	1…2…3…4…5…6…7…8…9…10…11…12		1…2…3…4…5…6…7…8…9…10…11…12
●マガレイ	●…●…●…●…●…●…●…●…●…●…●…●	●ハモ	●…●…●…●…●…●…●…●…●…●…●…●
●イシモチ	●…●…●…●…●…●…●…●…●…●…●…●	●アブラコ	●…●…●…●…●…●…●…●…●…●…●…●
●ヒラメ	●…●…●…●…●…●…●…●…●…●…●…●	●カジカ	●…●…●…●…●…●…●…●…●…●…●…●

[道央] 胆振・日高

[豊浦町]

①美の岬の右にある大岩（A点）　　②美の岬の左にある防潮堤（B点）

③C点の下り口。手前の岩から下りる　④文学碑公園前のD点　　⑤シーサイドキャンプ場（E点）

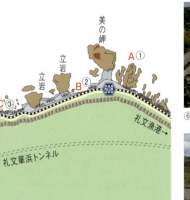 

⑥旧大岸第1キャンプ場（F点）　　⑦JR線の下をくぐるアンダーパス

⑧良型のヒラメが狙えるG点

MEMO

A点へは、高さが3mほどある防潮堤を下りる。ロープが設置されているが、荷物をもって下りるには不安定なため、3.5m程度の長さのはしごを持参していくのが良い。

[豊浦町] おおきしぎょこうしゅうへん

大岸漁港周辺

夏から秋にかけて多くの釣り人が訪れる一方、漁港左にある出岬は、大潮の干潮時しか入釣できない難所となっている。

A点(写真①)は、沖を狙う。スナガレイやイシモチ、ハモなどがターゲット。

大岸漁港の西防波堤(B点、写真②)は、外海側のブロック周りでソイ、アブラコ、港内側でチカやハモなど。

南防波堤先端部の突堤(C点、写真③)は、消波ブロック越しに外海を狙うと、マガレイやスナガレイなど。港内側はちょい投げでハモなどが釣れる。

南防波堤(D点、写真④)は、胸壁の高さが6mほどあり、南まじりの風が強いときに風よけとなる。港内には根が点在し、ソイやアブラコ、ハモなどがヒットする。

南防波堤の外海側(E点、写真⑤)は、胸壁の幅も2.5mほどあり、消波ブロック越しにサオを出しやすい。沖への投げで、マガレイ、スナガレイ、イシモチ、ハモなど。

漁港左側のF点(写真⑥)は、サケのポイントで投げ釣りが主流。

小鉾岸川河口の左にある出岬は、潮位が20cm以下の時間帯で、波がないときを狙う。ここは河口から岬のほぼ全域にかけて、コンブ根が広がる。岬先端の手前から細い平盤状の岩になる。ルート上は、落石の恐れがあるため、ヘルメット装着が必須である。

先端部のG点(写真⑦)及びG点の左側

にあるH点（写真⑧）は、海面から高さがなく、波の動きに要注意。ウエーダーは必携。ちょい投げでカジカ、アブラコ、沖への遠投でマガレイやスナガレイ、ハモなど。

なお、これより左側は、洞窟状の溝があり、行き止まりとなっている。

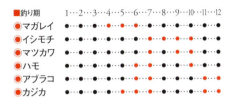

[道央] 胆振・日高

[豊浦町]

①JR大岸駅の右側にある磯（A点）

②西防波堤全景（B点）

③南防波堤先端の突堤（C点）

④南防波堤の先端付近（D点）

⑤南防波堤の外海側（E点）

⑥漁港と小鉾岸川の間の砂浜（F点）

⑦小鉾岸川左の出岬の先端（G点）

⑧出岬先端の左側の岩場（H点）

> **MEMO**
> 南防波堤は左角も好ポイントの一つ。沖方向及び小鉾岸川河口方向への外海狙いで、カレイ類やハモがヒットする。

[豊浦町]とようらぎょこうしゅうへん

道央 胆振・日高 ［豊浦町］

豊浦漁港周辺

入釣しやすく釣りやすいが、漁港左にあるペペシレト岬は、断崖絶壁の大岬で、難所の一つとなっている。

　豊浦漁港の右には三つの釣り突堤（通称「釣りデッキ」）があり、このうち右突堤の曲がり角付近のA点（写真①）は、1～2時方向への遠投で、マガレイやスナガレイ、イシモチ、近・中投でハモが狙える。

　左突堤のB点（写真②）は、南防波堤方向への投げでソイ、アブラコ、沖への中・遠投でハモやイシモチ、足元でサケやチカなど。

　ペペシレト岬の右側（C点、写真③）は、防潮堤の端から磯に下り、玉石場を歩いて入釣する。沖への遠投でマガレイやイシモチ、ちょい投げでアブラコやカジカなど。なお、先端部は水たまりが多いので、入釣にはウエーダーが必要となる。

　ペペシレト岬の左側へは、写真④に写る二つの道の左から入り、民家の左から畑の脇を通り、左奥の木陰から崖下りで進む。崖下りは写真⑤の通り、けもの道となっており、傾斜が急で、設置してあるロープを命綱にして下る。足元が滑りやすいため、スパイクブーツ着用のこと。

　下り口の左側にある岩場（D点、写真⑥）は、干潮時に乗ることができ、前方の離れ岩の周囲を狙う。E点の磯（写真⑦）は、至近距離にある離れ岩（コンブが密生）を狙う。D、E点ともターゲットはカジカ、アブラコな

××××　消波ブロック
●●●●　防潮堤
//////　さらし
　　　　砂浜

ど。

　E点から200mほど右に進むと、左先端部（F点、写真⑧）に到着する。平盤状の大岩場で、水深は足元から深く、ちょい投げでアブラコ、遠投でマガレイやイシモチなどのカレイ類が釣れる。

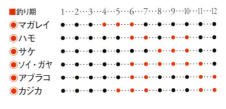

■釣り期	1	2	3	4	5	6	7	8	9	10	11	12
●マガレイ	·	·	·	●	●	●	●	·	·	·	·	·
●ハモ	·	·	·	·	·	●	●	●	·	·	·	·
●サケ	·	·	·	·	·	·	·	·	●	●	●	·
●ソイ・ガヤ	·	·	·	●	●	●	●	●	●	●	·	·
●アブラコ	·	·	·	●	●	●	●	●	●	●	·	·
●カジカ	●	●	·	·	·	·	·	·	·	·	●	●

【道央】胆振・日高

[豊浦町]

①貫気別川に隣接する右突堤（A点）

②サケの好釣り場として知られる左突堤（B点）

③ペペシレト岬の右側先端（C点）

④ペペシレト岬の左側へ向かう起点

⑤ペペシレト岬左側への入釣ルートとなるけもの道

⑥下り口の左にある岩場（D点）

⑦コンブ根が繁茂している岩場（E点）

⑧ペペシレト岬の左先端部（F点）

MEMO

ペペシレト岬への入釣は、潮位40cm以下の時間帯で波がないことが絶対条件。D～F点での釣りは、帰路の上りに要注意。健脚の人でも顎が上がるほどきつい。貫気別川には9月1日から12月10日までサケ、マス採捕の河口規制が掛かるので事前に確認すること。

[伊達市・洞爺湖町] うす～いりえかいがん

有珠～入江海岸

虻田本港地区と有珠の両漁港に囲まれた海岸で、玉石場や岩場が連なり、攻略は難しいが、魚影が濃い所として知られる。

A点(写真①)は、玉石場に釣り座を構える所で、虻田漁港本港地区の西防波堤基部から磯伝いに入釣する。岸近くは荒根で、40mほど投げると、砂地に届く。アブラコやカジカのほか、ハモが釣れる。

B点(写真②)は、消波ブロックを並べた消波堤の先端から、2～4時方向への中・遠投でイシモチやハモ、近投でアブラコやカジカがヒットする。

C点(写真③)は、潮位が30cm以下に下がると、50mほど岩場が露出する所で、潮の引きとともに前進し、沖に点々と見える離れ岩の左側を狙う。アブラコやソイ、カジカなどが釣れる。

D点(写真④)は、山側に家屋が見える所の前浜で、潮位が30cm以下に下がると、小ワンドが現れ、両サイドの大岩の位置や距離を把握できる。干潮時に入釣し、上げ潮時を狙うと、アブラコやソイ、カジカなどが釣れる。

E点(写真⑥)は、チャランケ岩(写真⑤)の左側に釣り座を構える所で、沖に離れ岩がなく、取り込みやすい。近投でカジカ、アブラコ、中・遠投でハモやイシモチなどが釣れる。D点同様、干潮時に入釣すると、攻略しやすい。

F点（写真⑦）は、潮位が40cm以下に下がると、小ワンドが現れる所で、D点同様、干潮時に入釣し、左右に張り出している岩の位置を確認して、中・遠投する。ターゲットはD点と同じ。

G点（写真⑧）は、北防波堤先端から、30〜40m付近にある深みを狙うと、カジカやアブラコがヒットする。

[道央] 胆振・日高

[伊達市・洞爺湖町]

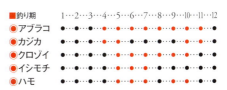

■釣り期	1	2	3	4	5	6	7	8	9	10	11	12
●アブラコ	●	●	●	●	●	●	●	●	●	●	●	●
●カジカ	●	●	●	●	●	●	●	●	●	●	●	●
●クロゾイ	●	●	●	●	●	●	●	●	●	●	●	●
●イシモチ	●	●	●	●	●	●	●	●	●	●	●	●
●ハモ	●	●	●	●	●	●	●	●	●	●	●	●

①玉石場に釣り座を構えるA点

②消波堤の先端に陣取るB点。右側のブロックが乗りやすい。

③潮位15cmのときのC点。潮位が70cmを超えると水没する。

④D点の山側にある家屋

⑤チャランケ岩。手前に看板あり。

⑥チャランケ岩の左側にあるE点。潮位15cmのとき撮影。

⑦潮位15cmのときのF点

⑧有珠漁港北防波堤先端のG点

MEMO

港内岸壁のH点は、晩秋から初冬にかけてカジカが釣れる。車を岸壁に横付けしてサオが出せるので、厳寒期の釣りにお薦め。

[伊達市] あるとりみさき

アルトリ岬

アルトリ岬先端の両サイドに好ポイントがあるが、入釣者が多いのは左海岸の岩場周辺。晩秋のカジカシーズンの人気ポイントになっている。

写真①と②は同岬右側基部周辺で、遠浅のゴロタ場になっている。小さなワンドだが北、西風に弱く、すぐにしけ状態になって釣りにならない。A、B点とも岩場周辺を狙うとカジカ、アブラコが釣れる。

写真③は岬先端周辺のC点の岩場。大きな岩が点在し釣り座選びに苦労するが、大型アブラコが狙える。特に秋の産卵期を迎えた雄は鮮やかな黄色やオレンジ色の婚姻色に変わった良型が多い。他にも近投でソイやガヤ、遠投すると砂地に届くのでカレイが狙える。

写真④はD点で、沖にある小さな岩が目印になる。その岩を越えると砂地になり、夏にはハモ（マアナゴ）が釣れることもあるが、ハモ狙いの入釣者は少ない。

写真⑤はE点周辺で防潮堤の前付近。かなり浅く、満潮時の夜以外はほとんど釣れないが狙いは晩秋のカジカだ。

写真⑥は防潮堤の切れた所で、海岸への下り口となる。砂浜側からも入釣できるが、水がたまっていてウエーダーがないと先端方向に進めない場所があるので、ここから下りた方がいい。

写真⑦は砂浜から同岬左海岸一帯を写したもので遠浅の海岸線がよく分かる。砂浜からの投げ釣りで小型主体になるがイシ

モチやスナガレイ、まれにマガレイなどが釣れ、夏の夜釣りではハモが狙える。

写真⑧のF点は唯一、沖に岩が点在する。岩の周辺を探るとカジカやアブラコが釣れることがある。数釣りは期待できないが、まれに良型が潜んでいるので、見逃せない。

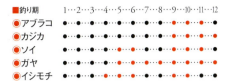

■釣り期	1	2	3	4	5	6	7	8	9	10	11	12
●アブラコ	●	●	●	●	●	●	●	●	●	●	●	●
●カジカ	●	●	●	●	●	●	●	●	●	●	●	●
●ソイ	●	●	●	●	●	●	●	●	●	●	●	●
●ガヤ	●	●	●	●	●	●	●	●	●	●	●	●
●イシモチ	●	●	●	●	●	●	●	●	●	●	●	●

[道央] 胆振・日高 [伊達市]

①岬の右側にあるA点

②岬の右側にあるB点のワンド

③岬先端付近のC点の岩場

④沖に小さな岩があるD点

⑤防潮堤前のE点周辺の岩場

⑥防潮堤横の海岸への下り口

⑦通称恋人海岸と呼ばれる砂浜から見た岬

⑧F点周辺の磯

MEMO

一帯は大きな岩場の釣り場だが、遠浅になっていて近投では根掛かりが激しい。カジカシーズンには大型のクサウオがよく釣れ、条件によっては本命のカジカになかなか巡り合えないこともある。

143

[伊達市] だてぎょこうしゅうへん

伊達漁港周辺

伊達漁港は、拡張工事により、南防波堤が沖方向へ大きく延び、釣果が飛躍的に向上した釣り場である。

長流川河口左岸のA点（写真①）は、沖に延びる消波堤の左右と沖を狙う。中・遠投でソイ、ガヤ、アブラコ、ハモ、マツカワなどが釣れる。なお、右側の長流川河口は遠浅で、波があると底荒れがひどくなるため、注意を要する。

B点（写真②）は、防潮堤の前にブロックがないため、サオが出しやすい。ターゲットはソイ、ガヤ、アブラコ、ハモなど。

写真③は、伊達漁港の南防波堤からB点方向を写したもの。砂浜が延々と続く。

写真④（C点）は南防波堤右側の砂防堤（通称「釣りデッキ」）。外海側に消波ブロックの投入がなく、沖方向への投げで、マガレイやスナガレイ、イシモチ、ソウハチなどのカレイやハモ、アブラコなど多魚種が狙える。海面からの高さは8mほどで、クレーン釣りとなる。

南防波堤（D点、写真⑤）は、ケーソンの幅が6mほどあり、釣り座が構えやすい。ブロック周りでソイ、ガヤ、アブラコ、沖への中・遠投でマガレイ、ソウハチ、イシモチなどのカレイのほか、ヒラメやハモなどもヒットする。

南防波堤先端の白灯台（E点、写真⑥）は、港内への投げでソイ、ガヤ、アブラコ、マ

ガレイ、ソウハチ、イシモチ、ハモなど。

東防波堤（F点、写真⑦）は、外海側でスナガレイ、イシモチ、ハモなど。

G点（写真⑧）は、漁港左側にある気門別川河口から沖への投げで、カレイやハモ、ヒラメなどがヒットする。

長流川は9月1日〜12月10日の期間中、左右両岸500mにサケ・マス採捕の河口規制が掛かる。

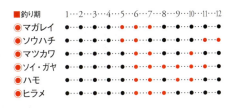

[道央] 胆振・日高

[伊達市]

①長流川河口左岸の消波堤付近（A点）

②サオが出しやすいB点の磯

③伊達漁港右側の砂浜

④フェンスまでの約7mでサオが出せる釣りデッキ（C点）

⑤伊達漁港南防波堤のD点

⑥南防波堤先端の白灯台付近（E点）

⑦東防波堤（F点）

⑧気門別川河口のG点

> **MEMO**
>
> C点の釣りデッキは、足場となるケーソンがずれ始めており、現在、フェンスが設置され、立入禁止となっている。サオが出せるのは、フェンスまでの7mほど。

[伊達市] きたふなおかかいがん

北舟岡海岸

西風が強く、波が高いときには釣りにならないが釣り期が長い。
晩秋から初冬にかけては良型カジカ、大型アブラコなどが狙える。

写真①は谷藤川河口左岸側から同河口右岸のA点を写した。写真には写っていないが、右側には玉石原が続いている。右に向かうと次第に砂浜に変わり、春にはクロガシラ、夏にはハモ（マアナゴ）、秋にはイシモチやまれにマガレイ、マツカワが釣れる。

写真②の河口前のB点には沈み根が張り出している。干潮時は遠投が有利で、満潮時では近～中投で良型カジカの数釣りが可能。狙い目は初冬の夕方から早朝にかけての暗いうち。根掛かりするので仕掛けやエサは多めに持参すること。同川は水量が多いときにはウエーダーがないと渡れない。

写真③のC点では沈み根の切れ目や消波ブロック前周辺を探ると、良型カジカやアブラコが釣れる。根掛かりが少ない割に根魚の食い付きがいい。

写真④は防潮堤の切れ目からA、B、C点の全体を写した。C点からE点方向には長い防潮堤があり、前には消波ブロックが並んでいて釣りづらい。しかし、所々にD点のような斜路やE点のような消波ブロックが途切れている場所があって、サオを出せる。

写真⑤はD点の船揚げ場。近～遠投、消波ブロックの際狙いでカジカやアブラコなどが釣れる。斜路はかなり滑りやすい。なお、D点の船揚げ場は、防潮堤が扉になっていて、閉まっていることが多い。

写真⑥のE点も消波ブロックの切れ目でサオを出せるが、波が高いときや満潮時に

は釣り座がなくなる。サオを振るときには後ろの防潮堤に気を付けること。広範囲に探るとアブラコ、カジカ、マガレイ、スナガレイが釣れる。

D点、E点へは防潮堤の端のC点から階段状護岸を歩いて入釣する。釣り座が狭いので、入釣者がいないか確認してから行く方がいい。

写真⑦は防潮堤をE点付近からC点方向へ向けて写した。周辺には民家があるので迷惑をかけないように入釣すること。

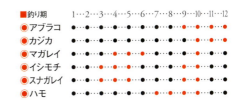

■釣り期	1	2	3	4	5	6	7	8	9	10	11	12
●アブラコ	・	・	・	●	●	●	●	●	●	●	・	・
●カジカ	●	●	●	・	・	・	・	・	・	●	●	●
●マガレイ	・	・	・	●	●	●	・	・	・	・	・	・
●イシモチ	・	・	・	・	●	●	●	●	●	●	・	・
●スナガレイ	・	・	・	●	●	●	・	・	・	・	・	・
●ハモ	・	・	・	・	・	●	●	●	●	・	・	・

[道央] 胆振・日高

[伊達市]

①谷藤川河口左岸から写したA点

②谷藤川河口のB点

③防潮堤と消波ブロックの境目にあたるC点

④A点からC点にかけての海岸

⑤良型アブラコが狙えるD点の船揚げ場

⑥消波ブロックの切れ目のE点

⑦長く伸びた防潮堤

MEMO

谷藤川河口左海岸の防潮堤へは車で行けるが、駐車や入釣時には迷惑がかからないよう注意すること。

[伊達市] まれっぷかいがん

稀府海岸

マツカワ、イシモチなどのカレイやソイ、ガヤ、ハモなどが狙える。
漁港は入釣しやすく、人気釣り場の一つとなっている。

　A点(写真①)の船揚げ場は、遠投を要する釣り場で、ソイ、アブラコ、ハモなどが狙える。国道37号の稀府学校前バス停から海に向かって進むと到着する。

　黄金漁港の右側にある牛舎川の右岸(B点、写真②)は、沖根を狙う。ハモやイシモチ、マツカワなどが釣れる。牛舎川は雨天時や雨後でなければ、ウエーダーで川を行き来できる。

　黄金漁港の西防波堤(C点、写真③)は、先端部の突堤付近がよく、ブロック周りでソイ、ガヤ、船道でスナガレイやイシモチ、ハモなどが狙える。

　南防波堤(D点、写真④)は、外海側に消波ブロックが積まれていないため、外海狙いができ、ターゲットは中・遠投でスナガレイやイシモチ、ハモ、港内側でチカやカタクチイワシなど。

　北黄金川の河口(E点、写真⑤)は、干潮時に河口右のコンクリート階段から磯に下りることができる。ターゲットはソイ、ガヤ、イシモチ、ハモなど。

　船揚げ場前の砂浜(F点、写真⑥)は、干潮時に砂浜に陣取る。ターゲットはE点と同じ。

　G点(写真⑦)は、階段状の防潮堤に釣り座を構える所で、正面沖に広がる根原に向かって遠投をかけると、ソイ、ガヤ、アブラコ、マツカワ、ハモなどがヒットする。

　H点(写真⑧)は、砂浜の左右にあるブロックの上に陣取り、遠投でソイ、ガヤ、イシモチ、ハモなどを狙う。産業廃棄物保管施設がある所から入釣する。

■釣り期	1･･2･･3･･4･･5･･6･･7･･8･･9･･10･･11･･12
●ソイ・ガヤ	●･･●･･●･･●･･●･･●･･●･･●･･●･･●･･●･･●
●ハモ	････････●･･●･･●･･●･･●･･････
●イシモチ	●･･●･･●･･●･･●･･●･･●･･●･･●･･●･･●･･●

	1･･2･･3･･4･･5･･6･･7･･8･･9･･10･･11･･12
●マツカワ	･･･････●･･●･･●･･●･･●･･●･･●･･
●アブラコ	●･･●･･●･･●･･●･･●･･●･･●･･●･･●･･●･･●

[道央]胆振・日高

[伊達市]

①A点の船揚げ場

②牛舎川河口の右岸（B点）、手前に見えるのが牛舎川

③黄金漁港西防波堤のC点

④サオが出しやすい南防波堤のD点

⑤北黄金川河口のE点

⑥船揚げ場前の砂浜と左右の消波ブロック（F点）

⑦階段状の防潮堤が続くG点

⑧砂浜を挟んだ左右にあるブロックの上からサオを出すH点

MEMO
南防波堤は胸壁の高さが1.2mと低く、取り込みが楽。シーズン中は、ファミリー中心に釣り人でにぎわう。

149

[登別市] のぼりべつぎょこうしゅうへん

登別漁港周辺

漁港とその右側一帯は、秋のサケ釣りが本命。
シーズン中は多くの釣り人が訪れる。

　蘭法華岬の右側にある鷲別漁港富浦地区(A点、写真①)は、1本防波堤(南防波堤)となっている所で、外海狙いができ、アブラコやカジカなどがヒットする。ただし、根掛かりに要注意。沖方向へ遠投をかけると、クロガシラやマツカワなどもヒットする。

　蘭法華岬の左側(B点、写真②)は、防潮堤が切れる所から磯に下りることができる。岬へ進むと岩交じりとなる。岬側はソイ、ガヤ、アブラコ、砂浜側はサケ、コマイなどが狙える。

　登別川から蘭法華岬にかけての一帯(C点、写真③)は、消波ブロック上からキャストし、防潮堤に戻って防潮堤にサオを立て掛ける。ターゲットはサケやコマイなど。

　登別川河口の左岸(D点、写真④)は、離れ岩が点在している所で、ターゲットはアブラコやソイ、ガヤなど。

　新西防波堤(E点、写真⑤)は、外海側にある消波ブロックに高さがないため、外海狙いができる。対象魚はアブラコやソイなど。

　外防波堤にあたる東防波堤(F点、写真⑥)は、先端までは行けず、新西防波堤と対峙する地点で行き止まりとなる。港内狙いでサケやクロガシラ、コマイなどが釣れる。

　東防波堤の左側に位置するG点(写真⑦)は、断崖となっており、ロケーションは抜群。初めて訪れる人はぜひ、立ち寄ってほし

い景勝地の一つ。

■釣り期	1	2	3	4	5	6	7	8	9	10	11	12
●サケ								●	●	●		
●カジカ					●	●	●	●	●	●		
●アブラコ				●	●	●	●	●	●	●	●	
●クロガシラ				●	●	●	●	●	●	●		
●マツカワ						●	●	●	●	●		
●コマイ	●	●	●	●						●	●	●

[道央] 胆振・日高

[登別市]

①鷲別漁港富浦地区南防波堤のA点

②蘭法華岬左側のB点

③登別川から蘭法華岬にかけての防潮堤（C点）

④離れ岩が点在する登別川河口左岸のD点

⑤新西防波堤のE点

⑥東防波堤中間部のF点

⑦勇壮な景観が楽しめるG点

MEMO

東防波堤中間部の外海側にある沖堤前は、沖堤真下を狙うとソイやクロガシラ、沖堤の左側でサケなどが釣れる。登別川は5月1日～6月30日と9月1日～12月10日、左岸150m、右岸300mにサケ、マス採捕の河口規制が掛かるので注意。

[日高町] ふぃはっぷかいがん

フィハップ海岸

沙流川河口右岸に位置するフィハップ海岸は、ほぼ全域にわたりバラ根が点在し、根掛かりが多い所だが、秋のカジカ場として定評がある。

A点（写真①）は、砂浜に釣り座を構える。周囲に比べ、やや水深がある。ターゲットはカジカやコマイ、マツカワなど。

B点（写真②）は、階段状の防潮堤がある所で、正面沖にバラ根があり、カジカやコマイ、マツカワなどがヒットする。

写真③は、C点の入り口を写したもの。治山施工地（北海道）の看板がある。C点（写真④）へは、写真③から入り、突きあたりの防潮堤を左へ150mほど進むと到着する。2時方向80mほどの飛距離に隠れ根があり、アブラコがヒットする。

D点（写真⑤）は、踏切正面の磯で、干潮時に消波ブロックの前に出て、サオを出すことができる。この正面沖にはバラ根があり、カジカ主体にコマイなどがヒットする。

E点（写真⑥）は、D点から左に400mほど進む。丸型の消波ブロックが積まれている所で、カジカやコマイなどが釣れる。

F点（写真⑦）は、E点から左に600mほど

沙流川は5月1日〜11月30日、左右両岸1kmにサケ・マス採捕の河口規制が掛かる。

進む。この正面はバラ根が点在し、カジカ場として定評がある。防潮堤の胸壁の高さが30cmほどしかない場所があり、そこから磯に入る。

G点（写真⑧）は以前、木の橋が設置されていたが、地震と波の侵食により防潮堤が決壊し、橋が流されたため、ここから先は車の通行ができない。壊れた防潮堤の前でサオが出せ、カジカやコマイなどが狙える。

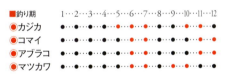

■釣り期	1	2	3	4	5	6	7	8	9	10	11	12
●カジカ	●	●	●	●	●	●	●	●	●	●	●	●
●コマイ	●	●	●	●	●	●	●	●	●	●	●	●
●アブラコ				●	●	●	●	●	●	●	●	
●マツカワ					●	●	●	●	●	●		

[道央] 胆振・日高

[日高町]

①砂浜でサオを出すA点

②階段状の防潮堤があるB点

③C点に通じる入り口

④ブロックが砂に埋もれているC点

⑤干潮時にブロックの前に出てサオを振るD点

⑥丸型のブロックが積まれているE点

⑦秋のカジカ釣りに定評があるF点

⑧決壊した防潮堤が目印のG点

MEMO

フィハップ海岸は、いずれのポイントも釣り場の近くに車を止めることができるため、サオの出し入れがしやすい。

[日高町]とみはまぎょこうしゅうへん

富浜漁港周辺

沙流川河口左岸に位置する富浜漁港を中心とした海岸は、アブラコやカジカ、ソイ、マツカワ、コマイなど多魚種が釣れる。

写真①（A点）は、沙流川河口の左岸。砂利道だが、河口のそばまで車で行くことができる。秋が本命で、沖方向への投げで、カジカやマツカワなどがヒットする。

B点（写真②）は、玉石が積まれている所で、カジカやコマイが釣れる。

富浜漁港の南防波堤の先端付近（C点、写真③）は、沖に50mほど突き出た防波堤で、左右ともに狙える。右側は水深が浅いが、バラ根が点在し、カジカ主体にマツカワがヒットする。左側は右側に比べ水深があるが、根が少ないため、右側に比べると魚影は薄い。ターゲットはカジカ、マツカワ、コマイなど。

北防波堤（D点、写真④）は、外海側に消波ブロックの投入がなく、外海側への投げでカジカやマツカワなどがヒットする。

福助湾の右側（E点、写真⑤）は、バラ根狙いで、カジカやマツカワなどが釣れる。

シノダイ岬の右側の磯（F点、写真⑥）は、近年護岸が整備され、サオが出しやすい。この辺り一帯は、バラ根が多く、中・遠投でカジカやアブラコ、コマイ、マツカワなどが釣れ、退屈しない釣りができる。

写真⑦はシノダイ岬全景。写真は潮位30cmのとき撮影。

シノダイ岬の左側のG点（写真⑧）は、F点同様、護岸が整備されている。バラ根も近く、アブラコやカジカ、ソイなどがヒットする。

■釣り期	1…2…3…4…5…6…7…8…9…10…11…12		1…2…3…4…5…6…7…8…9…10…11…12
●アブラコ	●…●…●…●…●…●…●…●…●…●…●…●	●コマイ	●…●…●…●…●…●…●…●…●…●…●…●
●カジカ	●…●…●…●…●…●…●…●…●…●…●…●	●マツカワ	●…●…●…●…●…●…●…●…●…●…●…●
●ソイ	●…●…●…●…●…●…●…●…●…●…●…●		

[道央] 胆振・日高

[日高町]

①沙流川河口の左岸（A点）

③富浜漁港南防波堤の先端（C点）

②サオが出しやすいB点

④富浜漁港の北防波堤（D点）

⑤マツカワが狙える福助湾（E点）

⑥シノダイ岬の右側のF点（潮位30cmのとき撮影）

⑦シノダイ岬の全景（潮位30cmのとき撮影）

⑧シノダイ岬左側のG点（潮位30cmのとき撮影）

MEMO

E点からG点にかけては、釣り場が広く、投げ釣りで20人以上は楽にサオが出せる。北寄りの風のときが狙い目である。

155

[日高町] きよはたかいがん

清畠海岸

防潮堤のそばに車を付けることができるため、サオの出し入れがしやすい。

慶能舞川河口のA点（写真①、鉄橋前浜）は、約200mにわたってサオが出せるポイントで、右側が左側に比べ、やや深みがある。遠投でコマイやマツカワがヒットする。

B～G点へは、国道235号を走り、旧JR清畠駅の南側（厚賀方向）にある石材会社（写真⑥）から旧JR日高線の踏切を越え、防潮堤に沿って移動する。

B点（写真②）は、高さ1mほどの防潮堤越しにサオを振る。遠投でコマイやマツカワが釣れる。

生コン前（C点、写真③）は、やや深みがあり、沖への遠投でマツカワやカジカ、コマイなどが釣れる。外海側にブロックが積まれているため、取り込み時は注意が必要となる。

旧JR清畠駅前のD点（写真④）は、周囲に比べ防潮堤が10mほど沖側に凸字型にせり出している所で、左角が打ちやすく、ターゲットはマツカワ、カジカ、コマイなど。

E点（写真⑤）は、入釣路前のポイントで、1.5mほどのはしごを用いて、防潮堤から磯に下りることができる。磯に消波ブロックが積まれているが、高さがないため、取り込みやすい。ターゲットは、マツカワやカジカ、コマイなど。

F点（写真⑦）及びG点（写真⑧）は、防潮堤の高さが1mほどしかないため、1.5m程度のはしごがあれば、防潮堤の上から取り込むことが可能。ターゲットは、マツカワやカジカ、コマイなど。

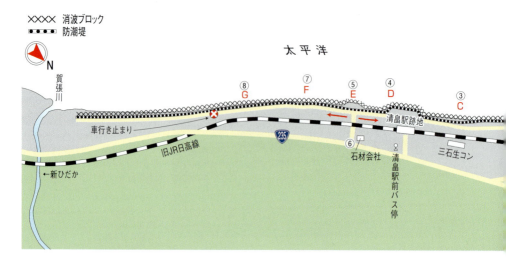

[道央]胆振・日高

[日高町]

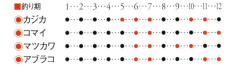

■釣り期	1	2	3	4	5	6	7	8	9	10	11	12
●カジカ												
●コマイ												
●マツカワ												
●アブラコ												

①慶能舞川河口のA点

②遠投で沖根を狙うB点

③マツカワの好釣り場で知られるC点

④10～11時方向を狙うD点

⑤マツカワやカジカが狙えるE点

◆おことわり
2016年8月の台風10号により慶能舞川の鉄橋が崩壊する被害を受けました。A・B点の内容は台風被害前のものであり、確認にはご注意願います。

⑥清畠海岸の入り口

⑦取り込みが楽なF点

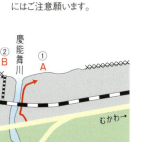

⑧遠投で沖根を狙うG点

MEMO

清畠海岸は、砂地にバラ根が点在しているため、投げる角度や距離によって根掛かりする。遠投するほど釣果が上向くため、遠投力がものをいう釣り場である。

157

[日高町] あつがかいがん

厚賀海岸

夏のマツカワ、秋のカジカ釣りで有名。
投げ釣り主体で、シーズン中は多くの釣り人が訪れる。

A点（写真①）は、B点から磯に下り、砂浜に釣り座を構えて、沖根に遠投をかけるポイント。ターゲットはアブラコ、カジカなど。

B点（写真②）は、防潮堤の一番北側（右側）に位置する。車を防潮堤の側に付けることができるため、サオの出し入れがしやすい。沖への遠投で、マツカワやクロガシラ、カジカなどがヒットする。

C点（写真③）は、厚賀浄化センター前に釣り座を構える。外海側の消波ブロックに高さがないため、取り込みは比較的容易。ターゲットはカジカやマツカワなど。

D点（写真④）は、第3及び第4倉庫前に釣り座を構えるポイントで、C点同様、外海側のブロックに高さがないため、取り込みがしやすい。ターゲットはカジカなど。

厚賀漁港の南防波堤の赤灯台前（E点、写真⑤）は、クロガシラやマツカワ、コマイなどが釣れる。防波堤の延長線上や港内側などを狙う。

南防波堤の曲がり角付近のF点（写真⑥）は、外海を狙う。良型のマツカワが上がるポイントとして知られ、シーズン中は釣り人でにぎわう。消波ブロック越しの釣りとなるため、取り込み時の足場の確保に注意が必要。

南防波堤の基部にあたるG点（写真⑦）は、外海側に消波ブロックが積まれていないため、外海狙いが楽なポイント。ターゲットはマツカワやカジカなど。

漁港の左にあるH点（写真⑧）は、砂浜からの投げ釣りで、マツカワやコマイが釣れる。

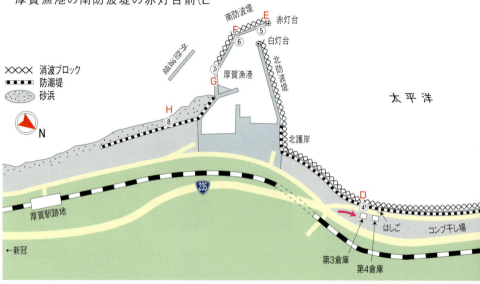

■釣り期	1…2…3…4…5…6…7…8…9…10…11…12		1…2…3…4…5…6…7…8…9…10…11…12
●アブラコ	●…●…●…●…●…●…●…●…●…●…●…●	●クロガシラ	●…●…●…●…●…●…●…●…●…●…●…●
●カジカ	●…●…●…●…●…●…●…●…●…●…●…●	●マツカワ	●…●…●…●…●…●…●…●…●…●…●…●
●コマイ	●…●…●…●…●…●…●…●…●…●…●…●	●イシモチ	●…●…●…●…●…●…●…●…●…●…●…●

[道央]胆振・日高

[日高町]

①晩秋にカジカやアブラコが釣れるA点

②防潮堤の右端に位置するB点

③厚賀浄化センター前にある防潮堤（C点）

④第3・第4倉庫前にある防潮堤（D点）

⑤南防波堤先端部の赤灯台前（E点）

⑥マツカワの人気釣り場になっているF点（南防波堤の曲がり角付近）

⑦南防波堤基部のG点

⑧南防波堤左側のH点

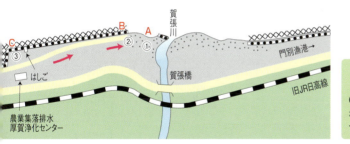

MEMO

G点は、南寄りの風が強いと、波をかぶることが多いため、風向きには十分注意すること。

159

[新冠町] おおかりべかいがん

大狩部海岸

（おことわり）

　大狩部海岸は、2016年8月に相次いで北海道に上陸した台風により、大きな被害を受けました。現在、護岸の整備が行われていますが、元の状態に戻るまで、紹介記事の掲載を見送らせていただきます。ご了承ください。

（被害の状況）

　大狩部駅の左側（節婦側）にある大狩部川河口右岸は、防潮堤が決壊し、大量の土砂が流出、当時のJR日高線の線路が宙づりとなった（写真①）。駅の海側に設置している木の柵が大波により半分以上が倒壊

〈潮位の基礎知識〉

　本書では、「潮位が○cm以下の時間帯に入釣可能」といった表現を用いて釣り場紹介を行っている箇所が多数ある。特に太平洋沿岸の「岩場」紹介に多数記載したが、これが意味するところを、分かりやすく解説する。

■潮位表の見方

　潮位は、海面の高さを表す言葉で、気象庁や海上保安庁が発表している。事前に公表しているものを「潮位予測」と呼んでいる。普段、目にするのは、潮位の最大値（満潮）と最小値（干潮）及びそれぞれの時刻である。表1は、気象庁が発表した2016年6月5日（日）の「浦河」の潮位予測で、これによると、午前2時3分に最大潮位（満潮）が148cmで、午前9時21分に最小潮位（干潮）が4cmとなっている。

　この動きを1時間ごとに曲線で表したものが「タイドグラフ」（表2）である。多くの場合、満潮、干潮は1日2回ずつ現れるが、曲線の形は、海域や季節、月の形などによって異なる。

　海域では、日本海が太平洋に比べ干潮、満潮の差が小さい（平均で20cm程度）。これは太平洋の海水が日本海に流入する際の入り口（対馬海峡など）が狭く、流入してくる海水の総量が少ないため。

　季節では、夏から秋にかけて潮位が高く、冬から春にかけて低い。これは海水温や気圧などが影響している。水温が高いと水の体積が膨張するため、水位が上がり、水温が低いと体積が縮み、水位が下がる。気圧が高いと水面を押す大気の力が増すため、水位が下がり、気圧が低いと大気の力が弱まるため、水位が

(表1)浦河の潮位予測　　　　単位:cm

	満潮		干潮		満潮		干潮	
	時刻	潮位	時刻	潮位	時刻	潮位	時刻	潮位
2016年6月5日(日)	2:03	148	9:21	4	16:29	131	21:04	92

※気象庁のHPから抜粋

(表2)浦河2016年6月5日のタイドグラフ

※気象庁のHPから抜粋

（写真②）。駅から右（厚賀方向）へ100mほど進んだ所も、大狩部川と同様、防潮堤が決壊、線路が宙づり（写真③）。ここからさらに100mほど進んだ所も、防潮堤が決壊し、線路下の土砂の半分が流出した（写真④）。写真は2016年9月16日撮影。

写真①

写真②

写真③

写真④

上がる。

　月の形は、満月と新月の前後数日間が「大潮（干満の差が激しい）」となり、上弦と下弦の月にあたる前後数日間は「小潮（干満の差が小さい）」となる。

　なお、潮位0cmというのは、考え方の基準が複雑なため、細かい説明は省略するが、おおまかに言うと「最低水面」を表している。これ以上水位が下がらないという値である（干潮がマイナスにならないよう算出しているが、観測地点によってはマイナスになる場合があるので、注意が必要）。

■潮位と実釣可能時間

　潮位が問題となるのは、岩場への入釣の可否である。左の写真は満潮時、右の写真は干潮時を写したものだが、釣り座を構えることができる場所が、前者は写真左に見えるコンクリート階段、後者は露出した岩場（平盤）となる。後者の方が、より沖に近くなり、攻略ポイントが広がる。

　これを「タイドグラフ」を使って整理すると、次のように実釣可能な時間帯を割り出すことができる。たとえば「潮位30cm以下の時間帯に入釣可能な岩場」という記述があった場合、実際の実釣可能な時間は、表2のケースでは、午前7時半から午前11時半までの約4時間ということになる。

■太平洋岸の岩場と潮位の関係

　渡島東部から根室にかけての太平洋岸は、潮位差が大きい。満潮や干潮をならした平均潮位は、浦河では90cm前後である。これより低い潮位にならないと露出しない岩場というのは、1年の半分以上が水面下になっているということであり、これが30cm以下となれば、1年のほとんどが水面下となっていることを表している。そのような場所に入れるのは、釣りの楽しみの一つだろう。潮汐データをもとに、入釣できる日や時間帯を特定するため、本書の記述を活用していただければ幸いである。

左：新ひだか町越海岸の満潮時
右：同海岸の干潮時

［新冠町］はんがんだてしんりんこうえんまえはま

判官館森林公園前浜

秋にカジカやアブラコ、ソイ、マツカワ、サケが釣れ、魚種が豊富な所として知られる。

A点(写真①)は、9〜10月のサケ釣りポイント。ここへは、小川の右側を、草木をかき分けながら進み、旧JR日高線の線路を越えて入釣する。

B点(写真②)は、小川前に陣取るポイントで、ターゲットはカジカ、マツカワなど。

C点(写真③)は、写真では平たんな砂浜に見えるが、中投の距離に沖根があり、ここを狙う。カジカやマツカワがヒットする。山側にある柵を目印にして釣り座を構える。

D点(写真④)は、潮位が0cm以下に下がると、幅100m、奥行き60mほどの大岩場が露出する。ターゲットはカジカやアブラコ、ソイなど。

E点(写真⑤)は、大岩場の左にある磯で、干潮時であれば、F点からも海をこいで行くことができる。ウエーダーは必要。ターゲットはカジカやアブラコ、ソイなど。

新冠川河口の右岸にあたるF点(写真⑥)は、カジカやアカハラ、コマイ、マツカワなどがターゲット。海底は砂地に根が点在する。ここへは、国道235号から新冠橋の右(西)にある道路に入って道なりに進み、旧JR日高線の鉄橋下を通って入釣する。

新冠川河口の左岸にあたるG点(写真⑦)は、国道から新冠橋の左(東)にある道路に入り、旧JR日高線の線路下をくぐって入釣する。カジカやアカハラ、コマイ、マツカ

ワがヒットする。海底は砂地でほとんど根掛かりしない。

　H点(写真⑧)は、階段状の護岸がある所で、サケの寄りがよく、シーズン中はサケ釣り客でにぎわう。

■釣り期	1	2	3	4	5	6	7	8	9	10	11	12
●アブラコ	●	●	●	●	●	●	●	●	●	●	●	●
●カジカ						●	●	●	●	●	●	
●ソイ	●	●	●	●	●	●	●	●	●	●	●	●
●マツカワ						●	●	●	●	●	●	
●サケ									●	●	●	

[道央] 胆振・日高

[新冠町]

①小川河口右の砂浜(A点)

②小川の河口(B点)

③良型のカジカが狙えるC点

④大岩場のD点(撮影時は潮位15cm)

⑤D点の左側の磯(E点)

⑥新冠川河口の右岸(F点)

⑦新冠川河口の左岸(G点)

⑧サケ釣り場として知られるH点の護岸

MEMO

D点は、満潮時は岩場の上か、根境を狙い、潮の引きとともに岩場に陣取り、沖へ中・遠投をかける。ソイは、大岩場の左側でよくヒットする。新冠川には9月1日〜11月30日まで、サケ、マス採捕の河口規制が掛かるので注意。

［新ひだか町］こまばかいがん

駒場海岸

秋のカジカ釣りが本命の釣り場。
釣り場が国道に面しているため、入釣しやすい。

　A、B点へは、旧JR日高線の線路を越えて入釣する。
　A点（写真①）は、防潮堤の上からサオを出す。外海側に消波ブロックの投入がない。防潮堤の高さは8mほど。ターゲットはカジカで、遠投で魚影を探る。
　B点（写真②）は、干潮時に砂浜が露出する所で、磯に下りてサオを出す。この正面はコンブ根があり、その周囲を狙うと、良型カジカが釣れる。
　C点（写真③）は、防潮堤越しに外海を狙う。防潮堤の高さが1.7mほどあり、上に上がるには1.5mほどのはしごが必要。ターゲットは、主にカジカ。
　D点（写真④）も防潮堤越しに外海を狙う。ここは、胸壁の高さが1m程度と低い。ターゲットは、カジカやコマイなど。
　写真⑤は、真沼津川。河口は外海側に積まれているブロックが低い位置にあり、防潮堤から下りることはできない。
　E点（写真⑥）は、⑤から左に50mほど進む。外海側の消波ブロックが地中に埋もれているため、取り込みやすい。胸壁の高さも1mと低い。ターゲットは、カジカやコマイなど。
　E点よりさらに左に50mほど進むと、写真⑦の通り、胸壁の高さまでブロックが積まれている所（F点）がある。ここはブロックの上からサオが出せ、中・遠投で、カジカやコマイなどが釣れる。

××××　消波ブロック
■■■■　防潮堤
　　　　沖根

N

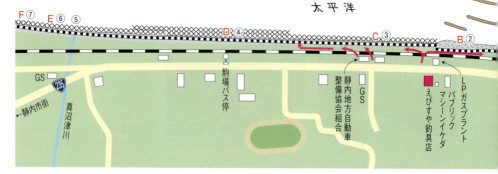

■釣り期	1	2	3	4	5	6	7	8	9	10	11	12
●カジカ	・	・	・	・	●	●	●	●	●	●	●	・
●アブラコ	・	・	・	●	●	●	●	●	●	●	●	・
●コマイ	・	・	・	・	・	・	・	・	・	●	●	・

[道央]胆振・日高

[新ひだか町]

①防潮堤の上からサオを出すA点

②干潮時、磯からサオを出すB点

③消波ブロック越しの釣りとなるC点

④釣り座を構えやすいブロックがあるD点

⑤真沼津川の河口

⑥防潮堤越しにサオを出すE点

⑦消波ブロックの上からサオを出すF点

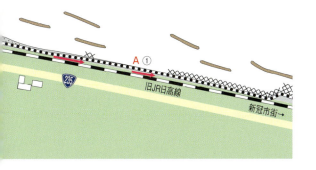

MEMO

B点は、地元の人がコンブ漁のため、木のはしごを敷設しており、これを利用して磯に下りることができるが、急ごしらえの感があり、下りる際には十分、注意する必要がある。

[新ひだか町]しずないがわしゅうへん

静内川周辺

静内川周辺は魚の寄りが良い。市街地に隣接しているため、食料品や釣りエサなどが調達しやすく、地理的条件が良い。

A点（写真①）は、防潮堤の側に消波ブロックが積まれていて、地元の人を中心に入釣者が多い。ここは、沖に根があるため、魚の寄りが良く、マツカワやサケ、コマイなどがヒットする。

B点（写真②）は、平たんな砂浜だが、周囲に比べ水深があり、マツカワやカジカ、コマイなどが釣れる。

C点（写真③）は、干潮時に岩場が露出する。満潮時が良く、アブラコやカジカ、ソイなどが釣れる。ただし、場所によって根掛かりが激しいため、注意を要する。

静内川河口の右岸にあたるD点（写真④）は、年によって砂浜の形状が変わる。ターゲットはカジカやアカハラなど。

静内川河口の左岸にあるE点（写真⑤⑥）は、新たに敷設された防砂堤である。ただし2021年6月時点で、この一帯が護岸工事により立ち入り禁止になっているため、注意を要する。

静内漁港は、南防波堤が人気釣り場で、特にマツカワのシーズンには多くの釣り人が

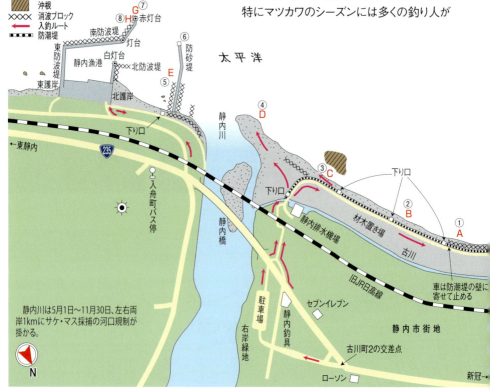

訪れる。先端の赤灯台付近（G点、写真⑦）は、沖方向や右側へ中・遠投。南防波堤の左側（H点、写真⑧）は、消波ブロック越しに外海側を狙う。ここは消波ブロックに幅がなく、足場の良いブロックも多いため、取り込みやすい。なお、南防波堤は、南寄りや西寄りの風が強く、しけ気味になると、防波堤を越えて、波が乗ってくることがあるため、波の動きには注意が必要である。

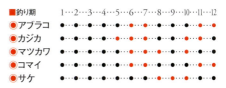

■釣り期　　　1…2…3…4…5…6…7…8…9…10…11…12
●アブラコ　　●・●・●・●・●・●・●・●・●・●・●・●
●カジカ　　　●・●・●・●・●・●・●・●・●・●・●・●
●マツカワ　　●・●・●・●・●・●・●・●・●・●・●・●
●コマイ　　　●・●・●・●・●・●・●・●・●・●・●・●
●サケ　　　　●・●・●・●・●・●・●・●・●・●・●・●

①五目釣りができるA点

②遠投で狙っていくB点

③沖根があるC点

④静内川河口の右岸付近（D点）

⑤防砂堤

⑥防砂堤の先端

⑦南防波堤先端の赤灯台前（G点）

⑧南防波堤の消波ブロック側（H点）

MEMO

D点は、海水に濁りがないときを狙うと、アブラコやソイ、コマイ、マツカワなどが釣れる。意外性のある釣り場の一つ。

[新ひだか町] ひがししずないかいがん

東静内海岸

漁港と干潮時に露出する大平盤が主な釣り場。
ターゲットは漁港がカレイ類やコマイ、平盤がカジカやアブラコなど。

押別川の河口にある護岸(A点、写真①)は、先端が防波堤のように延びており、干潮のべたなぎ時に入釣する。沖への遠投でコマイやマツカワなどが釣れる。

東静内漁港の北防波堤の白灯台前(B点、写真②)は、船道や外海狙いで、コマイやクロガシラ、マツカワなどが釣れる。

西防波堤先端の赤灯台前(C点、写真③)は、広角度で外海を狙える。ターゲットはコマイやマツカワなど。

南護岸から左側にかけての一帯(約2km)は、干潮(潮位40cm以下)になると大平盤が露出する。南護岸から平盤上に12基の消波堤が岸に平行して敷設されており、干潮時にはこの消波堤より沖にある平盤の先端に行くことができる。

D点(写真④)は、至近距離にある根周りで、アブラコやカジカが釣れる。

写真⑤は、南護岸基部から数えて5番目の消波堤から漁港方向を写したもの。干潮時に平盤の先端(E点)から沖根を狙う。ターゲットはカジカやアブラコなど。

写真⑥は、あさり浜バス停前の干潮時の様子を写したもので、漁港から数えて6番目と7番目の離岸堤の間に位置する。ここを起点として左右に入釣すると位置関係が分か

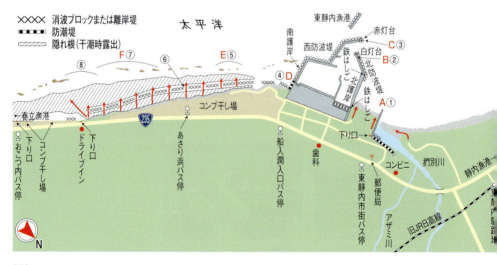

りやすい。

　写真⑦(F点)は、9番目から左側を写したもの。ターゲットはE点と同じ。

　写真⑧は、一番左に位置する12番目の離岸堤から左側の磯を写したもの。左側一帯も干潮時に露出する平盤が続く。

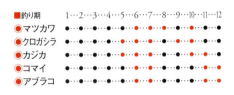

[道央] 胆振・日高

[新ひだか町]

①押別川河口の護岸(A点)

②北防波堤の白灯台前(B点)

③西防波堤の赤灯台前(C点)

④南護岸基部の消波堤(D点)

⑤南護岸から数えて5番目の消波堤から漁港方向を望む(E点)

⑥あさり浜バス停前の磯

⑦南護岸から数えて9番目の消波堤から左側一帯(F点)

⑧一番左(12番目)の消波堤からおこつない方向を望む

MEMO

D～F点は、潮位が40cm以下で、波がないときを狙う。干潮から満潮へ移行する時間帯になると、潮が込んでくる(波が立ち始める)ため、注意を要する。

[新ひだか町] おこつないかいがん

オコツナイ海岸

満潮時は水没しているが、干潮時は露出する大平盤が連なる。干潮時攻略型の釣り場である。

　オコツナイ海岸は、潮位が30～40cm以下に下がると、沖に向かって60～80mの奥行で平盤が露出する。この平盤は、東静内漁港の左からオコツナイ海岸の東側にある元静内橋まで、約2.5kmにわたって延びている。

　A、B点は、潮位が40cm以下の時間帯に入釣する。

　A点（写真③）は、潮位が40cmのときに写したもので、右端の防潮堤から数えて3つ目の船揚げ場（写真②）から入釣する。写真①は、A点付近の平盤の露出状況を写したもの。ポイントは、写真④の人工的に造られたプール状の掘り込みの中と、平盤先端から沖の離れ岩への投げ。ターゲットは主にカジカとアブラコ。

　B点（写真⑤）は、満潮時は砂浜から水面下にある平盤を狙ってカジカを拾い、干潮時に露出する平盤の先端に出て、沖根狙いでカジカ、アブラコを釣る。

　C点から左側一帯（D点含む）は、A、B点より平盤が低い位置にあるため、潮位が30cm以下にならないと露出しない。写真⑥と⑦（共にC点）は、潮位が40cmのときに写したため、平盤が十分に露出していないが、30cm以下に下がると全体が露出する。ポイントは、写真⑥のプール状の掘り込み。良型カジカがヒットする。

　D点（写真⑧）は、盤の先端に陣取り、岸に平行して幾重にも延びている溝に打ち込んで、カジカを釣る。ただし、横溝から抜く形となるため、仕掛けやオモリが引っかかる恐れがあり、注意を要する。

[道央] 胆振・日高

[新ひだか町]

■釣り期　　1…2…3…4…5…6…7…8…9…10…11…12
●アブラコ
●カジカ

①潮位が40cmのときのA点付近

②防潮堤の右端から数えて3番目の船揚げ場

③手前にある少し小高い岩（A点）

④人工的に造られたプール状の掘り込み（A点）

⑤B点の平盤

⑥C点のプール状の掘り込み

⑦潮位が40cmのときのC点

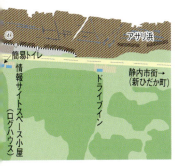

⑧沖の横溝を狙うD点

MEMO

潮位が40cm以下になる時間帯は、夏季は朝、秋は夜。カジカ釣りは秋が本命。このため、秋のカジカ釣りに向け、明るい時間帯にサオを出す夏に入釣し、平盤の形状や沖の離れ岩の位置などを確認しておくと良い。

［新ひだか町］はるたちかいがん

春立海岸

コンブ根が繁茂する岩礁が連なり、アブラコやカジカ、クロガシラなどの魚影が濃い。

　春立漁港の西防波堤のA点（写真①）は、消波ブロック越しに外海を狙う。ここへは、西護岸にあるはしご（木）から胸壁の上に上がって入釣する。ターゲットはアブラコ、ガヤ、クロガシラなど。

　B点（写真②）は、北防波堤の先端部で、カジカやクロガシラなどが釣れる。A点同様、胸壁の上を歩いて入釣する。

　春立漁港の左側一帯は、防潮堤から磯に出る釣り場。防潮堤には22カ所の船揚げ場が設置されており、春立駅跡地前にある船揚げ場（番号1、F点）を起点として、右方向に一連番号が付され、漁港の左側30mほどの所にある船揚げ場（番号22）が終点となっている。番号は、写真④の通り、赤ペンキで表示されている。

　C点（写真③）は、船揚げ場20〜22番の前浜（潮位15cm）。岩礁の周囲を狙うと、アブラコやカジカなどがヒットする。

　D点（写真④、船揚げ場10）は、目立つ離れ岩があり、その周囲で、アブラコやカジカなどが釣れる。

　E点（写真⑤）は、船揚げ場3番の前浜。岩礁が切れる根境にあたり、カジカやアブラコ、マツカワなどがヒットする。

　F点（写真⑥）は、船揚げ場1番の前浜で、沖側に根は少なく、マツカワの一発狙いの場所。

　G点（写真⑦）は、布辻川の河口周辺を狙う。沖への中・遠投でコマイやマツカワなどが狙える。

　H点（写真⑧）は、至近距離に根があり、その周囲でカジカやアブラコが釣れる。

■釣り期	1…2…3…4…5…6…7…8…9…10…11…12
●アブラコ	
●カジカ	
●マツカワ	
●クロガシラ	
●コマイ	

MEMO
船揚げ場3番から22番までの間は、沖根が荒く、根掛かりが激しいため、根掛かり対策を施す必要がある。遠中近を投げ分けると、好釣果となる。

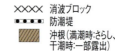

凡例：××××　消波ブロック　／　防潮堤　／　沖根（満潮時：さらし、干潮時：一部露出）

[道央] 胆振・日高

[新ひだか町]

①外海を狙う西防波堤の中間部(A点)

②北防波堤先端部のB点

③船揚げ場20〜22番付近のC点

④遠投で沖の離れ岩を狙う船揚げ場10番(D点)

⑤根境にあたる船揚げ場3番のE点

⑥船揚げ場1番のF点

⑦布辻川河口周辺のG点

⑧至近距離に岩礁があるH点

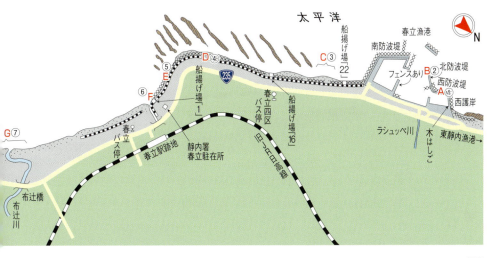

[新ひだか町] こしうみかいがん

越海海岸

[道央] 胆振・日高
[新ひだか町]

越海地区は、三石昆布の主要生産地の一つ。
岩盤に発破をかけ、昆布が生育しやすい大きさの岩礁に形を整えた海岸である。

　A点（写真①）は、国道下に左斜めに整然と積まれた消波堤が幾重にも連なっている。鉄ばしごを利用して磯に下りることができる。この消波堤の沖には、無数の岩礁があり、ここへ打ち込むと、良型のカジカやアブラコがヒットする。ただし、少しでも波があると、ブロックに波がかかってくるため、注意が必要となる。

　B点（写真②）は、船揚げ場に陣取るポイント。階段状になっているため、釣り座を構えやすい。正面沖のコンブ根へ打ち込む。ターゲットはカジカやアブラコ。

　C点（写真③）は、干潮になると磯が露出する。ターゲットはカジカ、アブラコなど。

　D点（写真④）は、干潮になると、約250mにわたり岩盤が露出する。潮の引きにしたがって前進し、沖のコンブ根に打ち込む。ターゲットはカジカやアブラコなど。

　E点（写真⑤）は、潮位が20cm以下になると、磯が露出する。潮の引きとともに前進し、沖のコンブ根に向かって打ち込む。ターゲットはカジカやアブラコなど。ウエーダーは必携。

　F点（写真⑥）は、外防波堤基部から曲がり角までを撮影した。ここから外海を狙う。ターゲットはカジカ、アブラコなど。

　写真⑦は、曲がり角の外海側。至近距離に根が点在しているのが見える。

　G点（写真⑧）は、外海側へのちょい投げで、カジカやアブラコがヒットする。なお、ここは、少しでも波があると波をかぶるため、波の動きに注意を要する。

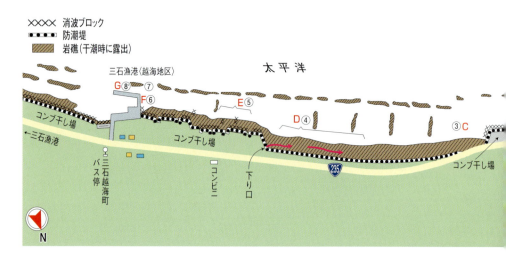

■釣り期	1…2…3…4…5…6…7…8…9…10…11…12
●カジカ	●…●…●…●…●…●…●…●…●…●…●…●
●アブラコ	●…●…●…●…●…●…●…●…●…●…●…●
●コマイ	●…●…●…●…●…●…●…●…●…●…●…●

[道央]胆振・日高

[新ひだか町]

①消波堤が並ぶA点

②B点の船揚げ場

③潮位が50cm以下になると磯が露出するC点

④潮位が60cm以下になると磯が露出するD点（潮位が10cmのとき撮影）

⑤潮位が20cm以下になると磯が露出するE点（潮位が10cmのとき撮影）

⑥外防波堤基部から曲がり角までのF点

⑦曲がり角の外海側（潮位が10cmのとき撮影）

⑧外防波堤の外海側（G点）

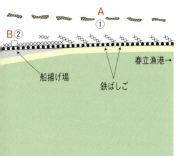

MEMO

C点は、防潮堤に木のはしご＝写真右＝がかかっており、これを利用して磯に下りることができるが、コンブ漁が終了するとはしごを外す。

[新ひだか町] みついしぎょこうしゅうへん

三石漁港周辺

[道央] 胆振・日高 [新ひだか町]

一帯は、コンブ根が広がり、アブラコやカジカ、ソイなどの根魚が多い。

　西防波堤のA点(写真①)は、鉄ばしごを上り、ケーソンの上に置いているブロックを越えて入釣する。沖の離岸堤や港内への投げで、カジカやアブラコのほか、日高海岸では珍しいホッケも釣れる。

　東防波堤(B点、写真②)は、入釣しやすく、釣り人が多い。海底は砂地にバラ根があり、カジカやコマイ、ホッケなどが釣れる。

　北防波堤(C点、写真③)は、先端に胸壁があるが、木のはしごが敷設されているため、胸壁の上に上がることができる。対面にある北防波堤との間の船道や外海側で、カジカやコマイ、クロガシラなどがヒットする。なお、胸壁の上は、幅が1.2mしかないため、注意を要する。

　南防波堤の先端部(D点、写真④)は、海底の根が荒く、根掛かりが多いが、良型のアブラコやソイなどが釣れる。

　漁港の左側の磯(E点、写真⑤)は、コンブ根が多いポイントで、ターゲットはアブラコやカジカなど。

　F点(写真⑥)は、階段状の防潮堤となっている所で、釣り座が構えやすい。沖にコンブ根があり、遠投をかけるとアブラコやカジカがヒットする。

　G点(写真⑦)は、沖に大きな根原があり、この根境を狙うと、アブラコやカジカがヒットする。

　三石川河口の左岸にあたるH点(写真⑧)は、平たんな砂浜となっている所で、サケやマツカワの一発場所となっている。

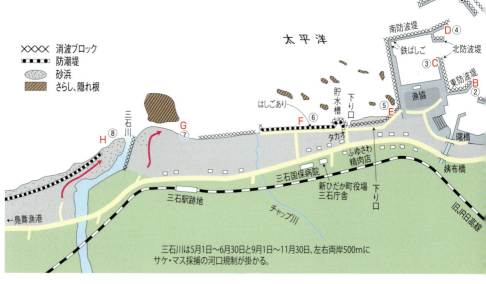

三石川は5月1日〜6月30日と9月1日〜11月30日、左右両岸500mにサケ・マス採捕の河口規制が掛かる。

■釣り期	1…2…3…4…5…6…7…8…9…10…11…12		1…2…3…4…5…6…7…8…9…10…11…12
● アブラコ	●…●…●…●…●…●…●…●…●…●…●…●	● クロガシラ	●…●…●…●…●…●…●…●…●…●…●…●
● カジカ	●…●…●…●…●…●…●…●…●…●…●…●	● ホッケ	●…●…●…●…●…●…●…●…●…●…●…●
● ソイ	●…●…●…●…●…●…●…●…●…●…●…●	● コマイ	●…●…●…●…●…●…●…●…●…●…●…●

[道央]胆振・日高

[新ひだか町]

①ホッケが釣れる西防波堤先端のA点

②入釣しやすい東防波堤先端のB点

③クロガシラが釣れる北防波堤先端のC点

④根掛かりの多い南防波堤先端のD点

⑤漁港左側のE点

⑥釣り座が構えやすい貯水槽左側の防潮堤（F点）

⑦三石川河口右岸の消波ブロック付近（G点）

⑧マツカワが釣れる三石川河口の左岸（H点）

MEMO

D点は、南防波堤中間部の曲がり角にある鉄ばしご(高さ4m)を上り胸壁の上を歩いて入釣する。はしごがほぼ垂直になっているため、荷物を持って上がるより、ロープを使って荷物を上げ下げする方が良い。

[新ひだか町] けりまいがわしゅうへん

鳧舞川周辺

新ひだか町の観光名所の一つになっている三石海浜公園がある海岸。海水浴場やオートキャンプ場、温泉、道の駅などの施設が充実し、多様なレジャーが楽しめる。

A点(写真①)は、鳧舞川左岸の砂浜から沖方向を中・遠投で狙う。海底は砂地にバラ根があり、カジカやコマイ、マツカワなどが狙える。消波堤に近い所が良く、7月と10〜11月が狙い目。駐車スペースの右側から草むらを通って海岸に出る。

B点(写真②)は、消波堤の左側の砂浜に陣取る。沖方向狙いで、A点と同様の釣果が得られる。

C点(写真③)は、沖方向60〜200m付近に大きな根原が連なっている所で、ここへ打ち込むとカジカやアブラコなどがヒットする。7月と11月が狙い目。一帯は平たんな砂浜となっており、釣り座を構えやすい。

D、E点(写真④)は、約250mにわたり整然と消波ブロックが積まれている所で、主に満潮時や多少岸波があるときに、ブロックの上に乗って釣り座を構える。ブロックの高さは、D点(写真⑤)が2〜2.5m、E点(写真⑥)が3〜3.5m程度となっている。ここは50mほど沖にバラ根が点在している所で、バラ根へ打ち込むとカジカやコマイなどがヒットする。7月と11月が良い。

写真⑦は、みついし昆布温泉「蔵三」、写真⑧が「道の駅みついし」のセンターハウスで、24時間使用可能なトイレがある。センターハウスの左に土産店も隣接しており、品ぞろえは豊富である。

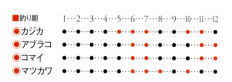

■釣り期	1	2	3	4	5	6	7	8	9	10	11	12
●カジカ	●	●	●	●	●	●	●	●	●	●	●	●
●アブラコ	●	●	●	●	●	●	●	●	●	●	●	●
●コマイ	●	●	●	●	●	●	●	●	●	●	●	●
●マツカワ	●	●	●	●	●	●	●	●	●	●	●	●

MEMO

海浜公園内は釣り禁止エリアで、西突堤、東突堤共に立ち入り禁止になっているため、ここへの入釣は厳禁。

[道央]胆振・日高

[新ひだか町]

①鳧舞川左海岸のA点

②消波堤の左側(B点)

③沖正面に連なる根原を狙うC点

④崖上から撮影したD、E点

⑤整然とブロックが並ぶD点

⑥D点とE点の境。奥がE点

⑦みついし昆布温泉「蔵三」

⑧道の駅のセンターハウス

[浦河町] おぎふしかいがん

荻伏海岸

荻伏漁港から元浦川までの海岸は、コンブ根が点在している所で、魚種が豊富である。

A点（写真①）は、砂浜に陣取り、沖に向かって延びる岩礁の際を狙う。カジカ、アブラコのほか、クロガシラやマツカワなどがヒットする。

荻伏漁港の南防波堤先端の赤灯台前（B点、写真②）は、沖方向への中・遠投で、カジカやアブラコ、クロガシラ、マツカワなどが狙える。

西防波堤の先端付近（C点、写真③）は、外海を狙える。ターゲットは、カジカやコマイ、クロガシラなど。

東護岸左側のD点（写真④）は、階段状の防潮堤となっていて、沖に離れ岩が点在し、アブラコ、カジカのほか、コマイやクロガシラがヒットする。

D点より左側一帯（E点、写真⑤）は、1時方向に向かって岩礁が幾重にもわたって延びている。潮位が80cm以上になると、ほぼ全域にわたって岩礁が水没するため、干潮時にあらかじめ、釣り座を構える位置や岩礁までの距離・方向などをチェックしておくといい。ターゲットはカジカ、アブラコなど。

F点（写真⑥）は、潮位が0cm以下に下がると露出する大岩場の右側の根境にあたる。ターゲットはカジカ、アブラコなど。

G点（写真⑦）は元浦川河口の右にある

導流堤、H点（写真⑧）は左の導流堤で、共に沖への中・遠投でコマイやカジカ、マツカワなどが釣れる。

なお、H、G点とも、先端部は海面から高さがなく、少しでも波があると潮かぶりとなるため、注意を要する。

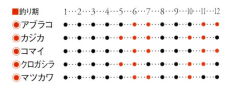

［道央］胆振・日高

［浦河町］

①夏季にクロガシラが狙えるA点

②南防波堤先端の赤灯台（B点）

③西防波堤の先端（C点）

④東護岸左側の磯（D点）

⑤岩礁が点在するE点の磯（潮位20cmのとき撮影）

⑥沖の離れ岩を中・遠投で狙うF点（潮位20cmのとき撮影）

⑦元浦川河口右側に位置する導流堤の先端付近（G点）

⑧元浦川河口の左側に位置する導流堤（H点）

MEMO

南防波堤先端（B点）に先行者がいる場合は、ブロック越しに外海を狙う。外海側に根が点在しており、良型のアブラコが釣れる。

[浦河町]いかんたいかいがん

井寒台海岸

沖の離れ岩群が波消しの役目を果たしてくれる海岸として知られ、磯でありながらしけ時にサオが出せる釣り場として定評がある。

写真①は、絵笛川の河口と左右の導流堤。先端（A点）から沖への中・遠投で、コマイやカジカ、マツカワなどがヒットする。ただし、波が少しでもあると、潮かぶりとなるため、波の動きには十分注意が必要となる。

B点（写真②）は、沖根が点在しており、井寒台海岸の中で一・二を争うほど良型のアブラコが来る。

C点（写真③）の船揚げ場前は、左右の船揚げ場より水深があり、主にしけ時に、良型のカジカやアブラコがヒットする。

D点（写真④）の船揚げ場は、国道に40kmの速度表示がある所に位置する。ここは遠浅だが、しけ時に入釣すると、至近距離にカジカがいることがあり、見逃せない釣り場の一つ（以下、E～H点とも、ターゲットはカジカとアブラコ）。

E点（写真⑤）の船揚げ場は、D点同様、水深は浅いが80mほど沖に根があり、そこを狙う。

F点（写真⑥）の船揚げ場は、しけ時のほか、しけ後もよく、沖正面100mほどの距離に大きな根があり、ここへ打ち込む。

東井寒台バス停付近のG点（写真⑦）は、沖から魚が入りやすく、至近距離で釣れる。ただし、波打ち際と背後の防潮堤の間

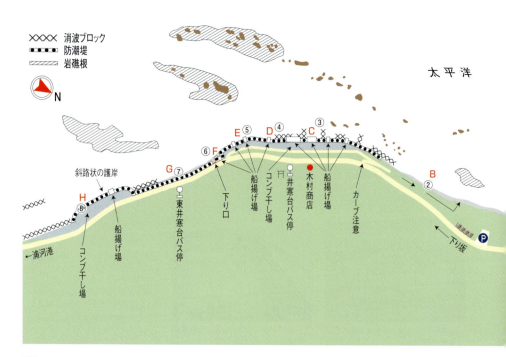

が狭く、満潮時や波高時は、サオが出せない。なぎ時限定の釣り場となっている。

H点(写真⑧)は、階段状の護岸となっている所で、沖方向20〜100mの範囲にコンブ根があり、ここへ打ち込む。

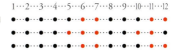

①絵笛川河口のA点

②良型アブラコが狙えるB点

③3、4人がサオを出せるC点の船揚げ場

④しけ時を狙うD点の船揚げ場

⑤E点の船揚げ場

⑥良型カジカが狙えるF点の船揚げ場

⑦東井寒台バス停前のG点

⑧階段状の護岸に釣り座を構えるH点

[道央] 胆振・日高

[浦河町]

MEMO

井寒台海岸は、西まじりの風が強いときが狙い目。特にC〜F点の船揚げ場がお薦め。

[浦河町]つきさっぷかいがん

月寒海岸

平たんな砂浜が続くが、沖にコンブ根が密生しているため、アブラコやカジカなどの根魚が釣れる海岸として知られる。

　JR東町駅跡地の左側に位置するワンド（A点、写真①）は、左側に根があり、根回りでカジカやアブラコが狙える。ワンドの右側は、中・遠投でコマイやマツカワなどが釣れる。

　B点（写真②）及びC点（写真③）は、満潮時は、小高くなった砂浜の上から、干潮時は波打ち際付近に陣取ってサオを出す。至近距離と50～100mの飛距離に根があり、その周囲を狙う。ターゲットはアブラコ、カジカ、コマイなど。

　日高月寒バス停前のD点へは、旧JR日高線のアンダーパス（写真④）を通って入釣する。アンダーパスの出口の左側は、階段状の護岸の右端に位置し、その前方20m付近に根がある。アンダーパス出口の右側にも至近距離に根がある（D点、写真⑤）。ターゲットはカジカやアブラコなど。

　写真⑥は、月寒川の右側にある階段状の護岸。この護岸は100m以上の長さがあり、その右端がD点の左側まで延びている。この護岸の沖（E点）は、左の月寒川の河口周辺に比べ、深さがあり、コマイのほか、クロガシラやマツカワなどが釣れる。満潮時は護岸の上から、干潮時は磯に下りて、中・遠投をかける。

　写真⑦（F点）は月寒川の河口、写真⑧（G点）は月寒川河口の左岸で、共に至近距離に根があり、ここを狙うとカジカやアブラコなどがヒットする。

　なお、これより左側一帯もコンブ根が点在し、アブラコやカジカが釣れる。

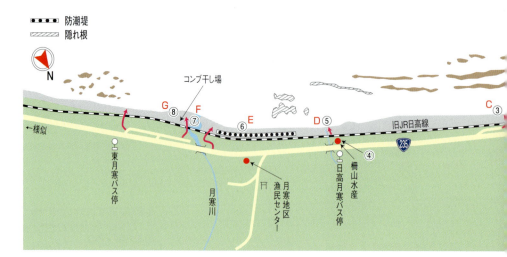

[道央] 胆振・日高

[浦河町]

■釣り期	1	2	3	4	5	6	7	8	9	10	11	12
●アブラコ	●	●	●	●	●	🔴	🔴	🔴	●	●	●	🔴
●カジカ	●	●	●	●	●	🔴	🔴	●	●	🔴	🔴	●
●コマイ	●	●	●	●	🔴	🔴	●	●	●	●	🔴	🔴
●クロガシラ	●	●	●	🔴	🔴	🔴	●	●	●	●	●	●
●マツカワ	●	●	●	●	🔴	🔴	🔴	🔴	●	●	●	●

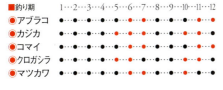

①JR東町駅跡地左側の磯（A点）　②B点の磯

③C点の磯

④日高月寒バス停前にあるアンダーパス

⑤アンダーパスの右側の磯（D点）

⑥月寒川の右側にある護岸（E点）

⑦月寒川河口のF点

⑧月寒川河口左岸のG点

MEMO

入釣に際して、ウエーダーは必携。釣り場に入るには、旧JR日高線の線路を渡る。

[浦河町] しろいずみ・ほろしまかいがん

白泉・幌島海岸

砂浜や導流堤、船揚げ場など、変化に富んだ海岸で、晩秋に良型のカジカやアブラコが釣れる。

　幌島バス停の前浜にあたるA点（写真①）は、干潮時に50mの飛距離に、岸に平行して150mの長さにわたり、岩礁が連なっている所。この根を狙っていくと、アブラコやカジカがヒットする（以下、B～H点の主なターゲットはアブラコ、カジカ）。

　B点（写真②）は、幌島地区に8つある船揚げ場の一番右端にある船揚げ場で、1時方向の60～80mの飛距離に根がある。

　C点（写真③）は、満潮時は船揚げ場から、干潮時は右側の岩場に陣取り、80mの飛距離にある沖根を狙う。

　D点（写真④）もC点同様、正面沖の80mの飛距離にある根を狙う。

　E点（写真⑤）は、11時の方向80mと、1～2時の方向30～40mの所に根がある。

　写真⑥と⑦は、幌別川古川の導流堤。写真⑥が河口の右にある導流堤、写真⑦が左の導流堤である。G点（写真⑦）に入釣するには、幌別川古川を渡る必要がある。ウエーダーは必携。

　右の導流堤のF点（写真⑥）は、先端に陣取り、沖正面の80～120mの飛距離にある根を遠投で狙う。2時方向の50mの飛距離にも根がある。

　左の導流堤のG点（写真⑦）もF点同様、先端に陣取り、30m、50m、80mの飛距離にある根を狙う。

　導流堤の左側のH点（写真⑧）は、至近距離にコンブ根が密生している。この根にちょい投げする。

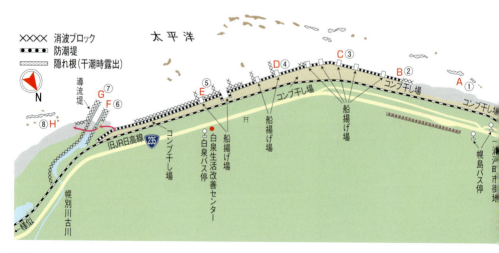

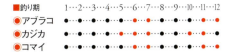

[道央] 胆振・日高

[浦河町]

①幌島バス停前の磯（A点）

②B点の船揚げ場

③C点の船揚げ場

④D点の船揚げ場

⑤E点の船揚げ場

⑥幌別川古川の右側の導流堤（F点）

⑦幌別川古川の左側の導流堤（G点）

⑧導流堤の左側の磯（H点）

MEMO

白泉・幌島海岸は、浦河町では一・二を争うほど良型のアブラコが釣れる。遠投が求められるポイントが多いため、タックルは遠投仕様が良い。

[様似町] うとまかいがん

鵜苫海岸

漁港の周囲にコンブ根が広がっていて、カジカのほか、
コマイやマツカワも釣れる好釣り場。

　A点（写真①）は、緩やかなワンドを形成している所で、右側に干潮時に露出する岩礁があり、この根境で、カジカやアブラコ、コマイ、マツカワなどが釣れる。ここへは、鵜苫沢バス停前にある防潮堤から磯伝いに入釣するが、鵜苫川の渡河にあたり、ウエーダーを履く必要がある。

　鵜苫川河口右岸のB点（写真②）は、コマイやカジカ、マツカワが釣れる。ちょい投げから遠投で魚影を探る。

　鵜苫漁港の西護岸のC点（写真③）は、満潮時は防潮堤の上から、干潮時は磯に下りてサオを振る。ターゲットはカジカやアブラコなど。

　西防波堤の先端部（D点、写真④）は、船道と外海側のブロック周りで、カジカやコマイ、アブラコなどが狙える。

　南防波堤先端部の赤灯台前（E点、写真⑤）は、外海側と同防波堤の延長線上を狙う。ターゲットはカジカ、コマイ、マツカワなど。外海側にブロックが積まれているが、取り込みは苦にならない。

　F点（写真⑥）は、南防波堤の外海側を狙う。胸壁の幅は1.5mとやや狭いが、ブロックが四角形のため、釣り座が構えやすい。ターゲットはカジカ、アブラコ、コマイなど。

　東防波堤左側の磯（G点、写真⑦）は、沖のコンブ根周りを狙っていくと、カジカやアブラコ、コマイなどがヒットする。

　G点より左側一帯（H点、写真⑧）は、平

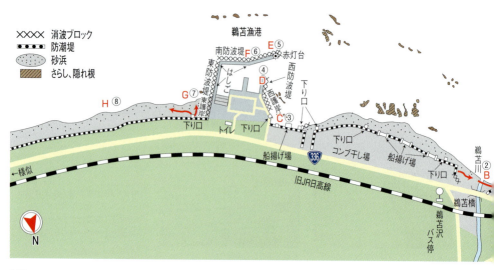

たんな砂浜で、遠浅の海となっており、遠投を要するが、コマイやマツカワなどがヒットする。

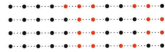

■釣り期	1	2	3	4	5	6	7	8	9	10	11	12
●カジカ	●	●	●	●	●	●	●	●	●	●	●	●
●アブラコ	●	●	●	●	●	●	●	●	●	●	●	●
●コマイ	●	●	●	●	●	●	●	●	●	●	●	●
●マツカワ	●	●	●	●	●	●	●	●	●	●	●	●

【道央】胆振・日高

［様似町］

①A点のワンド

②鵜苫川河口右岸のB点

③西護岸右側のC点

④西防波堤先端のD点

⑤南防波堤の赤灯台前(E点)

⑥南防波堤の外海側を狙うF点

⑦東防波堤左側のG点

太平洋

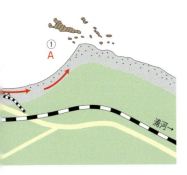

⑧夏にサーフィンでにぎわうH点

MEMO

B点からC点までの一帯は、沖根があり、晩秋のカジカ場となっている。

[様似町] しおかまかいがん

塩釜海岸

塩釜トンネル前に張り出した平盤から笛似川にかけての一帯を狙う釣り場で、カジカやアブラコの良型が釣れる。

　A点（写真①）は、平たんな砂浜が続く所で、笛似川河口を中心に中・遠投でコマイやマツカワが釣れる。波が立ちやすく、夏はサーファーでにぎわう。

　B点（写真②）は、干潮時に露出する岩に乗ってサオを振る。離れ岩の周囲を狙うと、カジカやアブラコがヒットする。

　C点（写真③）は、満潮時にコンブ干し場前にあるコンクリート階段でサオを出しながら潮待ちし、潮の引きとともに砂浜に下りて前進し、露出する岩に乗って、沖に点在する離れ岩の周囲を狙う。ターゲットはカジカ、アブラコなど。

　D点（写真④）は、沖に点在する離れ岩を狙う。C点同様、潮の引きとともに前進し、中・遠投で狙っていく。ターゲットはC点と同じ。

　写真⑤は、干潮時に塩釜トンネル前に張り出す平盤を写したもの。中央にある立岩が目印。トンネル西口から下りる。

　平盤の右角にあたるE点（写真⑥）は、干潮時に露出するポイントで、前方にある離れ岩の周囲や沖への中・遠投で、カジカ、アブラコ、コマイなどが釣れる。

　平盤の左側にあたるF点（写真⑦）も、E点同様、至近距離にある離れ岩の周囲や沖への中・遠投で狙う。

　塩釜トンネルの東口から100mほど進んだ

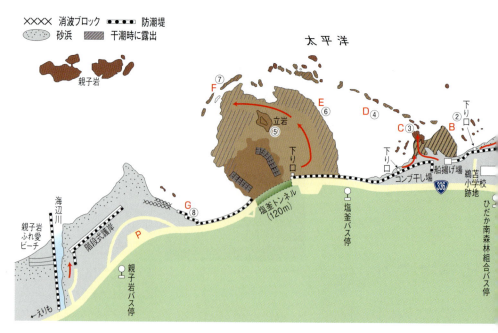

所にあるG点(写真⑧)は、防潮堤の上からサオを出す。干潮時でも海底が露出しないことや、多少の波でもサオが出せるのが利点。カジカ、コマイなどが狙える。

■釣り期	1･･･2･･･3･･･4･･･5･･･6･･･7･･･8･･･9･･･10･･･11･･･12
●カジカ	･･････････････････････････
●アブラコ	･･････････････････････････
●コマイ	･･････････････････････････
●マツカワ	･･････････････････････････

[道央]胆振・日高

[様似町]

①平たんな砂浜が続くA点

②干潮時に露出する岩に乗るB点

③B点の左側に連なる岩礁(C点)

④中・遠投で沖の離れ岩を狙うD点

⑤塩釜トンネル前の平盤

⑥平盤の右側(E点)

⑦平盤の左側(F点)

⑧防潮堤に釣り座を構えるG点

MEMO
B〜F点は、潮位が40cm以下の時間帯で波がないことが入釣の条件。波があると、海水が岩に乗ってくるため、注意を要する。

[様似町] さまにぎょこうしゅうへん

様似漁港周辺

様似漁港とエンルム岬は、様似海岸で1、2を争う好釣り場として知られる。釣れる魚種も多彩。

外西防波堤の中間部にあたるA点（写真①）は、通称「釣りデッキ」と呼ばれるポイントだったが、ここへの立ち入りが禁止となったため、注意を要する。

外西防波堤先端部の白灯台前（B点、写真②）は、外海・船道・港内と広角度に打ち込める。ターゲットはカジカ、コマイ、ソイ、ガヤのほか、クロガシラやマツカワなど。注意点は、入り口に段差があること。3mほどの高さのはしごを用意する必要がある。

外東防波堤は、エンルム岬の基部から入釣する。写真③は基部から先端方向を写した。先端へ行くには、設置してある鉄ばしごを上って、胸壁の上に上がる必要がある。

先端部の赤灯台付近（C点、写真④）は、垂らし釣りでソイ、ガヤ、船道へのちょい投げ・中投でカジカやコマイ、ソウハチ、クロガシラ、マツカワなどが釣れる。

エンルム岬は、干潮時に平盤が露出する所で、平盤はほぼ全域平たんなため、歩きやすい。左右どちらからも入釣できる。

D点（写真⑤）は溝狙い、岬の右側先端のE点（写真⑥）は正面右にある離れ岩狙い、岬の左側先端付近のF点（写真⑦）は

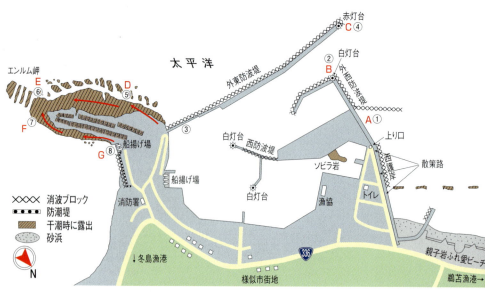

足元のコンブ根狙いで、良型のカジカやアブラコがヒットする。

G点（写真⑧）は、エンルム岬の右側がしけ気味のときがよく、消波ブロック越しに外海を狙うと、カジカやコマイ、アブラコなどが釣れる。

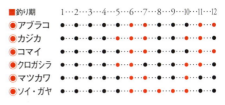

■釣り期	1	2	3	4	5	6	7	8	9	10	11	12
●アブラコ	·	·	·	·	●	●	●	●	●	●	●	·
●カジカ	·	·	·	·	●	●	●	●	●	●	·	·
●コマイ	●	●	●	●	·	·	·	·	·	·	●	●
●クロガシラ	·	·	·	●	●	●	·	·	·	·	·	·
●マツカワ	·	·	·	·	·	●	●	●	●	·	·	·
●ソイ・ガヤ	·	·	·	●	●	●	●	●	●	●	·	·

［道央］胆振・日高

［様似町］

③外東防波堤の基部

①立ち入り禁止となった外西防波堤の釣りデッキ（A点）

②外西防波堤先端部の白灯台（B点）

④外東防波堤の先端付近（C点）

⑤エンルム岬の右側基部（D点）

⑥エンルム岬の右側先端部（E点）

⑦エンルム岬の左側先端部付近（F点）

⑧エンルム岬の左側基部にある防潮堤（G点）

MEMO

エンルム岬は、潮位が30cm以下の時間帯で波がないときが入釣の条件。カジカが本命で、移動しながら拾い釣りをすると、数を揃えることができる。

[様似町] しらりやかいがん

白里谷海岸

アブラコやカジカ、マツカワ、コマイなどが主なターゲット。釣り場が国道沿いに面しているため、入釣しやすい。

様似漁港と冬島漁港の間に位置する。初めて入釣する場合は、H点の山側にある「アポイ岳ファミリーパーク」の立て看板を目印にすると、位置関係が分かりやすい。

シイチカップ川河口のA点（写真①）は、砂地に釣り座を構える所で、沖のバラ根に向かって遠投をかけると、アブラコやコマイ、マツカワなどがヒットする。

白里谷バス停前の磯（B点、写真②）は、玉石場となっている所で、下り口の正面沖に満潮時でも露出している離れ岩があり、その岩の周囲と左側に広がる根原を狙うと、アブラコやカジカ、マツカワなどが釣れる。飛距離は70〜80m。

C点（写真③）、D点（写真④）、E点（写真⑤）、F点（写真⑥）はいずれも干潮時に露出する岩に乗って、沖の離れ岩を狙うポイント。ターゲットはアブラコ、カジカなど。足場となる岩に海藻が付着し、滑りやすくなっているため、入釣にあたりスパイク付きの長靴かウエーダーは必携。

G点（写真⑦）は、玉石場に陣取る所で、80m以上の遠投をかけるとバラ根に達し、アブラコやカジカ、コマイなどが釣れる。

H点（写真⑧）は、ホロサヌンベツ川の河口に陣取るポイントで、G点同様、遠投をかけるとバラ根となり、カジカやアブラコなどが釣れる。

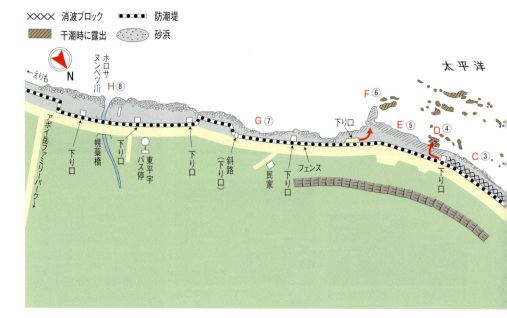

[道央] 胆振・日高

[様似町]

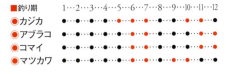

■釣り期	1	2	3	4	5	6	7	8	9	10	11	12
●カジカ					●	●	●			●	●	●
●アブラコ			●	●	●	●	●	●	●	●	●	
●コマイ	●	●	●	●	●	●				●	●	●
●マツカワ					●	●	●	●				

①マツカワが狙えるシイチカップ川河口のA点

②沖の離れ岩を狙うB点

③干潮時にブロックの前に釣り座を構えるC点

④干潮時に露出する岩に釣り座を構えるD点

⑤沖にある離れ岩を狙うE点

⑥潮位50cm以下の時間帯にサオを出すF点

⑦玉石場に陣取るG点

⑧ホロサヌンベツ川河口のH点

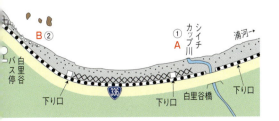

MEMO

B〜G点は、干潮時の釣り場で、潮位が50cm以下の時間帯を狙う。釣り座を構える岩に高さがないため、波の動きには十分注意する必要がある。

[様似町] ふゆしまかいがん

冬島海岸

漁港を中心に左右の玉石場が主な釣り場。
至近距離にコンブ根が点在しており、秋のカジカ場として知られる。

ポンサヌシベツ川の右側に位置するA点（写真①）は、防潮堤の上からサオが振れるポイントで、干満潮の影響を受けずにサオが出せる。中・遠投でバラ根に届き、カジカやアブラコなどがヒットする。

ポンサヌシベツ川河口の右岸（B点、写真②）は、防潮堤の階段から磯に下りて釣り座を構える所で、至近距離にあるコンブ根周りでカジカやアブラコなどが釣れる。

ポンサヌシベツ川河口（C点、写真③）は、雨天時や雨後でなければ河口でサオが振れる。河口前でカジカ、アブラコ、マツカワなどがヒットする。川は水量が少なく、長靴で行き来が可能である。

D点（写真④）は、A点同様、干満潮にかかわらず、防潮堤の上からサオが出せる。中・遠投でバラ根に届き、カジカやアブラコなどが釣れる。

E点（写真⑤）は、満潮時は防潮堤の上、干潮時は磯に下りてサオを振る。漁港の消波ブロック周りでカジカやアブラコなどがヒットする。

第2南防波堤の赤灯台前（F点、写真⑥）は、同防波堤の延長線上を狙え、カジカやアブラコなどが釣れる。

オキシヌウス川河口の右岸のG点（写真⑦）は、至近距離にあるコンブ根周りで、カジカやアブラコが釣れる。また、遠投をかけると

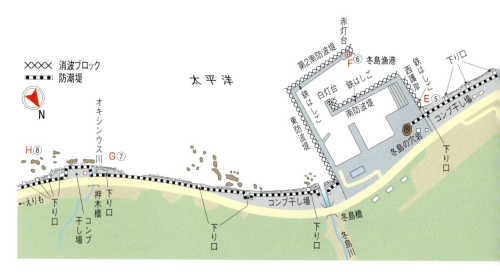

深みに達し、アブラコがヒットする。

　オキシンウス川河口左岸のH点（写真⑧）は、沖に離れ岩が点在している所で、この離れ岩の周囲を狙うと、カジカやアブラコなどがヒットする。

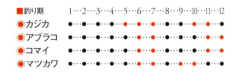

■釣り期	1	2	3	4	5	6	7	8	9	10	11	12
●カジカ	●	●	●	●	●	●	●	●	●	●	●	●
●アブラコ				●	●	●	●	●	●	●		
●コマイ	●	●	●								●	●
●マツカワ					●	●	●	●	●	●		

【道央】胆振・日高

【様似町】

①防潮堤の上からサオが出せるA点

②至近距離にコンブ根があるB点

③ポンサヌシベツ川河口のC点

④防潮堤越しにサオが出せるD点

⑤西護岸基部のE点

⑥第2南防波堤のF点

⑦至近距離にコンブ根があるG点

⑧離れ岩の周囲を狙うH点

MEMO
漁港の釣りは、特に12月が面白い。カジカやチカのほか、アブラコやコマイなども釣れる。

[様似町] やまなかかいがん

山中海岸

山中海岸周辺はポイントがたくさんあり、溝を探る垂らし釣りでは大物カジカやアブラコが狙える。

写真①は国道336号の山中バス停前の海側からみた同海岸一帯。

写真②から見たA点の岩場は潮位60cm以下になると露出するが、先端は離れ岩が点在するため釣りにくい。両サイドのワンド側に投げて釣った方がいい。

国道336号を浦河方面からえりも方面に向かって旧道に入る。旧道は一帯の海岸に釣り場があるが、山中覆道を出た所からはコンブ作業車のみが通り抜け可能で、一般車両は通行禁止だ。

写真③はB点右のワンド。ここは波が高いときでも狙え、ちょい投げで良型カジカが釣れる。根掛かりが激しい。

写真④のB点は潮位50cm以下で波の穏やかなときに前に出て釣りができる。先端まで出たら邪魔になる岩がないので近〜遠投でアブラコ、カジカが狙える。まれにマツカワも釣れる。

写真⑤の船揚げ場はB点右のワンド同様に波が高いときの釣り場。秋のカジカ釣りシーズンではこのワンドで数釣りも可能だ。

写真⑤の船揚げ場奥に見える高い岩場の前のC点には深い溝があり、前にある岩場には渡れない。溝を狙って探ると思いもよらない大型が釣れることがある。

写真⑥の高い岩の前のD点は波が上がりやすいので注意が必要。ちょい投げでカジカ、ちょい投げ〜遠投でアブラコが釣れる。

写真⑦はE点。潮位70cm以下で露出する平らな岩場で、離れ岩周辺か左右のワンドを狙う。探るポイントがたくさんあるので周りに釣り人がいないときには、盤一帯を移動しての探り釣りが可能だ。

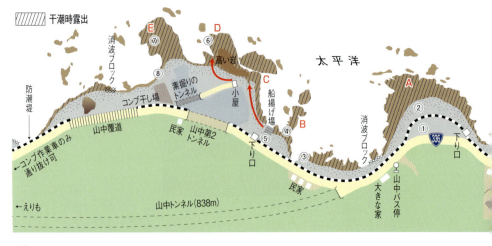

写真⑧はE点の岩場左にあるワンドで、満潮時の釣り場。写真中央に写っている山中覆道の奥にも大きなワンドがあり、良型のアブラコ、カジカが数多く釣れる。

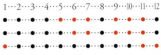

【道央】胆振・日高

［様似町］

①国道336号の山中トンネル前から見た山中海岸

②潮位60cm以下で露出するA点

③旧道に入ってすぐの所にあるB点右のワンド

④干潮時のB点の岩場

⑤船揚げ場から見たC点

⑥高い岩の前のD点の岩場

⑦ポイントが多いE点の岩場

⑧E点左の玉石原のワンド

MEMO

C点にある溝は過去に50cm超えのカジカやアブラコが釣れた実績を持つ。一帯は根掛かりが激しいので対策を怠らないこと。

199

［様似町］ほろまんかいがん

幌満海岸

サケ釣りで人気がある海岸。
ポイントによりカジカやアブラコ、コマイ、マツカワなども狙え、多魚種が楽しめる。

A点（写真①）は、ゲートの脇を通り、コンクリート階段を下りて入釣する。干潮時に岩に乗って、前方のコンブ根周りを狙うと、アブラコやカジカがヒットする。

B点（写真②）は、サケ釣りポイントとして知られ、シーズン中はサオが立ち並ぶ。水深は浅く、ウキルアーで狙う。

写真③（C点）は、壊れた船揚げ場から幌満川方向を写したもの。写真④（D点）は、C点の左側にある下り口（コンクリート階段）付近の磯を写したもの。C・D点共に、消波ブロック越しとなるが、地中に埋もれているため、取り込みは苦にならない。ターゲットはサケ、カジカなど。

E点（写真⑤）は、消波ブロック越しにサオを振るポイント。下り口右のブロックの上に乗って取り込む。この正面は、A～D点に比べ、深みがあり、近投でカジカ、遠投でアブラコやコマイがヒットする。

F点（写真⑥）は、下り口のコンクリート階段から左へ10mほど進んだ所の正面沖に根があり、ここへ打ち込む。飛距離は70mほど。満潮時は防潮堤まで波が来るため、潮位50cm以下の時間帯を選ぶ。

G点（写真⑦）は、干潮（潮位50cm以下）になると、下り口のコンクリート階段の正面にある岩が露出する。この岩に陣取り、正面のコンブ根を狙う。

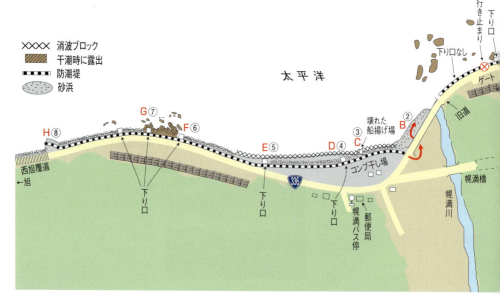

H点（写真⑧）は、船揚げ場の上から正面沖にあるコンブ根を狙う。

F、G、H点とも、ターゲットはカジカやアブラコなど。

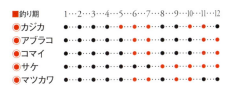

■釣り期	1	2	3	4	5	6	7	8	9	10	11	12
●カジカ	●	●	●	●	●	●	●	●	●	●	●	●
●アブラコ	●	●	●	●	●	●	●	●	●	●	●	●
●コマイ	●	●	●	●	●	●	●	●	●	●	●	●
●サケ	●	●	●	●	●	●	●	●	●	●	●	●
●マツカワ	●	●	●	●	●	●	●	●	●	●	●	●

[道央] 胆振・日高

[様似町]

①干潮時に露出する岩に釣り座を構えるA点

②サケのポイントとして知られる幌満川河口左岸のB点

③五目釣りができるC点

④カジカ、サケが釣れるD点

⑤遠投で深みを狙うE点

⑥干潮時を狙うF点

⑦干潮時に乗れる岩があるG点

⑧西旭覆道北出入り口にある船揚げ場（H点）

MEMO

B点は投げ釣りも良く、カジカやコマイのほか、マツカワもヒットする。近投は玉石場だが、遠投をかけるとバラ根がある砂地に届く。

[様似町] あさひかいがん

旭海岸

様似漁港周辺と並び、様似海岸で1、2を争うほど、好釣果が期待できる海岸。良型のカジカ、アブラコのほか、コマイやマツカワもヒットする。

旭覆道の東口(えりも寄り)にある出っ張りの防潮堤(A点、写真①)と、その左にあるB点(写真②)は共に、防潮堤の上からサオが出せる。正面沖にはコンブ根があり、カジカやアブラコがヒットする。

C点(写真③)は、水量がない小川が流れている所で、左右の防潮堤に挟まれた斜路になっていて、横風が強いときに風を避けてサオを出すことができる。正面沖への投げで、カジカやアブラコがヒットする。

旭漁港の西防波堤(D点、写真④)は、魚の寄りがよく、船道や港内、ブロック周りで、コマイやチカ、カジカ、マツカワなどが狙える。

南防波堤先端部の赤灯台前(E点、写真⑤)は、同防波堤の延長線上及び外海側で、カジカやアブラコ、コマイ、マツカワなどが釣れる。

南防波堤の外海側(F点、写真⑥)は、胸壁の上の幅が3mほどあり、釣り座を構えやすい。ターゲットはカジカ、アブラコ、マツカワなど。

東防波堤の基部から曲がり角にかけての外海側(G点、写真⑦)は、F点に比べ、胸壁の上の幅が狭く(1.5m程度)、釣り座を構えにくいが、足場のよいブロックに陣取り、ニカンベツ川方向へ打ち込むと、カジカ、アブラコのほか、マツカワもヒットする。

ニカンベツ川河口周辺(H点、写真⑧)は、砂浜に釣り座を構える所で、正面は深さがあり、コンブ根も多く、カジカやアブラコ、マツカワ、サケなどがヒットする。

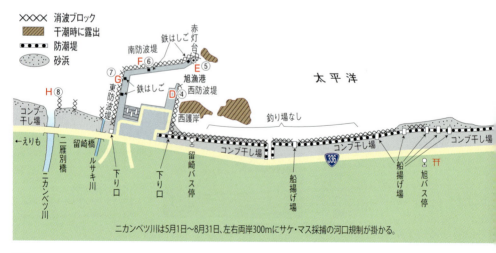

ニカンベツ川は5月1日〜8月31日、左右両岸300mにサケ・マス採捕の河口規制が掛かる。

[道央]胆振・日高

[様似町]

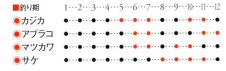

■釣り期	1	2	3	4	5	6	7	8	9	10	11	12
●カジカ					●	●	●		●	●	●	
●アブラコ			●	●	●	●	●	●	●	●	●	
●マツカワ						●	●	●	●	●		
●サケ								●	●	●	●	

①防潮堤の上からサオが出せるA点

②防潮堤の上からサオが出せるB点

③風よけとなるC点の船揚げ場

④西防波堤の全景(D点)

⑤南防波堤の赤灯台前(E点)

⑥南防波堤の外海側(F点)

⑦足場のよいブロック前に釣り座を構えるG点

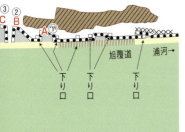

⑧水深があるニカンベツ川河口周辺(H点)

MEMO

いずれのポイントも秋が本命。波が1、2枚のときにサオを出すと好釣果となることが多い。

[えりも町] えりもこうしゅうへん

えりも港周辺

えりも港と隣接する夕陽ヶ丘平盤は、アブラコ、カジカ、コマイ、クロガシラが釣れる好釣り場の一つ。

A点（写真①）の船揚げ場は、潮位20cm以下になると、右側の平盤が露出する。満潮時で、沖正面を中・遠投で狙うと、クロガシラが釣れる。

B点（写真②）は、満潮時に砂浜に陣取り、夕陽ヶ丘平盤と下り口の間のワンドを狙っていく。ターゲットはカジカやクロガシラなど。

夕陽ヶ丘平盤（C点）は、潮位が30cm以下の時間帯に岩場が露出する。写真③は、平盤右側の先端付近から基部方向を写したもの。ちょい投げでカジカやアブラコ、クロガシラなどがヒットする。

D点（写真④）は、満潮時は砂浜から、干潮時は平盤の上に釣り座を構え、沖方向へ中・遠投をかけると、アブラコやカジカなどがヒットする。

写真⑤は、南部家川（なんぶけ）河口の右側岸壁を写したもの。防波堤のように延びるコンクリート塀は、南部家川の導流堤。満潮時にコマイやカジカ、クロガシラなどが釣れる。

えりも港の北防波堤のF点（写真⑥）は、港内側へのちょい投げで、カジカやコマイ、クロガシラなどが釣れる。

G点（写真⑦）は、満潮時、港内側への投げで、アブラコ、カジカ、コマイ、クロガシラな

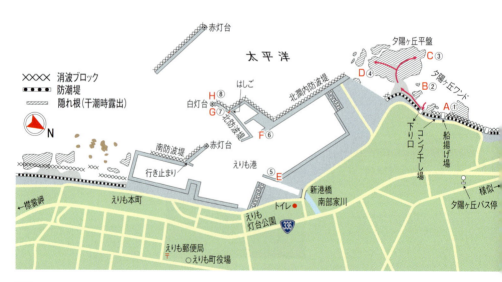

どが釣れる。
　先端部のH点（写真⑧）は、えりも港で1、2を争うポイントで、ソイやアブラコ、カジカ、コマイ、クロガシラなどがヒットする。広角度で遠投もできるため、当たりが早いポイントを探っていく。

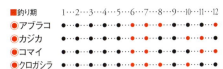

[道央] 胆振・日高

[えりも町]

①クロガシラがヒットする夕陽ヶ丘の船揚げ場（A点）

③夕陽ヶ丘平盤右側のC点

②満潮時にサオを出すB点の砂浜

④えりも港と夕陽ヶ丘平盤の間のD点

⑤南部家川河口右岸の港内岸壁（E点）

⑥えりも港北澗内防波堤曲がり角の突堤岸壁（F点）

⑦えりも港北防波堤の港内側（G点）

⑧えりも港北防波堤の先端（H点）

MEMO

えりも港は、例年12月になると、夜釣りでアブラコの数釣りができる。ポイントはG、H点で、群れを寄せるためにイカゴロ仕掛けを用いると効果的。

[えりも町] うたべつかいがん

歌別海岸

漁港と左右の岩場が主な釣り場で、アブラコやカジカ、コマイ、サケ、クロガシラ、マツカワなど、**魚種が豊富。**

歌別バス停の前浜にある「歌別のサキ」は、潮位が80cm以上になると水没し、50cm以下になると、岩が露出する。写真①②は共に、潮位が20cmのときに写した。

船揚げ場前のA点(写真①)は、満潮時に船揚げ場に陣取り、潮待ちして、潮の引きとともに右側の岩に乗って前進し、沖方向にある離れ岩を狙う。

船揚げ場の左にある「歌別のサキ」(B点、写真②)は、満潮時は消波ブロックの上に乗り、先端から沖の離れ岩を狙い、潮の引きに伴って左の岩に移動し、正面及び左側にある離れ岩を狙う。

A、B点とも、ターゲットはアブラコやカジカなど。

C点(写真③)は、沖に向かって延びる防砂突堤の先端からの投げで、カジカやコマイ、クロガシラ、マツカワが釣れる。

歌別漁港の西防波堤の先端(D点、写真④)は正面及び沖堤への投げ、北防波堤の先端(E点)から外海側への投げで、コマイやカジカ、アブラコ、クロガシラ、マツカワなどが釣れる。

歌別漁港の左側は、干潮時(潮位40cm以下)に露出する大岩場が連なる。F点(写真⑥)は離れ岩の周囲を狙う。G点(写真⑦)は、潮の引きとともに前進し、岩の先端に陣取り、沖根を狙う。F、G点とも、ターゲッ

トはアブラコやカジカなど。

　東歌別バス停前にある船揚げ場(H点、写真⑧)は、左の岩場に入釣し、沖の隠れ根を狙うと、アブラコやカジカなどがヒットする。

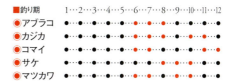

[道央] 胆振・日高

[えりも町]

①歌別のサキにある船揚げ場(A点)

②歌別のサキ(B点)

③歌別漁港の右にある防砂突堤(C点)

④歌別漁港西防波堤の先端付近(D点)

⑤歌別漁港北防波堤の全景(E点)

⑥歌別漁港の左にあるF点の岩

⑦干潮時に露出するG点の岩場

⑧東歌別バス停前の船揚げ場(H点)

> **MEMO**
> 歌別海岸でアブラコを狙う時期は6〜8月。朝に潮位が30cm以下となる日を選んで入釣する。また、歌別川には5月1日から11月30日までサケ・マス採捕の河口規制が掛かるので注意。

[えりも町] さかぎしかいがん

坂岸海岸

干潮時にちょい投げで狙えるポイントが多く、良型アブラコやカジカが釣れる穴場的釣り場だ。

写真①は高台から干潮時にA〜C点の磯を写した。ほとんどがちょい投げのポイント。

写真②は砂浜からA点周辺の船道などを撮影。写真には写っていないが右側に船揚げ場があり、満潮時や波が高いときの釣り場となる。斜面は急なので足場に注意。干潮時の波がないときには砂浜からの釣りがお薦め。船道に張り出した盤の際狙いでカジカが釣れる。

写真③の右側に写っている盤がB点で、狙うポイントがたくさんある。波がなくて盤に乗れると、A点側の船道や左にある溝周辺を探れる。沖にある岩場周辺も、沈み根が邪魔にならず、近〜遠投で良型アブラコ、カジカが釣れる。

写真④の中央の溝を挟んで右の盤がB点、左がC点。満潮時でも波がなければ立ち込みでサオを出せるが、手前の砂浜から30〜40mほどの投げで盤の切れ目まで届くので、無理せず岸から狙うといい。過去に溝の中から51.5cmの大型カジカが釣れたこともある。

写真⑤のD点も同様。盤の際、沖の沈み根狙いで良型のアブラコ、カジカが釣れる。時季は5〜10月で、特に産卵期の秋には大

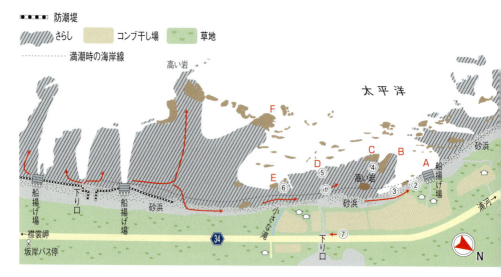

型の雌のアブラコがよく釣れ、まれにマツカワも。

写真⑥のE点周辺は水深が浅く根掛かりが激しい。山側の崖に小さな滝があり、釣り人の間では通称「滝の前」と呼ばれる。写真右奥の少し高い岩に出るまでの潮待ちで入釣する人も多い。満潮時の暗いうちはカジカの好ポイント。F点に出られたら手前から深さがあるので近〜遠投で良型アブラコが狙える。

なお、B〜F点とも潮位40cm以下の時間帯に攻略する。

海岸に下りる道は、写真⑦のように民家の近くを通るので、声を上げず静かに入釣すること。

■釣り期

●魚種	1	2	3	4	5	6	7	8	9	10	11	12
●アブラコ	●	●	●	●	●	●	●	●	●	●	●	●
●カジカ	●	●	●	●	●	●	●	●	●	●	●	●
●マツカワ	●	●	●	●	●	●	●	●	●	●	●	●

[道央] 胆振・日高 [えりも町]

①A〜C点の磯を高地から写した

②船揚げ場前のA点を狙える砂浜

③狙うポイントが多いB点

④干潮時に露出する溝とB、C点

⑤干潮時に露出するD点一帯の磯

⑥手前はE点の磯。右奥はF点の高い岩

⑦コンブ干し場横の入釣口

MEMO
一帯は沈み根のコンブ原が多いため、魚は潜むが根掛かりが激しい。波が高いときには船揚げ場以外はほとんど釣りにならない。

[えりも町] えんどもみさき

エンドモ岬

エンドモ岬は大型のアブラコやカジカが釣れる場所として有名で、ポイントもたくさん点在する。

①はレンガの建物(トイレ)がある船揚げ場で、ここから海に出られる。②は干潮時に同船揚げ場前から見たA点。近投でアブラコ、カジカ、まれにマツカワが釣れる。

同岬一帯で一番のポイントともいえるのがB点の通称ワシ岩。高い岩は満潮時にも乗れる。入釣ルートに大きな溝はなく、波がなければ股下程度でこいで渡れる。③は同船揚げ場前からB点までの磯で、④はB点から海岸を撮影した。

⑤の正面は遠投での釣りが有利。沖にある通称トド岩周辺では50cm級の大型が狙える。近投は前に張り出した岩の海藻などにミチ糸が絡むことがよくあるので注意する。干潮時で波がない時は先端に釣り座を構えてちょい投げでも釣果が上がる。

⑥も同様で、離れ岩や溝を狙うと良型アブラコやカジカの期待大。溝が形成されているので、うまく探ると釣果アップになる。

⑦の写真奥に見えるC点は時季によってアブラコ、カジカがそれぞれ大漁となるときがある。どちらも型物ぞろい2ケタの爆釣実績があるが、なぜか両魚種ともに爆釣することは少ない。

⑧は満潮、干潮に関係なく砂浜から釣りができるD点。多少、波があっても前方の岩場に波が落ち着く大きな溝があり、岩場に乗れるまでの潮待ちにサオを出す人も多い。ほとんどの人が岩場の先端に出るための時間待ちにサオを出すが、過去に55cm級の大物アブラコやカジカが釣れたこともあり侮れない。

なお、いずれのポイントも潮位50cm以下のときに入釣できる。

■釣り期　　1…2…3…4…5…6…7…8…9…10…11…12
●アブラコ　●…●…●…●…●…●…●…●…●…●…●…●
●カジカ　　●…●…●…●…●…●…●…●…●…●…●…●

[道央][胆振・日高]

[えりも町]

①船揚げ場から海岸に出る

②船揚げ場前から見たA点の磯

③船揚げ場前の砂浜から干潮時に見たB点

④B点から干潮時に見た入釣ルート

⑥ワシ岩から見た海とC点側のポイント

⑤ワシ岩から見た岬正面のポイント。沖に見えるのがトド岩

⑦干潮時のみ露出するC点

⑧思わぬ大物が潜んでいるD点の溝

MEMO

満潮時はほとんどが水没し、同岬先端付近の高い岩だけが露出する。

[えりも町] みなみとうようかいがん

南東洋海岸

一帯の磯は良型アブラコ、カジカのポイントが多く、東風の強風時でもサオが出せる。

　写真①のA点は砂浜のワンドで、ほとんど沈み根もなく根掛かりはしない。そのため、根魚よりもコマイやマツカワ狙いがいい。特に忍路川河口前がお薦め。

　写真②はB、C点に下りる階段（写真⑤）からA点のワンドを写した。B点周辺の盤の切れ目をちょい投げで探るとアブラコが釣れる。

　写真③のC点は潮位30cm以下で波が穏やかな時に出られる。先端は棒くいが立っているので場所を特定しやすい。良型アブラコ、カジカの好釣り場だが釣り座は狭い。写真④はB点近くの道路沿いにある簡易トイレ。冬期間は閉まっていることが多い。

　写真⑥のD点は暗いうちは満潮時のしけ時がいいが数釣りは期待薄。

　写真⑦の右側に写っている磯はE点、奥に写っている高い岩周辺がF点。

　E点は潮位が30cm以下の時間帯に入釣できる。沖の離れ岩周辺を狙うと良型のアブラコ、カジカの数釣りが可能。同海岸一帯で一番釣果が期待できる。

　F点は干潮時に高い岩場に沿って前に出る。前に出られたら大型アブラコ、カジカが狙え、2ケタの釣果に恵まれることも珍しくない。

　G点は潮位が50cm以下になると「旗場のサキ」と呼ばれる大岩場に入釣できる。階

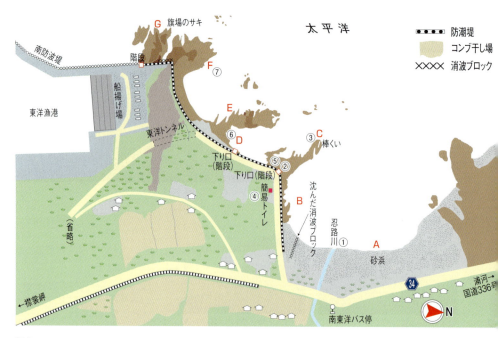

段の下り口が水たまりになっているため、入釣にはウエーダーが必要。離れ岩周りを狙うと良型のアブラコ、カジカのほか、日高では珍しいホッケも釣れる。

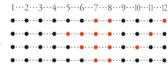

[道央] 胆振・日高

[えりも町]

①忍路川が流れ込むA点のワンド

②写真⑤の下り口からA点のワンドを写す

③C点の好ポイント

④道路沿いにある簡易トイレ

⑤C点の磯と下り口

⑥D点のワンド状の大きな溝

⑦E点からF点にかけての磯

MEMO

沈み盤が張りだしており、盤の切れ目や溝にうまく仕掛けを落とせないと小型ハゴトコなどの貧果に終わる。

[えりも町] あぶらこまかいがん

油駒海岸

東洋漁港周辺には通称旗場のサキや通称油駒三本岩といった、良型アブラコ、カジカの数釣りポイントが点在する。

写真①の砂浜はA点の油駒川河口右海岸から撮影。写真左にある防潮堤に付いた通称立岩前の沈み根や離れ岩周辺を狙うと良型アブラコ、カジカが釣れる。

写真②はA点にある階段から撮影。暗いうちは20〜30cm級のコマイやアカハラが好調に釣れ、ときにはマツカワがちょい投げで上がる。

写真③はB点に下りる階段から撮影。B点は砂浜からの釣りで、通称油駒三本岩の周辺を近〜遠投で狙うと50cm級の大型アブラコやカジカが釣れることもある。

A、B点は西まじりの風が強く波が高い時でも南防波堤や沖の離れ岩が波を消してくれるため、波が立ちにくい。

写真④と写真⑤はB点とC点の間にある岩場を干潮時に撮影。波がなければ前に出て正面の離れ岩周辺や通称油駒三本岩周辺を狙う。根掛かりが激しいが良型のアブラコ、カジカの数釣りが可能で、一帯の海岸の中ではかなりの好調ポイント。ただし、波が上がりやすいので注意すること。

写真⑥は防潮堤の突き当たりで、海岸に下りられる木のはしごがある。写真⑦は防潮堤から見たC点。近投の溝でカジカがよく釣れる。潮位40cm以下で、波がなければ前に出ての釣りがお薦め。C点左側のワンド状の砂浜は根魚の居付きが良く好釣果が期待できる。

■釣り期　1…2…3…4…5…6…7…8…9…10…11…12
●アブラコ
●カジカ
●マツカワ

[道央]胆振・日高

[えりも町]

①立岩があるA点の海岸

②コマイなどが狙える油駒川河口海岸のA点

③B点へ下りられる階段

④干潮時の岩場

⑤アブラコ、カジカの数釣り場が可能

■はコンブ干し場

⑥防潮堤に立て掛けられている木のはしご

⑦防潮堤の上から見たC点

MEMO

ちょい投げでマツカワが釣れる油駒川河口海岸では2012年8月に65cmの大型がヒットした実績がある。

[えりも町] えりもみさき

襟裳岬

襟裳岬は、風速10㍍以上の風が吹く日が、年間290日以上ある「風の岬」である。

　ここへの入釣にあたっては、風がない日を選ぶのが絶対条件。確率はかなり低いが、先端部への入釣(A〜D点)は、さらに条件が厳しく、6〜8月の朝、潮位が20cm以下となる時間帯に限られる。潮汐表で干潮時の潮位(10cm以下)と当該時刻を調べ、その時刻の前後3〜4時間が実釣時間となる。

　掲載した写真はいずれも、潮位が10cm程度のときに写したもので、特に注意を要するのは、写真①と②の中央部に写っている溝。この溝は潮位が20cmのとき、一番浅い所でも膝上くらいの水位がある。また、左右いずれかの方向から海水が勢いよく流れてくるため、これより潮位が高いと流される恐れがある。以上のことを踏まえ、慎重に行動する必要がある。

　A点(写真①)は溝の右側、B点(写真③)は岬先端付近の右側、C点(写真④)は岬先端付近の左側、D点(写真⑤)は徒歩で入釣できる岬の最先端で、いずれも至近距離にある離れ岩に向かって打ち込む。ターゲットはアブラコとカジカ。なお、写真②は、干潮時の襟裳岬全景である。

　E点の岩(写真⑥)は、A〜D点と異なり、溝の通過を要しない釣り場で、潮位が50cm以下の時間帯を狙う。沖方向への投げで、アブラコやカジカがヒットする。

　F点(写真⑦)とG点(写真⑧)は、売店下の磯と呼ばれているポイントで、潮位が30cm以下の時間帯に釣り座を構えることができ、沖の離れ岩や隠れ根狙いで、アブラコやカジカがヒットする。

■釣り期　　1…2…3…4…5…6…7…8…9…10…11…12
●アブラコ　●…●…●…●…●…●…●…●…●…●…●…●
●カジカ　　●…●…●…●…●…●…●…●…●…●…●…●

［道央］胆振・日高

［えりも町］

①襟裳岬の右側（A点）

②襟裳岬の全景（干潮時）

③襟裳岬先端付近の右側（B点）

④襟裳岬先端付近の左側（C点）

⑥溝の手前にある左側の岩（E点）　　⑤襟裳岬の先端部（D点）

⑦売店下の岩場（F点）　　⑧売店下の平盤（G点）

MEMO

襟裳岬の入釣にあたり、ウエーダーは必携。いずれのポイントも岩に海藻が張り付いているため、滑りやすい。転倒防止のため、スパイクは必ず装着すること。

[えりも町] えりもみさきぎょこうしゅうへん

えりも岬漁港周辺

襟裳岬の東側に位置する。漁港と左側の磯は共に、アブラコ、カジカ、コマイのほか、クロガシラやマツカワが狙える。

海岸が東向きのため、弱い西風が吹く日を狙う。えりも岬漁港の東防波堤のA点（写真①）は、胸壁の上に陣取り、ブロック越しに外海を狙う。ブロックは三角型のため、足場を確保しやすい。沖にバラ根が広がっており、ちょい投げから中投で、アブラコやカジカがヒットする。

東防波堤先端のB点は、外海、島堤（東外防波堤）、港内と広角度で狙える。外海及び島堤狙いでアブラコ、カジカ、港内狙いでコマイやクロガシラ、マツカワなどが釣れる。

漁港の左側の磯は「沈船根」と呼ばれ、北防基部から舗装路（防潮堤）を歩いて入釣する。防潮堤の下は、階段状の護岸で、釣り座が構えやすい。潮位が70cmを超えると、磯のほぼ全域が水没するため、護岸からの釣りとなる。

C点（写真③）は、左側の岩場先端への投げでアブラコ、北防波堤寄りの中・遠投でコマイ、クロガシラ、マツカワなどがヒットする。写真④は、沈船根を左から漁港方向へ向けて撮影した。干潮時に岩場が露出するのが分かる。

D点（写真⑤）は、沈船根の左側の根境にあたり、沖に見える離れ岩（ただし満潮時は水没）へ向かって中投すると、アブラコやカジカがヒットする。写真⑥は、D点から左の

ワンドを写した。ワンド内は良型コマイが釣れる。

E点（写真⑦）は、「第一集落」と呼ばれる磯の右側にあたるポイント。舗装路から入釣できる。この正面沖は、やや深みがあり、バラ根周りでアブラコやマツカワが狙える。

F点（写真⑧）は、潮位が40cm以下に下がると乗れる岩で、左右から沖のバラ根に打ち込むと、アブラコやカジカなどが釣れる。

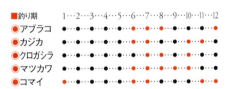

■釣り期	1…2…3…4…5…6…7…8…9…10…11…12
●アブラコ	●●●●●●●●●●●●
●カジカ	●●●●●●●●●●●●
●クロガシラ	●●●●●●●●●●●●
●マツカワ	●●●●●●●●●●●●
●コマイ	●●●●●●●●●●●●

[道央] 胆振・日高

[えりも町]

①消波ブロック越しに外海を狙うA点（胸壁の高さは1.4m、はしご必要）

②東防波堤先端のB点

③「沈船根」と呼ばれる磯の右側のC点（写真は潮位20cmのときに撮影、以下同じ）

④干潮時の「沈船根」（左から右方向を撮影。潮位が70cmを超えると全域が水没）

⑤「沈船根」の左側のD点

⑥D点から左側のワンド

⑦干潮時のE点（潮位が50cm以上になると水没）

⑧潮位が40cm以下のときに乗れるF点（潮位が70cm以上になると水没）

MEMO

漁港左側の磯は、一帯がコンブ干し場。砂利敷の所は、コンブ干し場のため、立ち入りは厳禁。舗装路に沿って入釣すること。

[えりも町] ちびらかいがん

千平海岸

千平川河口海岸周辺には砂浜、ゴロタ場のほかに、溝や離れ岩、沈み根などが点在しているので多種多様な釣りが楽しめる。

写真①は千平川左の丘から見た同川河口海岸。一帯はワンドの砂浜になっていて、目の前には魚の付きのいい沈み根がある。波が高くても釣りになる。写真①奥にあるA点の岩場は潮位が50cm以下のとき、波がなければ前に出て釣りができる。近〜遠投でアブラコ、カジカが釣れる。

写真②のB点は、右側が同川河口の防砂堤。河口の両海岸とも砂浜で、カジカや運が良ければマツカワ、クロガシラが釣れる。

写真③は同川左側から海岸に出る下り口。それほど急斜面ではないので爆釣しても帰りは安心。

写真④は夜でも目印になる赤いレンガの建物がある下り口で、写真⑤につながる。基本的に夜が好調なカジカ釣りをする時の目印になる。

写真⑥の岩場はC点手前の磯で、ちょうど砂浜からゴロタ場に変わるワンドの左端。各岩の縁狙いで良型のカジカやアブラコが釣れる。数釣りするためには移動しながらの探り釣りがお薦め。

写真⑦のC点からD点にかけての岩場

は、波がなければウエーダー着用で満潮時でも乗れる岩がある。大きな溝の中に魚がたまることもよくあり、そこだけで数釣りできることもある。しけ後が有利。

　潮位が50cm以下のときにC点、D点のどちらも前に出て近～遠投で根魚が狙えるが、各所に点在する岩が邪魔するので釣りづらい。風がある時には岩に触れて糸が切れたり、根掛かりも激しいので、予備の糸や仕掛けを多めに用意する。周辺の岩場はごつごつしていて足場が悪いので注意すること。

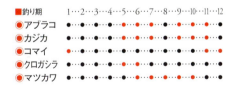

■釣り期	1	2	3	4	5	6	7	8	9	10	11	12
●アブラコ	・	・	・	・	●	●	●	●	●	●	・	・
●カジカ	・	・	・	・	●	●	●	●	●	●	・	・
●コマイ	●	●	●	・	・	・	・	・	・	・	●	●
●クロガシラ	・	・	●	●	●	●	・	・	・	●	●	・
●マツカワ	・	・	・	・	●	●	●	●	●	●	・	・

①千平川河口左から見たA、B点

②千平川防砂堤左のB点の砂浜

③千平川左から海岸に出られる道路

④下り口の目印になる赤レンガの建物

⑥カジカポイントのC点右側の磯

⑤赤レンガの建物前の下り口から見たC点

MEMO

襟裳岬の東側は、東風になるとしけることが多いが、そのような条件下でも、カジカがよく釣れた実績がある。

⑦手前がC点、奥がD点

[えりも町] みしまかいがん

美島海岸

一帯の海岸は根掛かりが激しく、上級者向けといえるが45～50cm級の大物アブラコ、カジカのポイントが数多く点在する。

写真①はA点とB点のポイント。干潮時の波がない時は中・遠投で良型のアブラコ、カジカが狙える。近投ではかなり根掛かりが激しい。A点とB点周辺には離れ岩が点在し、その周りは大物ポイントになっている。

写真②は干潮時の波がない時にC点前の岩場を写した。正面は離れ岩が邪魔になって狙えないので斜め右前方のC点と左側のD点を狙う。

写真③は小さなワンド状になったD点と窓岩前の岩場のE点＝岩場基部に穴の開いた岩があるので窓岩と呼ばれている＝（写真の表示参照）を写した。D点では近～遠投で良型アブラコ、カジカが釣れる。近投は根掛かりが激しいが大物が数多く釣れる。下り口から近いので入釣しやすい。

写真④は窓岩前の岩場のE点をアップで写した。潮位20cm以下の波がない時に先端に出ての釣りが可能。周辺のポイントの中では最も良型が釣れるが、さらしが多いためルートを確認しながら進む必要がある。

写真⑤は右前方奥の窓岩周辺とF点のポイントを狙える岩場を干潮時の波がない時に写した。アブラコやカジカ、まれにマツカワが釣れる。7月中旬～8月にはコマイなどが狙える。

写真⑥はG点周辺。離れ岩が邪魔になって釣りにくいが、各離れ岩の際狙いで良型カジカの期待大。

写真⑦はH点のワンドとトセップ展望台前の岩場方向（写真奥）を写した。ワンドの砂浜は足場も良く、近～遠投で夏コマイが

好調。左右の岩場寄りでカジカ、アブラコ、まれにマツカワが狙える。

E点を除いて各ポイントとも潮位50cm以下で入釣できる。

[道央] 胆振・日高

[えりも町]

①A点とB点のポイント

②良型アブラコが狙えるC点前の磯

③小さなワンド状になっているD点と左後方のE点

④窓岩前の岩場のE点は好ポイント。潮位20cm以下のみ入釣可能

⑤F点を狙える岩場

⑥大物カジカが釣れるG点

⑦H点のワンド

MEMO

海岸は国道336号から離れていて磯を確認できない。コンブ干し場が多いので、作業の邪魔にならないようにする。

[えりも町] とせっぷてんぼうだいまえ

トセップ展望台前

えりも町庶野漁港から広尾側へ約1.5km付近にトセップ展望台がある。
一帯はごつごつした岩場で足場は悪い。
釣り座の確保も難しいが、大型のアブラコ、カジカが釣れる。

展望台左側の草地に小道があるので、そこから海岸へ出る。

写真①はA点で、周辺の盤は潮位が50cm以下のときに露出し満潮時や波が高い時は水没している。A点は水深が浅いものの、大型のカジカがよく釣れる。

写真②のB点も同様で、干潮時の波がない時に渡れる。近～遠投で探れるポイントが多く、良型のアブラコやカジカが狙える。

写真③はかなりの確率で大物が狙えるC点とD点（写真のポイント表示参照）。どちらに行くにもウエーダーが必要で、C点の岩場先端は波がなければ簡単に出られるがD点の岩場に出るには潮位が20cm以下のときがお薦め。D点は釣り人の入釣が少ないせいか良型が結構、釣れる。

写真④のE点は細く長い岩場。先端に行くほどとがった岩場になって三脚が立てづらい。左の大きな溝で大型のカジカが釣れる。

写真⑤は展望台正面のF点とG点を写した。中央に延びる岩は離れ岩に邪魔されているため、狙えるポイントは少ない。しかし右側のF点と左側G点（写真のポイント参照）は前が開けていて釣りやすい。しかし、E点同様に足場が悪く、入釣するのも三脚を立てる場所にも苦労する。サオを振る時や魚の取り込みなど細心の注意が必要。

写真⑥は展望台から広尾方面側を写したもの。たくさんの細長い岩場があるので、明るいうちにポイントを確認し、入釣先を間

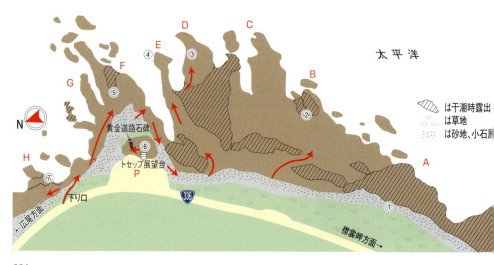

違えないようにしたい。

　写真⑦のH点周辺は岩場の先端に出られない満潮時の潮待としての入釣者が多い。水深は浅いがアブラコ、カジカが狙える。

　展望台には駐車場があるのでマイカーでの釣りでも安心。

[道央] 胆振・日高

[えりも町]

①大型のカジカが釣れるA点

②良型のアブラコ、カジカが釣れるB点

③大物が狙えるC点とD点（ポイント表示参照）

④大きな溝を狙うとカジカが釣れるE点

⑤前が開けて釣りやすいF点とG点（ポイント表示参照）

⑥襟裳岬側から行くと黄金道路の始まりとなるトセップ展望台

⑦トセップ展望台左下のH点

MEMO

6月上旬から7月にかけての時期に食いが立つ。朝・夕まづめよりも水温が上がる日中が良さそう。大物の期待も大きい。

[えりも町] とせっぷてんぼうだいひだりかいがん

トセップ展望台左海岸

一帯の海岸は波が高い時に釣りにならない場所が多く、
根掛かりも激しいためにサオを出す人が少ない。
しかし、アブラコ、カジカの絶好の大物ポイントがいくつもある。

　写真①はトセップ展望台左下の岩場から、小さなワンド状になったA点周辺を写している。水深が浅く、乗れる盤も低いので波がある時は釣りにならない。その上、離れ岩が点在していて釣りづらく狙うポイントが限られる。

　写真②の中央にある細長い岩場はB点、C点方向を狙える岩場の先端。釣り座は狭く、入釣は1人がやっとだ。C点の根周りや正面の開けたB点への遠投で探れるポイントは多いものの、根掛かりが激しい。

　写真③のD点を狙う岩場は波がない潮位が20cm以下の時間帯のみ乗れる。しかし、渡るには海藻が付着しているのでできるだけ荷物を軽くし、足元に注意すること。写真手前の岩場は少し前のめりになっているが、ほぼ平たんで釣り座を構えやすい。多少波があっても中央の岩場で波が消えて釣りができる。ちょい投げで岩の際を狙うと良型のカジカがよく釣れる。E点周辺ではアブラコが数多く狙える。

　写真④の岩場は高さがないので波が高い時は釣りにならない。条件が良く、前に出られるとF点方向が狙える。沖には邪魔になる離れ岩がないので近〜遠投で探れる。良型アブラコ、カジカのベストポイント。

　写真⑤のG点を狙える岩場も条件が良ければ、先端に出て正面一帯で良型が狙える。

　写真⑥はH点が狙えるワンドを写した。写

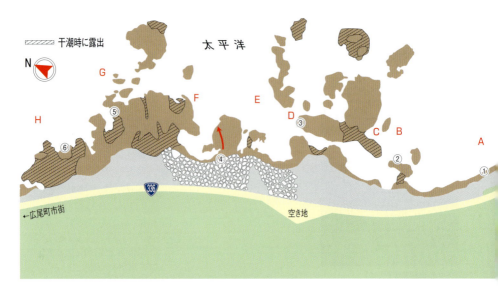

真左側奥に見える、白浜海岸のフンコツトンネル前の岩場方向を狙うと50cm級のアブラコが釣れる。

[道央] 胆振・日高

[えりも町]

①トセップ展望台左のA点

②B、C点を狙える磯

③D、E点を狙える磯

④F点周辺を狙える磯

⑤G点を狙える磯

⑥大物ポイントのH点を狙える磯

MEMO

「こんな場所では釣れないだろう」と思うような岩場の際や足元のちょい投げで思いもよらぬ大物が釣れることがある。いろいろなポイントを探ること。

[えりも町] しらはまかいがん

白浜海岸

一帯の海岸はゴロタ場のワンドや干潮時に前に出て狙える岩場で、釣れる魚種も多彩な好釣り場だ。

写真①はA点のワンドの中央付近。ゴロタ場に沈んだ消波ブロックがあり、海中には近・中投で届く距離にコンブ根が点在していて、アブラコやカジカがよく釣れる。

写真②はフンコツトンネルの襟裳岬側入り口前を撮影。写真奥の草地から下りて海岸に出る。いつも足場が悪く滑りやすいので注意すること。

写真③はA点のワンドの左側付近で、壊れた防潮堤や旧道跡がある。B点周辺の岩場の先端に出るまでの潮待ちだけに入る人も多いが、多彩な魚種が狙える好ポイントでもある。暗いうちに、カジカやアブラコはもちろん、時季によってはコマイやガヤが釣れる。

写真④は潮位が40cm以下のときに露出するB点周辺。ちょい投げでも良型アブラコが狙え、過去にはワンド側に向かって投げて50cm超えが何度も上がっている。他にも大型チカが大漁となることがある。

写真⑤のC点は大きな溝で、溝の両側に張り出した岩場の先端は波がない潮位が40cm以下のときに良型のカジカやアブラコが釣れる。

写真⑥の船揚げ場前のD点は満潮時と波が高い時によく釣れる。ターゲットは春と秋に近投でカジカ、遠投でアブラコなど。

写真⑦は船揚げ場から左海岸全体のE点を撮影したもので、小さなワンドが連なる。周辺はあまり水深もなく、離れ岩が点在していて根掛かりが激しいので釣りづらい。しかし、良型カジカやアブラコが狙えるので仕掛けを多めに持参し、できるだけ遠投で狙う。

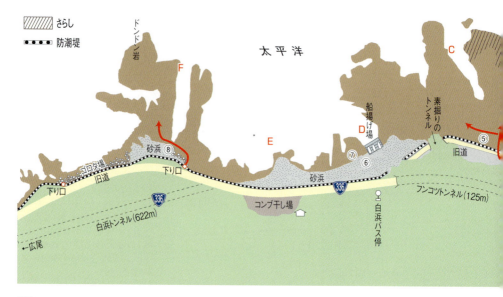

写真⑧(F点)の通称ドンドン岩。左側も含む岩全体で20cm超えの大型チカや大型アブラコが釣れる。波がかぶりやすいので注意すること。同岩は国道336号の白浜トンネル裏の旧道沿いにある。

[道央]胆振・日高
[えりも町]

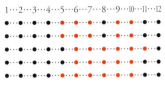

■釣り期	1	2	3	4	5	6	7	8	9	10	11	12
●アブラコ	●	●	●	●	●	●	●	●	●	●	●	●
●カジカ	●	●	●	●	●	●	●	●	●	●	●	●
●コマイ	●	●	●	●	●	●	●	●	●	●	●	●
●ガヤ	●	●	●	●	●	●	●	●	●	●	●	●
●チカ	●	●	●	●	●	●	●	●	●	●	●	●

①フンコツトンネル前右側のA点のワンド

②フンコツトンネル前の海岸への下り口

③A点のワンド左側の岩場

④旧道から見たB点

⑤旧道から見たC点の溝

⑥D点の船揚げ場

⑦船揚げ場左の磯のE点。向こう側に見えるのはドンドン岩

⑧F点のドンドン岩

MEMO

フンコツトンネル前の岩場は満潮時に海水に覆われる場所が多い。着いた時に盤が出ていても太平洋の潮込みは速いので注意したい。

[えりも町] さくばいかいがん

咲梅海岸

[道央] 胆振・日高

[えりも町]

咲梅は、干潮時を狙う釣り場と、満潮時に好漁できる釣り場の両方がある。アブラコ、カジカのほか、マツカワやクロガシラも釣れ、魚種が豊富。

A、C、D点は、干潮時に露出する岩が連なっている所。潮位が40cm以下の時間帯に入釣する。①〜④の写真はいずれも、潮位が30cmのときに撮影。

A点(写真①)は、沖正面と左側への投げでアブラコ、カジカ、ワンド側への投げでクロガシラやマツカワがヒットする。

船揚げ場(B点、写真②)は、正面沖に点在する離れ岩を狙う。ターゲットはカジカ、アブラコ、クロガシラなど。なお、満潮時は離れ岩が水没し、場所の特定が困難となるので要注意。

C点(写真③)の岩もA点同様、干潮時に攻略する。アブラコ狙いで右斜めに見える離れ岩へ打ち込む。

D点(写真④)もA、C点同様、干潮時攻略型の釣り場。左右のワンドや正面沖の離れ岩を狙ってアブラコやカジカを釣る。

E点(写真⑤)の船揚げ場は、右の離れ岩周りでアブラコ、カジカ、正面及び左方向への投げでコマイやクロガシラ、マツカワなどが釣れる。

咲梅川河口の左岸のF点(写真⑥)は、砂浜に釣り座を構え、沖の隠れ根を狙う。ターゲットはアブラコ、カジカ、コマイ、マツワ、クロガシラなど。

紅葉覆道前のG点(写真⑦)は、沖に小岩が点在している所で、中・遠投でカジカやマツカワが狙える。ただし根掛かりに注意が必要。

H点(写真⑧)は、通行止めの鉄柵の横から旧国道に入ることができる。至近距離にある離れ岩の左右の根境を狙う。ターゲットはカジカ、マツカワなど。なおG、H点とも、満潮時は離れ岩が水没し、ポイントが分からなくなるので要注意。

■釣り期	1	2	3	4	5	6	7	8	9	10	11	12
●アブラコ	●	●	●	●	●	●	●	●	●	●	●	●
●カジカ	●	●	●	●	●	●	●	●	●	●	●	●
●マツカワ	●	●	●	●	●	●	●	●	●	●	●	●
●クロガシラ	●	●	●	●	●	●	●	●	●	●	●	●
●コマイ	●	●	●	●	●	●	●	●	●	●	●	●

MEMO

旧国道は立ち入りを制限する鉄柵やゲートがなく、一般車で往来が可能。ただし夏季はコンブ漁の漁業者が作業を行うので、マナー順守で行動すること。

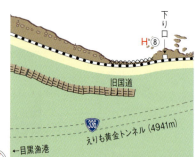

[道央] 胆振・日高

[えりも町]

①潮位が30cmのときのA点の岩

②アブラコ、カジカが狙えるB点の船揚げ場

③潮位が40cm以下の時間帯にサオを出すC点

④良型のカジカ、アブラコが釣れるD点

⑤しけに比較的強いE点の船揚げ場

⑥五目釣りが期待できる咲梅川河口の左岸（F点）

⑦マツカワが釣れる紅葉覆道前の磯（G点）

⑧根際を狙うH点の磯

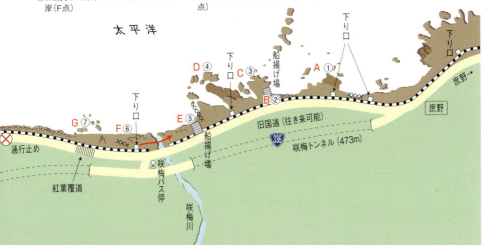

[えりも町] めぐろかいがん（めぐろふくどうまえ・さるるふくどうまえ）

目黒海岸（目黒覆道前・猿留覆道前）

2011年のえりも黄金トンネル開通で旧道沿いとなった海岸線だが、アブラコ、カジカの好ポイントが続く。

写真①は猿留覆道の広尾側出入り口にある階段上からA点のポイント方向を写した。干潮時の波がない時のみ下りて釣りが可能。後ろの防潮堤が邪魔になり投げづらいが、うまく離れ岩周辺を狙えると大型アブラコ、カジカが狙える。

写真②は同覆道出入り口前にある高い岩の左側からB点のポイントを写した。同岩の際から消波ブロック伝いに海岸に下りられる。

写真③はC点。周りの海岸がしけていてもここは離れ岩に囲まれているため比較的波が立たない。同海岸の中で良型アブラコ、カジカの一番のポイント。海岸には釣り人の間で「トウフ」と呼ばれる四角いケーソンが十数個並び、その上からの釣りが可能。ただし、上げ潮時は波をかぶることが多いので要注意。

写真④は旧道から見たC、D点。D点は旧道上から中・遠投で狙うとアブラコ、カジカが釣れる。取り込み時は消波ブロックに注意。

写真⑤も旧道上から見たE点。干潮時、波が無くて磯に下りても後ろの消波ブロックが邪魔になって釣りづらいので、D点同様に旧道上からの釣りがお薦め。

写真⑥は目黒覆道の広尾側入り口から見たF点周辺。各離れ岩付近を探ると良型

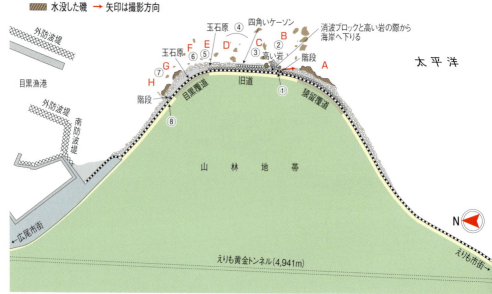

アブラコが狙える。近〜遠投で探るポイントが多くある。

写真⑦はG点のポイント周辺。遠浅で沈み根が多く根掛かりが激しいが、近投ではカジカ、中・遠投で良型アブラコのポイントが点在する。7月上旬〜8月は夏コマイやソイが釣れる。

写真⑧はH点に出られる階段。H点は遠浅の海岸線で釣果はG点同様。

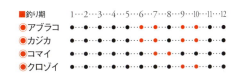

■釣り期	1…2…3…4…5…6…7…8…9…10…11…12
●アブラコ	
●カジカ	
●コマイ	
●クロゾイ	

[道央] 胆振・日高

[えりも町]

①猿留覆道前のA点

②入釣の目印となる高い岩のB点

③良型のアブラコ、カジカが釣れるC点

④C、D点の海岸を望む

⑤アブラコの居付きがいいE点

⑥目黒覆道の広尾側出入り口から見たF点

⑦好ポイントがあるG点

⑧H点に出られる階段

MEMO

D〜H点の海岸は玉石原が続き歩きづらい。足場が悪く、釣り座を構えるのも難儀する。釣れるポイントまでは遠浅なので、遠投が有利となる。

[えりも町] さかいはまかいがん

境浜海岸

旧国道の岬トンネル前の大岩場と境浜バス停前に広がる砂浜に分かれる。
大岩場は典型的な干潮時攻略型の釣り場。

　境浜海岸は、えりも町の北端に位置し、ビタタヌンケ川を挟んで北側が広尾町となっている。

　旧国道の岬トンネルの前にある大岩場（通称「岬トンネル」）は、G点にある下り口から磯伝いに入釣する。旧国道の岬第一覆道は、北口に鉄のゲートがあり、漁業関係者以外立入禁止のため、入ることはできない。

　A点（写真①）は、潮位が40cm以下の時間帯に入釣できる。岩はゴツゴツとして上り下りが多く、釣り座も構えにくい。ポイントは左右の離れ岩に囲まれた中央の岩で、ちょい投げ、中・遠投共に良く、アブラコ、カジカの良型が釣れる。写真は潮位が15cmのとき撮影。

　B点（写真②）もA点同様、潮位が40cm以下のときに乗ることができ、左右の離れ岩に打ち込んでアブラコ、カジカを狙う。

　C点（写真③）もA、B点と同じく、干潮時に攻略可能なポイントで、沖の離れ岩へ遠投をかけると、良型のアブラコがヒットする。

　船揚げ場（D点、写真④）は、A～C点、E点の岩に乗るために潮待ち（時間調整）するポイントで、船道へ中・遠投すると良型のカジカがくる。

　E点（写真⑤）の岩は、潮位が20cm以下になると、基部のさらしをこいで入釣できる。ターゲットはカジカ。

　F点（写真⑥）とG点（写真⑦）はちょい投げでカジカ、沖へ中・遠投をかけるとバラ根

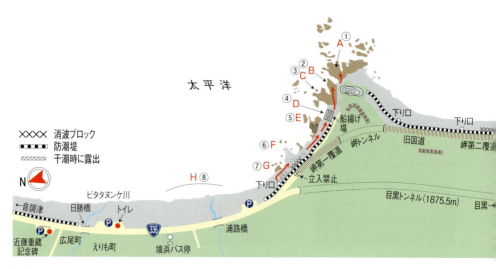

に届き、アブラコやマツカワ、コマイなどがヒットする。

境浜バス停前(H点、写真⑧)は、砂浜からの投げで、コマイが狙える。

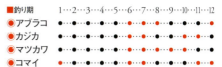

【道央】胆振・日高

[えりも町]

①潮位が40cm以下の時間帯に入釣するA点の大岩場

②干潮時に左右の離れ岩を狙うB点

③良型のアブラコが釣れるC点の岩

④船揚げ場(D点)

⑤潮位が30cm以下のときに狙えるE点

⑥干潮時に岩が露出するF点

⑦中・遠投をかけるとマツカワがヒットするG点

⑧夏季にサーフィンを楽しむ人でにぎわうH点の砂浜

> **MEMO**
> A点の岩場は、周辺の海岸が穏やかなときでも、地形の関係で波が立つ。実釣中は波の動きに十分注意すること。

道南
渡島・檜山

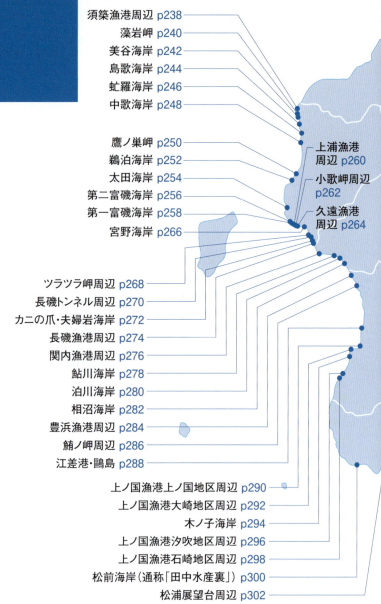

- 須築漁港周辺 p238
- 藻岩岬 p240
- 美谷海岸 p242
- 島歌海岸 p244
- 虻羅海岸 p246
- 中歌海岸 p248
- 鷹ノ巣岬 p250
- 鵜泊海岸 p252
- 太田海岸 p254
- 第二富磯海岸 p256
- 第一富磯海岸 p258
- 宮野海岸 p266
- 上浦漁港周辺 p260
- 小歌岬周辺 p262
- 久遠漁港周辺 p264
- ツラツラ岬周辺 p268
- 長磯トンネル周辺 p270
- カニの爪・夫婦岩海岸 p272
- 長磯漁港周辺 p274
- 関内漁港周辺 p276
- 鮎川海岸 p278
- 泊川海岸 p280
- 相沼海岸 p282
- 豊浜漁港周辺 p284
- 鮪ノ岬周辺 p286
- 江差港・鷗島 p288
- 上ノ国漁港上ノ国地区周辺 p290
- 上ノ国漁港大崎地区周辺 p292
- 木ノ子海岸 p294
- 上ノ国漁港汐吹地区周辺 p296
- 上ノ国漁港石崎地区周辺 p298
- 松前海岸（通称「田中水産裏」）p300
- 松浦展望台周辺 p302

[せたな町] すっきぎょこうしゅうへん

須築漁港周辺

[道南] 渡島・檜山

[せたな町]

須築漁港から藻岩トンネルにかけての海岸は、潮通しが良く、ホッケの千石場として知られる。

西防波堤の赤灯台下（A点、写真①）は、人気釣り場の一つで、防波堤の延長線上と港内側への投げで、ホッケ、クロガシラ、アブラコなどが釣れる。

北防波堤の先端部（B点、写真②）は、20畳ほどの広さがあるケーソンに釣り座が構えられホッケやアブラコ、ソイ、クロガシラなどが釣れる。なお、ここに入るには、高さ1.2mほどの段差を上る必要がある。

弁天岬（C、D点）へは、外西防波堤の基部にあるコンクリート階段を下って入釣する。ルート上に水たまりが多いため、ウエーダーは必携。

C点（写真③）及びD点（写真④）は、足元からドン深のポイントで、ちょい投げでソイ、ガヤ、アブラコ、沖への中・遠投でホッケやクロガシラなどがヒット。

外西防波堤（E点、写真⑤）は、ホッケのウキ釣りでにぎわい家族連れが多い。

弁天トンネル前のF点の岩（写真⑥）は、水深がある溝を狙う。ターゲットはホッケ、ソイ、アブラコ、クロガシラなど。なお、入釣にあたり、ルート上に水たまりが多いため、ウエーダーは必携。

藻岩トンネルの北（右）側にあるH点（写真⑧）は、沖から深い溝が岸近くまで延びていて、潮通しが良く、ホッケの千石場として知られる。シーズン中は、ウキ釣り客でにぎわう。ただし、釣り座となる岩に高さがないため、波の動きに十分な注意が必要。

H点の右にあるG点（写真⑦）は、小高い岩の上に釣り座を構えられ、多少の波でもサオが出せる。離れ岩の周りを狙うと、ホッケやアブラコ、クロガシラなどが来る。

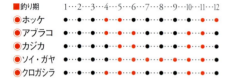

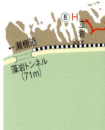

MEMO
A点の基部の船揚げ場や須築川の河口周辺は、早春のアメマス場として知られる。

[道南]渡島・檜山

[せたな町]

①西防波堤先端の赤灯台下(A点)

②北防波堤の先端部(B点)

③弁天岬の右側(C点)

④弁天岬沖側のD点

⑤外西防波堤のE点

⑥弁天トンネル前の岩場(F点)

⑦投げ釣りでホッケが釣れるG点

⑧ホッケのウキ釣り場のH点

須築川には4月1日～8月31日、左右両岸300mにサケ・マス採捕の河口規制が掛かる。

[せたな町] もいわみさき

藻岩岬

藻岩岬は、せたな海岸の中でも屈指の難所として知られる。

　藻岩岬は、須築トンネルの南口（写真⑧）から入釣する。
　E点（写真⑦）へは、トンネル南口の基部から岬の岩壁を通って、磯伝いに入釣する。ホッケやアブラコ、ソイなどが釣れる。
　ここから岬先端のD点（写真⑥）までは、大きな玉石や岩の上り下りが連続する。スパイク付きの長靴は必携。山側に1つ目の素掘りトンネルがあるが、利用せずに磯伝いに進む。
　D点は、岩の凹凸が激しく、釣り座を構えにくいが、足元からドン深で、沖への中・遠投で良型のソイやアブラコが釣れる。
　C点（写真⑤）は、岬の奥深くまで切れ込んだ溝の周囲を歩いて入釣する。入釣はかなりきつい。先端に釣り座を構え、狙うのは右前方に見える離れ岩で、ソイやアブラコがヒットする。
　これより先は危険力所が多く、ロッククライミングの心得がある人でなければ進めない。
　A、B点へ向かうには、D点の山側を歩く。写真④は、2つ目の素掘りトンネルで、長さは10mほど。これより先は、岩壁伝いに岩の上り下りが連続する。3つ目の素掘りトンネルは、長さが30mほどあり、昼間でもキャップライトが必要。このトンネルを出ると、岬最大の難所である断崖がある（写真③）。足場が狭く、両手で岩壁をつかみながら進む必要があるが、荷物があるため、岩にボルトを打ち、ロープで安全確保するなどの処置を施す必要がある。
　ここを通過すると、平たんな岩場となり、

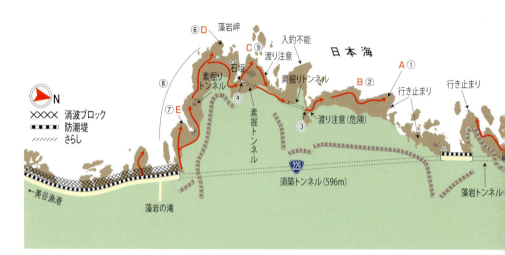

見通しが良くなる。B点（写真②）の岩は、右側が良く、アブラコやソイなどが期待できる。

A点（写真①）は、岬の一番右に位置する岩場で、足元から深く、遠投でマガレイやソイ、近投でアブラコやホッケなどが釣れる。

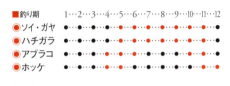

■釣り期	1	2	3	4	5	6	7	8	9	10	11	12
●ソイ・ガヤ	●	●	●	●	●	●	●	●	●	●	●	●
●ハチガラ	●	●	●	●	●	●	●	●	●	●	●	●
●アブラコ	●	●	●	●	●	●	●	●	●	●	●	●
●ホッケ	●	●	●	●	●	●	●	●	●	●	●	●

［道南］渡島・檜山

［せたな町］

①岬の右端に位置する岩場（A点）

②A点の左側にある岩場（B点）

③3つ目の素掘りトンネルの出口にある岩壁（最大の難所）

④2つ目の素掘りトンネル

⑤右側の離れ岩を狙うC点

⑥岬の最先端のD点

⑦岬の左側基部にある岩（E点）

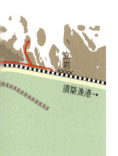

⑧須築トンネルの南口から望む藻岩岬全景

MEMO

E点を除き、釣り具はコンパクトにまとめて入釣するのが絶対条件。特にA、B点へは、崖下への転落を防止するため、両手を自由に使えるようにする。

[せたな町] びやかいがん

美谷海岸

新美谷トンネルの完成で狩場漁港虻羅地区側からは少々アクセスしにくくなったが、早春のホッケ場として知られ、シーズン中は多くの釣り人でにぎわう。

V字の形をした岩（A、B点）は、防潮堤から消波ブロックを越え、岩の基部にある溝を通過して入釣する。

A点の岩（写真①）は、前方にある離れ岩の周囲を狙うと、カジカやクロガシラが釣れる。

B点の岩（写真②）は、岩の先端が好ポイントで、沖への中・遠投で、ホッケやアブラコ、ソイなどが釣れる。なお、先端に入るには途中、さらしとなっている所を通過する必要があるため、注意を要する。

C点の岩（写真③）は、コンクリート階段から消波ブロックを越えて入釣する。中・遠投でホッケ、アブラコ、ソイなどが釣れる。

なお、A～C点は、いずれも海面から高さがなく、しけると簡単に波が乗ってくる岩場のため、波の動きには十分な注意が必要となる。

狩場漁港美谷地区へは、新美谷トンネル（写真④の左側）入り口前のバイパス（写真⑤）から、美谷トンネル（写真④の右側）を抜けて入釣する。

西防波堤先端の赤灯台前（F点、写真⑥）は、足元から深く、ホッケやソイなどが釣れる。

西防波堤の曲がり角の外海側にある岩（E点、写真⑦）は、前方にある離れ岩の周囲でアブラコやソイ、クロガシラ、南（左）方向への中投でホッケやクロガシラなどが釣れる。消波ブロックを下りて入釣するので、注意を要する。

漁港の南（左）側にある立岩（F点、写真

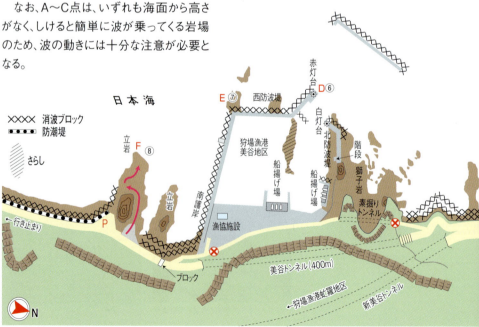

⑧)は、ホッケのウキ釣り場としてシーズン中、釣り人でにぎわう。入釣しやすく足場も良いため、家族連れが多い。なお、ここへは新たに敷設されたブロックを越えて徒歩で入釣する。

[道南]渡島・檜山 [せたな町]

①五目釣りができるA点　②アブラコの数釣りができるB点

③入釣しやすいC点

④美谷トンネル(右)と新美谷トンネル(左)

⑤美谷トンネルに通じるバイパス

⑥マガレイが狙える西防波堤の赤灯台(D点)

⑦西防波堤の曲がり角にあるE点

⑧ホッケのウキ釣り場として有名なF点

> **MEMO**
> D～F点は従来の美谷トンネルを通って入釣する。同トンネルの南口側の道路は閉鎖されているため注意が必要。

[せたな町]しまうたかいがん

島歌海岸

釣り場が国道に面しているため、海の状況が一望でき、入釣しやすい。ホッケやアブラコ、カジカ、マガレイ、クロガシラなど魚種は豊富。

吹込バス停の右側の磯（A点、写真①）は、玉石場となっていて、主に夜釣りでカジカを狙う。

島歌覆道の正面にある平盤（B点、写真②）は、入釣しやすく、釣り座も構えやすい。南まじりの風で漁港の外海側がしけ気味のときに好釣果となることが多く、狙いはホッケのほか、アブラコやカジカ、ソイ、クロガシラなど。

狩場漁港吹込地区の西防波堤先端部（C点、写真③）は、なぎのときを狙うと多魚種がそろう。防波堤周りでアブラコやソイ、沖堤への遠投でマガレイやクロガシラが釣れる。

南護岸にある平盤（D点、写真④）は、海面から高さがないため、なぎ時限定で入釣する。ちょい投げでアブラコやソイ、沖への遠投でマガレイが釣れる。

E点（写真⑤）は、玉石場に釣り座を構える。海底は砂地にバラ根で、アブラコやソイ、クロガシラなどがヒットする。

島歌川河口（F点、写真⑥）は、大きな玉石が連なっていて、釣り座を構えるにも難儀するが、アブラコやソイがヒットする。ただし、根掛かりが激しいので、要注意。

写真⑦は、島歌海岸の名所の一つである窓岩を撮影。白岩船揚げ場に張り付いている岩（G点、写真⑧）は、海面から高さがないため、なぎ時限定で入釣する。ターゲットは主にホッケ。G点の右隣にある岩も好ポイントで、ウキ釣りで狙う。

××××　消波ブロックまたは離岸堤
■■■■　防潮堤

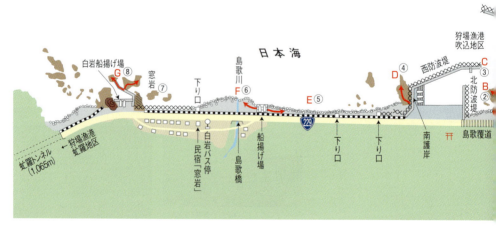

[道南]渡島・檜山 [せたな町]

■釣り期	1・2・3・4・5・6・7・8・9・10・11・12		1・2・3・4・5・6・7・8・9・10・11・12
●ホッケ	●・●・●・●・●・●・●・●・●・●・●・●	●アブラコ	●・●・●・●・●・●・●・●・●・●・●・●
●マガレイ	●・●・●・●・●・●・●・●・●・●・●・●	●カジカ	●・●・●・●・●・●・●・●・●・●・●・●
●クロガシラ	●・●・●・●・●・●・●・●・●・●・●・●	●ソイ・ガヤ	●・●・●・●・●・●・●・●・●・●・●・●

①良型のカジカが狙えるA点

②南まじりの風のときに好釣果となるB点の平盤

③五目釣りができる西防波堤先端部（C点）

④遠投でマガレイが狙えるD点の平盤

⑤クロガシラがヒットするE点

⑥良型のアブラコが釣れる島歌川河口（F点）

⑦島歌海岸の名所の一つ、窓岩

⑧白岩船揚げ場に張り付いている岩（G点）

MEMO

C、D点はマガレイ釣り場として知られる。5月下旬から6月中旬がベストシーズンで、遠投をかけるほど数釣りができる。

[せたな町] あぶらかいがん

虻羅海岸

狩場漁港虻羅地区とその左にある稲荷岬が主な釣り場で、ホッケやアブラコ、カジカ、ソイ、クロガシラなど多彩な釣りができる。

漁港北側（トンネル側）の磯（A点、写真①）は、大きな玉石が連なり、釣り座を構えるにも難儀するが、良型のアブラコやソイ、ハチガラなどが釣れる。

南防波堤先端部（B点、写真②）は、水深が深く、中・遠投をかけると、マガレイが釣れる。港内は、ホッケやカジカ、クロガシラ、マガレイ、ソイなど五目釣りが楽しめる。

南防波堤基部に張り付いている平盤（C点、写真③）は、入釣しやすく釣り座も構えやすい。平盤前に敷設されている下り口（南防波堤基部）から入釣する。左右の溝が好釣り場で、ホッケのほか、アブラコやソイ、カジカ、クロガシラなどが期待できる。

C点の左側にある平盤（D点、写真④）も、C点同様、入釣しやすく釣り座も構えやすい。ここもC点同様、左右がよく、ホッケやアブラコ、カジカ、クロガシラなどが釣れる。

E点（写真⑤）は、基部が水たまりとなっているため、入釣にはウエーダーが必要。先端はホッケ、左右でアブラコやカジカ、クロガシラなどがヒットする。

F点（写真⑥）は、稲荷岬の右側先端に位置する岩場で水深が深く、ホッケやアブラコ、ソイ、クロガシラなどが釣れる。基部が水たまりとなっているため、ウエーダーが必要。

写真⑦は、稲荷岬の中央部にある溝（G点）を写したもの。この左右が好ポイントで、溝の正面に打ち込むとホッケやソイ、溝を狙うとアブラコやカジカが上がってくる。ウエー

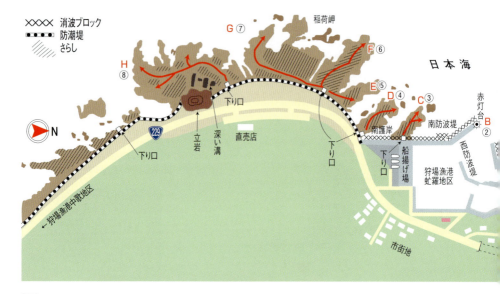

ダーは必携。

　稲荷岬の左側に位置するH点（写真⑧）は、海面から高さがない平盤で、なぎ時限定で入釣する。ホッケやアブラコ、カジカ、ソイなどが釣れる。

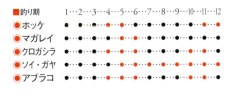

■釣り期	1	2	3	4	5	6	7	8	9	10	11	12
●ホッケ	・	・	・	●	●	●	・	・	・	●	●	●
●マガレイ	・	・	●	●	●	●	●	●	●	●	・	・
●クロガシラ	・	・	●	●	●	●	●	●	●	●	・	・
●ソイ・ガヤ	・	・	・	●	●	●	●	●	●	●	・	・
●アブラコ	・	・	・	●	●	●	●	●	●	●	●	・

[道南] 渡島・檜山

[せたな町]

①良型のアブラコやソイが狙えるA点

②カレイが狙える南防波堤の先端部（B点）

③五目釣りができるC点

④入釣しやすく釣り座も構えやすいD点

⑤基部の水たまりを越えて入釣するE点

⑥稲荷岬の右側先端に位置するF点

⑦稲荷岬の中央にある溝を狙うG点

⑧稲荷岬の左側にある平盤（H点）

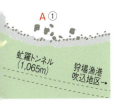

外防波堤
北防波堤
A ①
虻羅トンネル (1,065m)
狩場漁港 吹込地区

MEMO

南まじりの風が強いと、しけやすくなるため、注意しなければならないが東まじりの風のときは狙い目だ。

[せたな町] なかうたかいがん

中歌海岸

海面から高さがない平盤と玉石が連なっていて、なぎ時限定の釣り場が多い。アブラコやカジカ、ソイなどの根魚が中心で、良型がよく釣れる。

　中歌平盤（A、B点）は、大きな玉石を歩いて入釣する。
　写真①は平盤の右側（A点）、写真②は平盤の左側（B点）を写したもので、いずれのポイントも海底の根が荒く根掛かりが多い。ターゲットはアブラコやソイ、カジカなど。海面から高さがないため、波の動きに注意が必要。ウエーダーは必携。
　中歌平盤の左側にある三日月型の平盤（C点、写真③）は、A、B点同様、根掛かりが多いが、アブラコやカジカ、ソイなどが釣れる。
　写真④は、狩場漁港中歌地区の右側にある平盤（D点）。ここも海面から高さがないため、なぎ時限定で入釣する。アブラコやソイ、ホッケなどが釣れる。
　右の旧西防波堤の先端にある突堤（E点、写真⑤）の先端部は水深があり、ホッケやアブラコ、ソイなどが釣れる。
　漁港の南護岸近くにある岩場（F点、写真⑥）は、A～D点と同様、海面から高さがない平盤で、なぎ時に入釣する。左側が良く、深みのある所へ打ち込むと、ホッケやアブラコ、カジカなどが釣れる。ウエーダーは必携。F点から左方向へ50mほど進んだ所にある下り口から磯伝いに入釣する。
　写真⑦は、漁港から左方向へ100mほど進んだ所にある船揚げ場（G点）を写したもので夜釣りのちょい投げでカジカが釣れる。
　写真⑧（H点）は、潮位が10cmのときに写したもの。さらしを通過する必要があるため、ここもウエーダーは必要で、エンカマに注意すること。ターゲットはホッケやアブラコ、カジカなど。

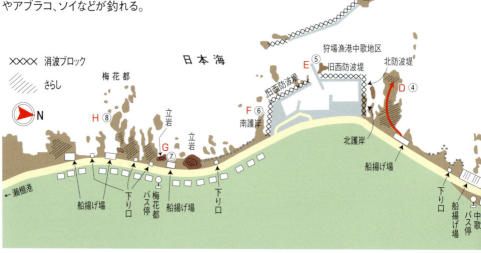

[道南] 渡島・檜山

[せたな町]

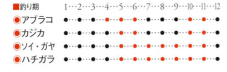

■釣り期	1…2…3…4…5…6…7…8…9…10…11…12
●アブラコ	●･●･●･●･●･●･●･●･●･●･●･●
●カジカ	●･●･●･●･●･●･●･●･●･●･●･●
●ソイ・ガヤ	●･●･●･●･●･●･●･●･●･●･●･●
●ハチガラ	●･●･●･●･●･●･●･●･●･●･●･●

①中歌平盤の右側（A点）　②中歌平盤の左側（B点）　③三日月型をした平盤（C点）

④漁港の右側にある平盤（D点）　⑤漁港右の旧西防波堤に張り付いている長い突堤（E点）

⑥漁港の左にある平盤（F点）　⑦しけ後が狙い目の船揚げ場（G点）　⑧入釣にはウエーダーが必携となるH点

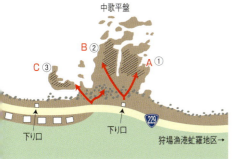

MEMO

中歌海岸は、どこでサオを出しても、根掛かりが多い。必ず根掛かり対策を行うこと。

[せたな町] たかのすみさき

鷹ノ巣岬

春のマガレイ釣りでにぎわう。岬を構成している岩場はごつごつとして歩きにくいが、岩の形状が比較的平たんなため、サオを構えやすく振りやすいのが特徴だ。

太櫓川河口左岸のA点（写真①）は、早春のアカハラ場として知られる。50cmを超える大物がよく釣れる。他にカワガレイやクロガシラも狙える。

鷹ノ巣岬の右端にある岩場（B点、写真②）は、基部が水たまりになっているため、入釣にはウエーダーが必要。ちょい投げでソイ、アブラコ、カジカ、中・遠投でマガレイやホッケが釣れる。

C点（写真③）の岩場は、細長い岩で、1人しか入釣できないが、中・遠投でマガレイが掛かる。

D点（写真④）の岩場は、鷹ノ巣岬ではE点と並ぶ人気スポット。釣れる魚種はちょい投げでソイ、ガヤ、沖への中・遠投でマガレイやホッケ。

E点（写真⑤）の岩場は、一番人気の釣り場で、D点同様、ちょい投げでソイ、ガヤ、カジカ、アブラコ、沖への中・遠投でマガレイやホッケが釣れ、特にマガレイは数釣りが楽

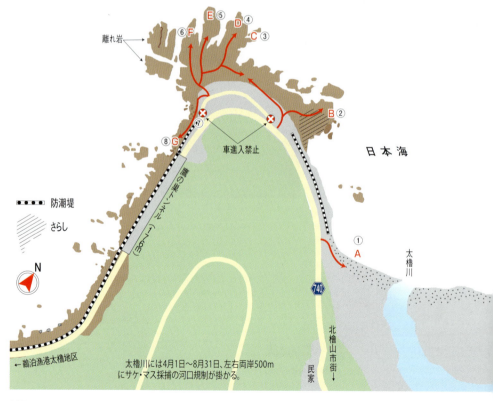

しめる。

　F点（写真⑥）の岩場は、ちょい投げでアブラコやカジカ、ソイなどの良型がよく掛かる。中・遠投でマガレイが釣れるが、飛距離や角度によって根掛かりするため、注意を要する。D、E点及びE、F点の間の溝にアブラコやカジカが入っていることがあるので、サオを出してみると面白い。

　写真⑦は、C～F点に入釣する際の起点となる場所。G点（写真⑧）の岩場は、低い平盤に釣り座が構えられ、なぎ時に入座する。根が荒く、根掛かりが激しいが、カジカやアブラコ、ハチガラが釣れる。

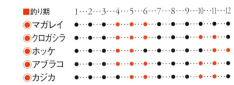

[道南] 渡島・檜山 [せたな町]

①大型のアカハラが釣れる太櫓川河口の左岸（A点）

②晩春にマガレイがよく釣れるB点

③マガレイが狙い目のC点

④マガレイの好釣り場であるD点

⑤マガレイ狙いで一番人気のE点

⑥良型のアブラコやカジカが狙えるF点

⑦各ポイント入釣の起点

⑧ハチガラやカジカが狙えるG点

MEMO

釣り場が北から北西側に面しているため、南寄りの風、波1mの予報のときが狙い目だ。マガレイ狙いは、遠投するほどヒット率が高まる。

鵜泊海岸

[せたな町] うどまりかいがん

漁港とその周辺の岩場が主な釣り場で、岸近くは根が荒く、狙いはアブラコやハチガラなどの根魚が中心だが、漁港は砂地が交じり、カレイがよく釣れる。

A点（写真①）は、大岩と玉石が交じった磯で、飛距離や投げる角度によって根掛かりが激しいが、カジカやアブラコ、ハチガラなどが釣れる。

写真②は鵜泊隧道で、入釣の目印となる。

写真③は、鵜泊隧道の西側（左側）にある磯（B点）で、足場は玉石で比較的サオを出しやすい。離れ岩に打ち込んでアブラコ、カジカ、沖への中・遠投でホッケやソイ、アブラコなどが釣れる。2、3人が入れるが、場所によって根掛かりが激しい。

写真④は、鵜泊漁港鵜泊地区の北防波堤基部。写真⑤は、外西防波堤と北防波堤の間にある突堤（右側）と西防波堤先端にある突堤（左側）で、両突堤（C点）は、晩秋から早春にかけてアメマスがよくヒットし、早春にはサクラマスも入ってくる。

写真⑥は、外西防波堤先端部の白灯台（D点）で、外海側を狙うことができ、シーズン中は投げザオが立ち並ぶ。マガレイやアサバガレイ、クロガシラなどがヒットする。港内側はしけ時にホッケやクロガシラが釣れる。ただし、D点は遮るものがなく、風が強いと吹きさらしとなる。

写真⑦は、漁港の西側（左側）にあるE点の手前の磯だが、水深が浅く、海底は玉石で、多くの匹数は望めない。ここよりも写真⑧のE点の方がやや水深があり、沖の離れ岩の周囲を狙うと、アブラコやカジカ、ハチガラなどが釣れる。ただし、根掛かりは激しい。

××××　消波ブロック
■■■■　防潮堤

[道南] 渡島・檜山

[せたな町]

■釣り期	1・2・3・4・5・6・7・8・9・10・11・12		1・2・3・4・5・6・7・8・9・10・11・12
● アブラコ	●・●・●・●・●・●・●・●・●・●・●・●	● マガレイ	●・●・●・●・●・●・●・●・●・●・●・●
● カジカ	●・●・●・●・●・●・●・●・●・●・●・●	● クロガシラ	●・●・●・●・●・●・●・●・●・●・●・●
● ハチガラ	●・●・●・●・●・●・●・●・●・●・●・●	● アメマス	●・●・●・●・●・●・●・●・●・●・●・●

①鵜泊隧道の東側（右側）にあるA点

②A、B点への入釣の目印となる鵜泊隧道

③鵜泊隧道西側（左側）のB点

④鵜泊漁港鵜泊地区北防波堤の基部

⑤鵜泊漁港鵜泊地区内にある二つの突堤（C点）

⑥カレイ狙いができる外西防波堤先端部（D点）

⑦漁港の西側（左側）にある磯

⑧根魚が釣れるE点

MEMO

なぎ時は漁港からの外海狙い、1、2枚の波のときは磯狙い、しけ時は漁港内でサオを出す。現地で風や波の動きを見て、臨機応変に対応するとよい。

[せたな町] おおたかいがん

太田海岸

太田地区は、漁港の左右に有名釣り場があり、太田トンネルの開通により、鵜泊との間を車で行き来できるようになった。

写真①は、太田平盤の右側（A点）を写したもの。平たんで歩きやすい岩で、釣り座も構えやすい。ターゲットはカジカやアブラコ、ホッケ、ソイなど。

写真②は、太田平盤の左側（B点）を写した。ここもA点同様、歩きやすく、釣り座も構えやすい。ホッケやアブラコ、ソイなどが釣れる。

写真③は、太田漁港の右側から西防波堤方向を写した。先端部（C点）が良く、ホッケやアブラコ、カジカ、ソイ、クロガシラなどが釣れる。

D点（写真④）は、南護岸にある磯。夜釣りで、カジカやホッケ、アブラコなどが釣れる。

E点（写真⑤）は、釣り座を構えやすい岩で、ターゲットはホッケやソイ、アブラコなど。下り口はコンクリートでふさがれているが、コンクリートの高さが1mほどしかないため、入釣しやすい。

写真⑥と⑦は、太田権現神社前の岩場で、ホッケの千石場として有名。写真⑥のF点は、ホッケのウキ釣り場として知られ、シーズン中はウキザオが立ち並ぶ。

写真⑦は、先端部のG点を写した。投げ釣り、ウキ釣り両方のサオが並ぶ。ウキ釣りはホッケ中心だが、投げ釣りはホッケのほか、ソイやアブラコ、カジカ、クロガシラ、マコガレイなど多彩な釣りができる。秋にかけては、フクラギやサバが回遊する。

写真⑧は、H点の岩場を写した。釣り座を構えるのに難儀するが、足元から深く、ホッケ中心にソイやアブラコなどが釣れる。ここへは通行止めとなっている場所から防潮堤（高さ1m）を越えて、磯伝いに入釣する。

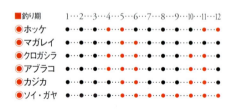

[道南]渡島・檜山 [せたな町]

①太田平盤の右側（A点）

②太田平盤の左側（B点）

③西防波堤先端付近が狙い目となる太田漁港（C点）

④夜釣りで良型のカジカが釣れるD点

⑤入釣しやすく、釣り座も構えやすいE点

⑥ホッケのウキ釣り場で知られる太田権現神社前の釣り場（F点）

⑦釣り人の絶え間がない人気釣り場のG点

⑧足元からドン深で、良型のアブラコやソイが狙えるH点

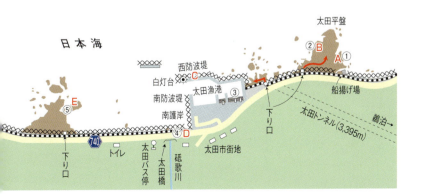

[せたな町] だいにとみいそかいがん

第二富磯海岸

第二富磯海岸は、道道沿いに釣り場があるため、入釣しやすい。海底は荒根で、根掛かりが激しいが、魚影は濃い。

写真①は、船揚げ場と、船揚げ場の左基部から延びている防波堤の先端に張り付いている岩場（A点）を写した。A点は、波がなければ入釣できる。先端部から左右へのちょい投げで、ホッケ、アブラコ、カジカなどが狙える。夜間は船揚げ場、日中はA点と分けて攻略する。

写真②と③はB点。②は左側から、③は正面から写した。ここへは、イラストの矢印にしたがって入釣する。先端部は2人程度が入釣でき、ターゲットはホッケやアブラコなど。一帯は荒根で、根掛かりに注意が必要である。

写真④と⑤はC点。写真④の中央にある出っ張りがC点で、C点を撮影したのが写真⑤である。ポイントは左前方にある岩の周囲（写真④ではC点の岩の上）で、アブラコやハチガラなどが釣れる。

D点（写真⑥）は、先端までの距離は短いが、岩の上り下りがあり、見た目以上に入釣に骨が折れる。岩に高さがあるため、多少の波があってもサオを出せる。ポイントは先端部と中間部の左右。ターゲットはホッケ、アブラコ、カジカなど。周囲の根が荒いため、根掛かりに注意が必要。なお、D点の右側にある岩は、基部が岩壁となっているため、入釣できない。

E点（写真⑦）は、前方に離れ岩が点在

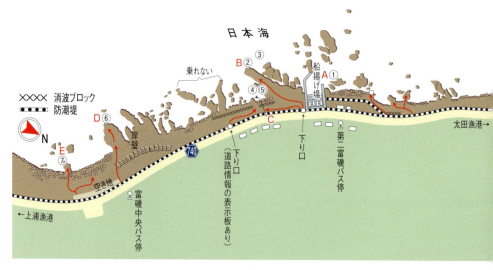

し、その周囲を狙う。根掛かりが激しいため、仕掛けに工夫が必要。ターゲットはアブラコ、ハチガラ、ソイなど。なぎ時限定で入釣する。まづめを中心とした夜釣りが良い。

■釣り期	1	2	3	4	5	6	7	8	9	10	11	12
●ホッケ	●	●	●	●	●	●	●	●	●	●	●	●
●アブラコ	●	●	●	●	●	●	●	●	●	●	●	●
●カジカ	●	●	●	●	●	●	●	●	●	●	●	●
●ソイ・ガヤ	●	●	●	●	●	●	●	●	●	●	●	●

[道南] 渡島・檜山

[せたな町]

①第二富磯バス停前の船揚げ場（A点）

②船揚げ場の左にある細長く延びた岩（B点）

③正面から見たB点

④C点の岩（小さな出っ張り）と左の岩場

⑤C点の岩

⑥富磯中央バス停前の岩（D点）

⑦E点の岩

MEMO

一帯は荒根で根掛かりが激しい。むやみに遠投せず、丹念に周囲の根を探っていくとよい。

[せたな町] だいいちとみいそかいがん

第一富磯海岸

船揚げ場とその左右にある大岩場が主な釣り場で、ソイやアブラコの良型が上がる。

入釣の起点となるのが、第一富磯バス停前にある船揚げ場（E点、写真⑤）である。夜釣りのワンポイントで、カジカやホッケが釣れる。

大岩の右側先端部付近（A点、写真①）は、足場が悪く、釣り座を構えにくい。ここは足元から深く、至る所に深みがある。ターゲットはホッケ、ソイ、アブラコなど。

大岩の左先端部（B点、写真②）は、A点同様、足元から深い。左前方に離れ岩があり、その周囲を狙うと、ホッケやアブラコ、ソイなどがヒットする。なお、ここに入るには岩の上り下りが連続していて、入釣はかなりきつい。

C点（写真③）は、大岩へ向かう途中にある岩で、飛び石伝いに入る。周囲は根が荒く、アブラコやソイなどが狙える。なお、ここは海面から高さがないため、波の動きに注意する。

D点（写真④）は、船揚げ場（写真⑤）の右側突堤の先端に張り付いている岩。海面から高さがなく、入釣はなぎ時限定。根掛かりが多いが、ハチガラやアブラコなどがヒットする。

F点（写真⑥）は、船揚げ場の左側突堤の先端に張り付いている岩で、なぎ時限定で入釣する。先端部は釣り座を構えにくい。ここは足元から深く、狙うのはソイやアブラコ。

G点（写真⑦）は、細長く延びた岩で、足元から深く、ソイ、ハチガラ、アブラコなどが釣れる。なお、ここにたどりつくまで、岩の上り下りが多く、入釣はかなりきつい。

添泊岬の右側先端部（H点、写真⑧）も、岩の上り下りが多く、入釣がきつい。右角に深い溝が入っており、アブラコやソイが上がって来る。

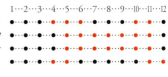

■釣り期	1…2…3…4…5…6…7…8…9…10…11…12
●アブラコ	●…●…●…●…●…●…●…●…●…●…●…●
●ソイ・ガヤ	●…●…●…●…●…●…●…●…●…●…●…●
●ハチガラ	●…●…●…●…●…●…●…●…●…●…●…●
●ホッケ	●…●…●…●…●…●…●…●…●…●…●…●

[道南]渡島・檜山

[せたな町]

①大岩の右側先端部付近（A点）　②大岩の左側先端部（B点）

③周囲の根が荒いC点の岩場　④船揚げ場の右側突堤先端にある岩場（D点）　⑤船揚げ場（E点）

⑥船揚げ場の左側突堤先端にある岩場（F点）　⑦添泊岬の右側にある細長い岩場（G点）

太田漁港→

⑧添泊岬の右側先端部（H点）

MEMO
添泊岬は、右側中間部付近にサオが出しやすいテーブル状の岩があり、H点同様の釣果が得られる。

[せたな町] かみうらぎょこうしゅうへん

上浦漁港周辺

[道南] 渡島・檜山
[せたな町]

上浦漁港を中心とした左右の磯は、根掛かりが激しいが、その分、魚種は豊富で、五目釣りができる。

　日昼岬への入釣の起点となるのがD点（写真⑤）である。
　D点は、船揚げ場の前方にある岩に乗って、左側に釣り座を構え、沖から岸近くまで延びている海中の深みを狙っていく。ターゲットはホッケ、アブラコ、ソイ、ハチガラ、クロガシラなど。岩場に水たまりが多いため、ウエーダーは必携。
　日昼岬へは、D点から磯伝いに進む。C点までは、大きな玉石が連なり（写真④）、ここの通過がかなりきつい。スパイク付きの長靴は必携。
　C点（写真③）は、前方の離れ岩の周囲と、50mほどの飛距離を投げて深みを狙っていく。ターゲットはD点と同じ。岩の表面が丸みを帯びていて、滑りやすいので注意すること。
　ここからB点（写真②）までは、岩の上り下りが少なく、比較的歩きやすい。B点は、日昼岬の左側先端部にあたり、足元から深く、狙いはホッケ、アブラコ、ソイなど。
　A点（写真①）は、右側先端部から岸方向に少し戻った所で、岩がテーブル状になっているため、釣り座を構えやすい。足元から深く、ホッケ、ソイ、アブラコなどが釣れる。上古丹川の河口（E点、写真⑥）の狙いも、カジカやホッケだ。上古丹川は水量が少なく、ウエーダーで川を行き来できる。

上浦漁港は、西防波堤先端の赤灯台前（F点、写真⑦）がお薦め。根掛かりが多いが、ホッケやアブラコ、ソイなどがヒットする。

南護岸のG点（写真⑧）は、沖の離れ岩の周りを狙っていく。ターゲットはソイ、ハチガラ、アブラコなど。

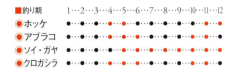

■釣り期	1	2	3	4	5	6	7	8	9	10	11	12
●ホッケ	●	●	●	●	●	●	●	●	●	●	●	●
●アブラコ	●	●	●	●	●	●	●	●	●	●	●	●
●ソイ・ガヤ	●	●	●	●	●	●	●	●	●	●	●	●
●クロガシラ	●	●	●	●	●	●	●	●	●	●	●	●

【道南】渡島・檜山
［せたな町］

①日昼岬右側のA点

②日昼岬の左側先端部（B点）

③日昼岬の左中間部の岩場（C点）

④D点からC点までの玉石場

⑤船揚げ場に張り付いている岩場（D点）

⑥上古丹川の河口（E点）

⑦西防波堤先端の赤灯台前（F点）

⑧南護岸基部にある岩場（G点）

MEMO

西防波堤の赤灯台前（F点）は、海面から高さがあるため、クレーン釣りとなる。また、胸壁がなく、風が強いと吹きさらしになるため、強風の日は注意すること。

[道南]渡島・檜山 [せたな町]

[せたな町]こうたみさきしゅうへん

小歌岬周辺

小歌岬を中心とした一帯は、ホッケの早場として知られる。海底の根は荒く、根掛かりは多いが、水深が深い所が多いため、良型のアブラコやソイも釣れる。

　小歌岬（A～D点）へは、上浦漁港〈都地区〉の右側基部から、磯伝いに入釣する。

　右側基部にあるA点（写真①）は、対岸の立岩との間のワンドを狙うポイントで、釣り座は構えにくいが、足元から深く、ホッケやアブラコ、クロガシラなどが釣れる。

　写真②は、小歌岬の左側から先端方向を写したもの（全景）。

　小歌岬の先端部（B点、写真③）は、足元からドン深で、ホッケやソイ、アブラコなどが釣れる。ただし、潮の流れが速く、また周囲がべたなぎでも波が出ることが多いため、波の動きに注意しなければならない。

　写真④は、先端部からC点の岩を写した。B点同様、足元からドン深のポイントで、ホッケのほか、ソイやアブラコ、クロガシラなどが釣れる。

　写真⑤のD点は、ウキ釣りポイントとしてホッケシーズン中、ウキザオが並ぶ。西まじりの風のときにホッケの群れが入ってくることで定評がある。

　写真⑥は、上浦漁港〈都地区〉の左側から南防波堤を、写真⑦は、南防波堤の基部から先端方向をそれぞれ撮影している。

　先端部付近（E点）は、海底の根が荒く、根掛かりが多いが、アブラコやカジカがヒット

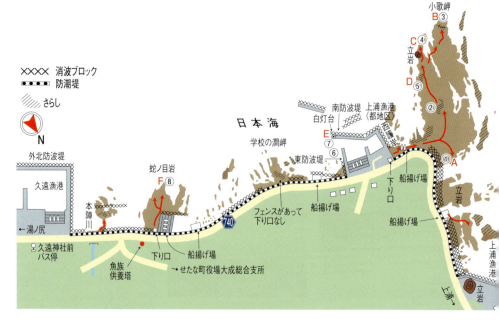

する。ただし、ホッケはあまり入ってこない。

　写真⑧は、蛇ノ目岩のF点を写した。F点も小歌岬同様、足元から深く、ホッケのほか、アブラコやソイなどが釣れる。ここへは船揚げ場の左基部にある下り口から入釣する。

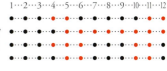

[道南] 渡島・檜山

[せたな町]

①小歌岬右側基部にあるA点

③小歌岬先端のB点

②小歌岬全景（左側基部から左方向を望む）

④小歌岬先端からC点の岩を望む

⑤小歌岬の左側中間部付近のD点

⑥道道740号から上浦漁港〈都地区〉の南防波堤を望む

⑦上浦漁港〈都地区〉南防波堤の先端付近（E点）

⑧ホッケの千石場として知られる蛇ノ目岩のF点

MEMO

小歌岬は突起が多い岩で形成されており、歩きにくいが、中央部が平たんなため、見通しは良い。右側に釣り場はほとんどなく、釣り場は左側に集中している。

久遠漁港周辺

[せたな町] くどうぎょこうしゅうへん

昔からホッケの千石場として名高い。特に漁港の左側の磯は、入り組んだ岩場が連なり、根ボッケが上がることで知られる。

　久遠漁港内にあるA点（写真①）は、ホッケのシーズン中、ウキ釣りの人でにぎわう。岸壁のそばに車を止めてサオを出せるため、家族連れが多い。型や釣れる数は、港内に入ってくる群れの大きさに左右されるが、良いときは大釣りも可能。

　南防波堤の先端部（B点、写真②）は、A点同様、ホッケのポイントで、左方向へ中・遠投をかけると、クロガシラやマコガレイもヒットする。

　久遠漁港の左側にあるC点の岩（写真③）は、潮位が10cm以下で、波がないときにサオを出せる。左側にある離れ岩への中投で、ホッケやアブラコ、カジカなどが釣れる。ここへは、写真④に写っているコンクリート階段を下りて、岩場伝いに入釣する。

　湯ノ尻大岩（D点、写真⑤）も、写真④のコンクリート階段から入る。防潮堤の下を歩き、大岩の右側基部からさらしをこいで入る。大岩は、足元から深く、ホッケやカジカ、アブラコなどがヒットする。特にホッケは魚影が濃い。ただし、一帯は荒根で根掛かりが激しいため、注意を要する。

　湯ノ尻岬は、湯ノ尻大岩と同様、ホッケの千石場として知られる。先端部のE点（写真⑥）は、ホッケの数釣りができ、群れが濃いと大釣りができる。ただし、海底の根が荒く、根掛かりする。

　岬の左側基部にあたるF点（写真⑦）と、イラストの下り口前にあるポイントで、階段状の護岸に釣り座を構えることができるG点（写真⑧）は、西寄りの風が強く、岬の右側

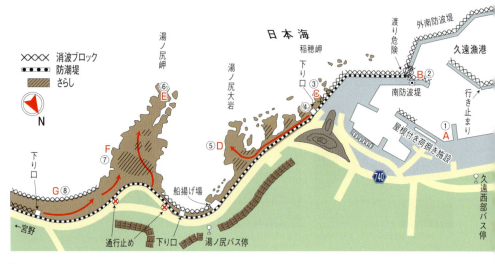

がしけ気味のときに真価を発揮するポイントで、このようなときに入釣すると、ホッケの数釣りができる。

[道南] 渡島・檜山

[せたな町]

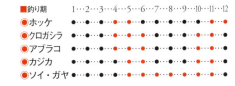

■釣り期	1	2	3	4	5	6	7	8	9	10	11	12
●ホッケ	●	●	●	●	●	●	●	●	●	●	●	●
●クロガシラ	●	●	●	●	●	●	●	●	●	●	●	●
●アブラコ	●	●	●	●	●	●	●	●	●	●	●	●
●カジカ	●	●	●	●	●	●	●	●	●	●	●	●
●ソイ・ガヤ	●	●	●	●	●	●	●	●	●	●	●	●

①荷捌き施設の右側にある岸壁（A点）

②南防波堤先端部のB点

③良型のアブラコやホッケが釣れるC点

④C、D点への下り口となるコンクリートの階段

⑤ホッケの千石場として知られる湯ノ尻大岩（D点）

⑥湯ノ尻岬の先端（E点）

⑦西風のときが狙い目のF点

⑧護岸の上からサオを出すG点

MEMO

D点への入釣にあたっては、さらしをこぐ必要がある。このさらしは潮位が10cm以下のときでも、膝上まであるため、注意を要する。サオ立てをつえ代わりにして、水深の浅い所を探りながら進む。

[せたな町] みやのかいがん

宮野海岸

海岸の向きが南側に面しているため、北や西まじりの風が強いときでも、波が立ちにくい。海底は玉石や小砂利が多く、季節に応じてさまざまな魚が楽しめる。

写真①は宮野漁港の全景。小さな漁港のため素通りする人も多いが、意外に魚影は濃い。

南防波堤先端のA点(写真②)は、場所により根掛かりするが、中・遠投でカジカやソイ、クロガシラが釣れる。曲がり角の外海側も良く、ホッケ主体にカジカ、アブラコ、ソイなどが狙える。外海側にブロックが積まれているが、幅も高さもないため、取り込みは苦にならない。

小川前(B点、写真③)は、ちょい投げでカジカ、ホッケ、沖への中・遠投でクロガシラやイシモチなどが狙える。小川は水量が少なく、ウエーダー履きで川を行き来できる。

臼別川から小川の間(C点)は、カジカ場として知られる。写真④は臼別川から小川方向、写真⑤は小川から臼別川方向を写したもの。海底は砂地にバラ根で、海藻が多く、魚影が濃い。

D点(写真⑥)は、臼別川河口の右岸に陣取り、沖へ中・遠投をかける所。良型のアブラコやソイ、クロガシラなどがヒットする。

E点(写真⑦)は、臼別川河口の左岸に陣取るポイントで、D点同様、沖へ中・遠投をかけると、アブラコやソイ、クロガシラなどが釣れる。

なお、臼別川は、年によって河口の位置

や形状が変わるため、注意が必要。

　F点(写真⑧)は、砂地に小砂利が交じっている所で、消波ブロックが切れる左端から左側一帯で、5月下旬から6月にかけてマガレイが狙える。ただし、100m以上の遠投が必要。

　なお、臼別川は4月1日～8月31日、両岸300mにサケ・マス採捕の河口規制が掛かる。

[道南] 渡島・檜山

[せたな町]

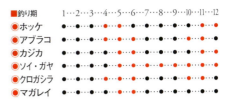

■釣り期	1	2	3	4	5	6	7	8	9	10	11	12
●ホッケ	●	●	●	●	●	●	●	●	●	●	●	●
●アブラコ	●	●	●	●	●	●	●	●	●	●	●	●
●カジカ	●	●	●	●	●	●	●	●	●	●	●	●
●ソイ・ガヤ	●	●	●	●	●	●	●	●	●	●	●	●
●クロガシラ	●	●	●	●	●	●	●	●	●	●	●	●
●マガレイ	●	●	●	●	●	●	●	●	●	●	●	●

①宮野漁港の全景

②南防波堤の先端付近(A点)

③小川河口のB点

④臼別川河口からみたC点

⑤小川からみたC点

⑥臼別川河口のD点

⑦臼別川河口の左岸(E点)

⑧マガレイが狙えるF点

MEMO

臼別川河口のD、E点は良型のアブラコやソイが魅力のポイント。ベストシーズンは5月と11月。入釣時期を間違うと貧果に終わることが多いので要注意。

[せたな町]つらつらみさきしゅうへん

ツラツラ岬周辺

ツラツラ岬周辺は、入り組んだ岩場が連なっている。中でもツラツラ岬は入釣が大変な難所の一つとして知られる。

A点(写真①)は、沖に向かって細長く延びた岩で、11時、12時、1時の方向に隠れ根があり、この周囲を狙うと、ホッケやソイ、アブラコ、カジカなどが釣れる。遠投をかけると砂地のバラ根に届き、クロガシラやマガレイも釣れる。ここへは、国道の海側にある高さ1mほどの防潮堤を越え、立岩の左から磯伝いに入釣する(B点も同様)。なお、先端部は海面から高さがないため、波の動きに要注意。

B点(写真②)は、左側に見える離れ岩と1時の方向にある隠れ根の周囲を狙う。ターゲットはA点と同じ。

横澗トンネルの北口から80mほど進んだ所にあるC点の岩(写真③)は、コンクリート階段を下り、岩を上り下りして入釣する。先端部は幅が狭い。ターゲットはアブラコやソイなど。

横澗トンネル前に張り出すツラツラ岬は、南口から磯伝いに入釣する(写真⑧)。

岬左側基部にあるF点(写真⑦)は、北まじりの風が強く、ツラツラ岬の右側がしけ気味のときを狙う。ターゲットはホッケやアブラコ、クロガシラなど。

ここからE点までが最大の難所で、柱状節理の岩がそのまま海中に沈み込んでいる所が2カ所ある。写真⑥は2カ所ある難所の一つを写したもの。足場を確保しながら慎重に進む必要がある。

E点(写真⑤)は、右側の岩が平たんでサオを出しやすい。近投は荒根でソイ、アブラコ、遠投で砂地にバラ根となり、カレイやソイ

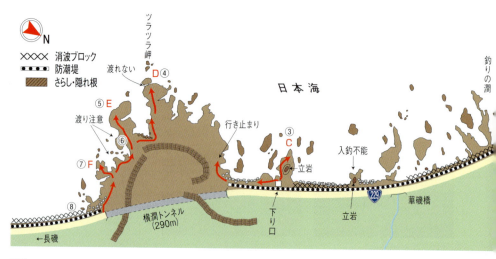

などがヒットする。

　ツラツラ岬の最先端にあたるD点（写真④）は、岩がとがっているため歩きにくい。先端部は足元から深く、沖への中・遠投でカレイやホッケ、ソイなどが釣れる。

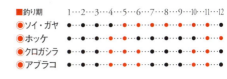

■釣り期	1	2	3	4	5	6	7	8	9	10	11	12
●ソイ・ガヤ	●	●	●	●	●	●	●	●	●	●	●	●
●ホッケ			●	●	●	●			●	●	●	
●クロガシラ			●	●	●	●						
●アブラコ			●	●	●	●	●	●	●	●	●	

［道南］渡島・檜山

［せたな町］

①沖に向かって細長く延びるA点

②足元から深さがあるB点

③離れ岩に囲まれたC点

④ツラツラ岬先端部のD点

⑤E点の岩

⑥E点とF点の間にある入釣ルート上の岩

⑦ツラツラ岬の左側基部にある岩場（F点）

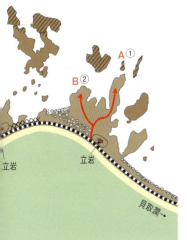

⑧ツラツラ岬の左側全景

MEMO

D、E点へは、リュックサックとサオ袋を背負い、両手を自由に使える状態で入釣する必要がある。岩場は全行程で、柱状節理が上を向いてとがっているため、歩きにくい。スパイク付きの長靴は必携。

[せたな町] ながいそとんねるしゅうへん

長磯トンネル周辺

マンモス岩やタヌキ岩などの奇岩がある景勝地である。釣り場はいずれも国道沿いにあり、入釣しやすい。

写真①はタヌキ岩の看板の前から、左奥にあるタヌキ岩を写した。この看板のある所から磯に下り、A点に入釣する。

A点（写真②）は、左側に見える離れ岩との間を狙う。ターゲットはホッケ、アブラコ、ソイ、カジカなど。先端部は、沖へ遠投をかけると砂地に届き、散発だがカレイが釣れる。

B点（写真③）は、マンモス岩から波がないときに磯伝いに入釣する。海面から高さがない平盤で、右側が良く、離れ岩の周囲を狙うと、アブラコやソイ、カジカなどが上がってくる。

写真④はマンモス岩。岩の北側基部から磯に下りることができる。

C点（写真⑤）は、海面から高さがない平盤で、海底の根が荒く、根掛かりが激しい。ターゲットはホッケやアブラコ、カジカ、ハチガラなど。

写真⑥は、三味線岩の右側（D点）。長磯トンネル北口基部から下り、磯伝いに進む。先端部に陣取り、沖の離れ岩の周辺を狙うと、ホッケやアブラコ、ソイなどが釣れる。

三味線岩の左側にある細長く延びた岩（E点、写真⑦）は、ホッケやアブラコ、ソイ、クロガシラがヒットする。ただし、海底の根が荒いため、根掛かりに注意すること。

F点（写真⑧）は、立岩の前に陣取り、ちょい投げで、ホッケやアブラコ、カジカなどを狙う。D、E点から磯伝いに入る。長磯トンネル南口からは入れない。

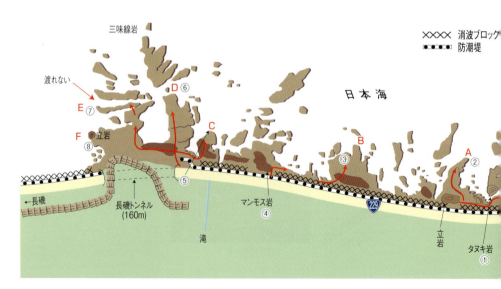

[道南] 渡島・檜山

[せたな町]

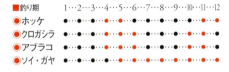

■釣り期	1	2	3	4	5	6	7	8	9	10	11	12
● ホッケ	●	●	●	●	●	●	●	●	●	●	●	●
● クロガシラ			●	●	●	●						
● アブラコ	●	●	●	●	●	●	●	●	●	●	●	●
● ソイ・ガヤ	●	●	●	●	●	●	●	●	●	●	●	●

①奇岩「タヌキ岩」の看板横からA点を目指す

②ウキ釣りが主流のA点

③潮位が20cm以下の時間帯を狙うB点

④奇岩「マンモス岩」

⑤潮位が10cm以下の時間帯を狙うC点

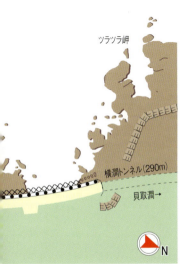

⑥三味線岩の右側(D点)

⑦三味線岩の左側にある細長い岩(E点)

⑧三味線岩の左側基部(F点)

> **MEMO**
> A点は、左の離れ岩との間が溝となっていて、水深が深く、近年はウキ釣りが主流である。

[せたな町] かにのつめ・めおといわかいがん

カニの爪・夫婦岩海岸

カニの爪・夫婦岩海岸は、入り組んだ岩や離れ岩が点在している。釣り場が国道に面しているため、入釣しやすい。

A点(写真①)は、消波ブロックを越えた所にある溝を通過して入釣する。この溝は波があるときは渡れないので要注意。なぎ時限定でサオを出す。ホッケ、ソイ、クロガシラなどがターゲット。

写真②は親子熊岩。観光名所の一つ。

B点(写真③)は、C点から防潮堤の下を歩き、B点の上に乗っているブロックを越えて入釣する。平盤状の岩で釣り座を構えやすい。ホッケ、アブラコ、カジカ、ソイなど。

写真④は夫婦岩がある大きな平盤(C点)。荷菱内川の左側にある下り口から磯伝いに入釣する。先端部の左右がよく、ターゲットはホッケ、アブラコ、ソイなど。

D点(写真⑤)の船揚げ場は、夜釣りで離れ岩の周囲を狙う。カジカやハチガラが釣れる。

写真⑥は「カニの爪」と呼ばれる大岩場の左端にある岩場(E点)。船揚げ場の右側から磯伝いに入釣する。途中、溝の通過があるため、ウエーダーは必携。北寄りの風のときに好釣果を発揮する。ターゲットはホッケ、カジカ、クロガシラなど。

写真⑦は、漁港のように見える船揚げ場。F点(写真⑧)は、船揚げ場の左防波堤の曲がり角に陣取るポイントで、ここへは船揚げ場の基部から胸壁の上を歩いて入釣する。F点は、外海側に積まれている消波ブ

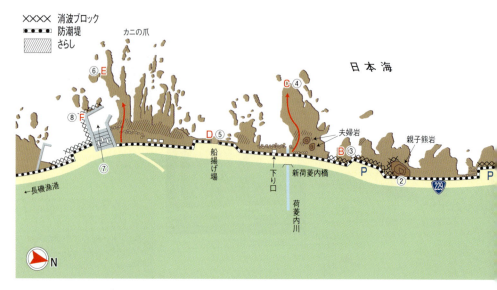

ロック越しに写真右側に見える離れ岩の左側を狙う。ターゲットはアブラコ、ソイ、ホッケなど。

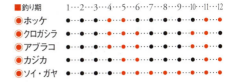

[道南] 渡島・檜山 [せたな町]

①波がないときに入釣するA点

②奇岩「親子熊岩」

③夫婦岩の右にある平盤（B点）

④夫婦岩がある平盤（C点）

⑤カニの爪と夫婦岩の間にある船揚げ場（D点）

⑥カニの爪の左端の岩場（E点）

⑦カニの爪の左にある船揚げ場

⑧船揚げ場の左防波堤の曲がり角（F点）

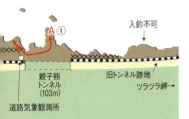

MEMO

一帯は場所により根掛かりが激しい。根掛かりが少ないポイントを探って魚影の濃淡をチェックすることが大切。魚影が濃いポイントを集中的に攻める。

[道南 渡島・檜山] [せたな町]

[せたな町] ながいそぎょこうしゅうへん

長磯漁港周辺

長磯漁港を中心とした左右の海岸は、玉石や岩場主体に砂地が入り交じっている所で、ホッケやソイ、アブラコ、カジカ、クロガシラなどが釣れる。

建岩バス停前にある船揚げ場の先にある岩場(A点、写真①)は、ホッケやアブラコ、ソイ、カジカ、クロガシラなどが釣れる。ここへは、船揚げ場の外海側に積まれているブロック(写真②)の上に上がり、水深の浅いさらしを通って入釣する。入釣にあたり、ウエーダーは必携。

長磯生活改善センター前のB点(写真③)は、A点同様の魚種が釣れる。遠投をかけると、砂地にバラ根となる。ここへは、船揚げ場の左から入釣する。

長磯バス停前にある船揚げ場の先にある岩場(C点、写真④)は、遠投をかけると砂地にバラ根となり、ホッケやアブラコ、ソイなどがヒットする。ここへは、船揚げ場の左にあるブロック(7mほどの幅あり)を越えて入釣する。

長磯漁港の南防波堤(D点、写真⑤)は、船道への投げで、ホッケやソイ、アブラコ、クロガシラなどがヒットする。

西防波堤(E点、写真⑥)は、外海がしけ気味のときに港内側でホッケやアブラコ、ソイ、ウミタナゴなどが釣れる。ケーソンの幅が狭いため、サオ立てを斜めにしてサオを出す。

西防波堤の外海側に張り付く長磯岬は、消波ブロックを越えて入釣する。F点(写真⑦)は、足元から深く、ちょい投げ及び離れ岩への投げで、ホッケやアブラコ、ソイが釣れる。

長磯岬バス停前にある大岩場(G点、写

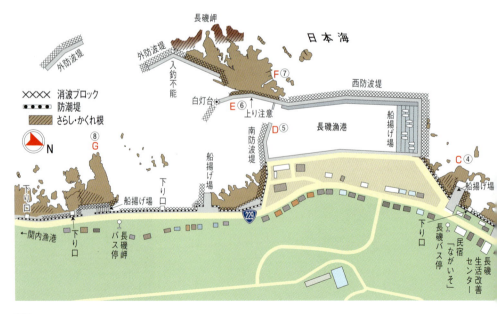

真⑧）は、船揚げ場の左にある下り口から磯伝いに入釣する。ここは、近投は根が荒く、遠投をかけると砂地にバラ根となり、ホッケ中心にアブラコ、ソイなどがヒットする。

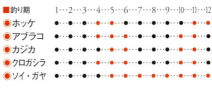

■釣り期	1	2	3	4	5	6	7	8	9	10	11	12
●ホッケ	●	●	●	●	●	●	●	●	●	●	●	●
●アブラコ	●	●	●	●	●	●	●	●	●	●	●	●
●カジカ	●	●	●	●	●	●	●	●	●	●	●	●
●クロガシラ	●	●	●	●	●	●	●	●	●	●	●	●
●ソイ・ガヤ	●	●	●	●	●	●	●	●	●	●	●	●

[道南] 渡島・檜山 ［せたな町］

①建岩バス停前のA点

②A点（写真右側）への入釣ルート

③長磯生活改善センター前のB点

④長磯バス停前のC点

⑤長磯漁港の南防波堤（D点）

⑥長磯漁港の西防波堤（E点）

⑦長磯漁港の西防波堤に張り付く岩場（長磯岬、F点）

⑧長磯岬バス停前の岩場（G点）

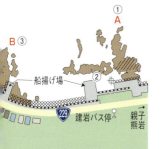

MEMO

西防波堤の白灯台前でサオを出す場合は、高さ2mほどのはしごが必要。入釣不能となっている右側の外防波堤の先端方向めがけて遠投をかけると、アブラコやソイが上がる。

[八雲町] せきないぎょこうしゅうへん

関内漁港周辺

関内漁港を中心とした左右の海岸は、潮通しが良く、多魚種が釣れる。釣り場は国道に面しており、入釣しやすい。

　関内漁港の右側にある大岩場のポンモシリ岬（A、B点）は、海面から高さがないため、なぎ時限定で入釣する。

　A点（写真①）は、1～2時方向へ遠投をかけると、バラ根となり、ホッケやソイなどが釣れる。入釣にあたり、ウエーダーは必携。

　B点（写真②）は、平盤状の岩で、釣り座が構えやすい。ここは周囲の根が荒いが、深みを狙うと、アブラコやソイが釣れる。

　関内漁港の南防波堤の中間部に張り付いている岩場は、南防波堤の胸壁の上から消波ブロックを越えて入釣する。潮位が10cm以下の時間帯で波がないときにサオが出せる。左端（C点、写真③）の離れ岩が良く、早春のホッケ場として知られる。ウエーダーは必携。

　東防波堤（D点、写真④）は、外海側に消波ブロックが入っていないため、外海を狙える。ターゲットはホッケやソイ、クロガシラ、マコガレイなど。

　南防波堤の先端部付近（E点、写真⑤）は、港内への投げで、ホッケやソイ、アブラコ、クロガシラ、マコガレイなどが釣れる。胸壁がなく、風が強いと吹きさらしとなるため、注意が必要。

　関内川河口の左右の海岸（F点、写真⑥）は、砂浜に小砂利が交じっている。海底は砂地にバラ根があり、根掛かりするが、ホッケやソイ、アブラコ、クロガシラ、マコガレイ、アメマスなどが釣れる。

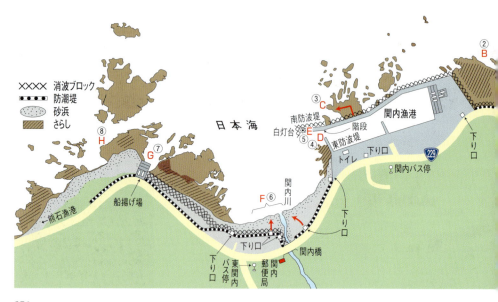

G点（写真⑦）の船揚げ場は、夜釣りが良く、カジカ、アブラコ、ハチガラなどがヒットする。

H点（写真⑧）の岩場は、遠投すると砂地となり、ソイやアブラコ、クロガシラ、マコガレイなどが上がってくる。

■釣り期	1	2	3	4	5	6	7	8	9	10	11	12
●ホッケ				●	●	●	●	●	●	●	●	
●マコガレイ・クロガシラ				●	●	●	●	●	●	●	●	
●アブラコ				●	●	●	●	●	●	●	●	
●カジカ									●	●	●	●
●ソイ・ガヤ				●	●	●	●	●	●	●	●	
●アメマス	●	●	●	●						●	●	●

[道南] 渡島・檜山

[八雲町]

①関内漁港の右側に位置するポンモシリ岬の右端（A点）

②A点の左側にある平盤状の岩（B点）

③南防波堤に張り付く岩場（C点）

④外海を狙える東防波堤のD点

⑤南防波堤の先端部付近のE点

⑥関内川河口周辺のF点

⑦五目釣りができるG点の船揚げ場

⑧良型のクロガシラ、マコガレイが釣れるH点

MEMO

H点は、潮位が10cm以下の時間帯を狙って入釣する。基部がさらとなっているため、入釣の際に、ウエーダーが必要。

[八雲町] あゆかわかいがん

鮎川海岸

大平盤とその左右が主な釣り場で、いずれも魚影が濃く、シーズン中は多くの釣り人が訪れる。

　鮎川海岸は、国道229号と277号が交差する合流点に位置する（熊石漁港から乙部方向へ2kmほど進んだ所）。

　A点（写真①）は、平田内川河口に釣り座を構える所で、遠投をかけると砂地にバラ根となり、アブラコやカジカ、クロガシラ、マコガレイなどが釣れる。

　写真②は、鮎川大平盤の右側（B点）で、先端に行く際にさらしを通るため、ウエーダーは必携。ここは、2時方向に幾重にも溝が入っているため、その角度に打ち込む必要がある。ターゲットはアブラコやソイ、ハチガラ、カジカ、クロガシラ、マコガレイなど。

　写真③は、鮎川大平盤の先端部（C点）で、荒根が連なり、根掛かりが激しいが、中・遠投をかけると、ソイやアブラコがヒットする。

　鮎川大平盤左側のD点（写真④）は、E点の船揚げ場から入釣する。根が荒く、根掛かりが多いが、クロガシラ、マコガレイやホッケ、アブラコなどが釣れる。入釣にあたり、ウエーダーは必携。

　船揚げ場前のE点の岩場（写真⑤）は、アメマスやサクラマスのポイントとして知られる。

　F点（写真⑥）は、砂地にバラ根が点在している所で、カジカやアブラコなどが釣れる。

　G点（写真⑦）は、ブロック越しの沖正面のバラ根で、ホッケやソイ、アブラコ、カジカなどが狙える。

　見市川は4月1日〜8月31日、左右両岸500mにサケ・マス採捕の河口規制が掛かる。

　見市バス停前にある船揚げ場前のH点

（写真⑧）は、平田内川から延々と続くバラ根が途切れる根境に当たり、アブラコやカジカ、ソイ、クロガシラ、マコガレイなどが釣れる。

■釣り期	1…2…3…4…5…6…7…8…9…10…11…12
●アブラコ	
●カジカ	
●クロガシラ・マコガレイ	
●アメマス	
●サクラマス	

[道南]渡島・檜山

[八雲町]

①平田内川河口（A点）

②鮎川大平盤の右側（B点）

③鮎川大平盤の先端部（C点）

④鮎川大平盤の左側（D点）

⑤鮎川大平盤左基部にある船揚げ場前（E点）

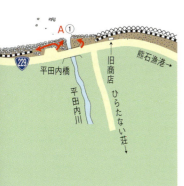

⑥国道229号と277号の合流点にある磯（F点）

⑦鮎川大平盤と見市川の中間部付近にある磯（G点）

⑧見市バス停前の船揚げ場（H点）

MEMO

鮎川大平盤は、潮位が20cm以下の時間帯を狙う。先端及び左右の岩場とも、海面から高さがないため、波の動きに十分注意が必要となる。

泊川海岸

[八雲町] とまりかわかいがん

砂地にバラ根が点在。漁港は規模が小さく、小魚中心の釣り場に見えるが、魚種は豊富で、特にアブラコは魚影が濃い。

　円空上人滞洞跡の石碑前にあるA点（写真①）の磯は、砂地の中に岩場がある所。根際を狙うと、カジカやアブラコなどが釣れる。

　写真②は、冷水川河口の左岸。河口から左へ200mほど進んだ所（B点）が狙い目。沖に隠れ根が広がり、中・遠投でホッケ、アブラコ、カジカ、クロガシラ（マコガレイ含む。以下、同じ）などがヒットする。

　北山神社前にあるC点（写真③）は、海面から高さがない低い平盤で、飛び石伝いに入る。正面沖にある離れ岩周りでアブラコ、ソイ、遠投でホッケ、クロガシラなどが釣れる。ウエーダーは必携。

　漁港の右にあるD点（写真④）は、C点同様、低い平盤で、ウエーダーを履いて基部のさらしをこいで入釣する。左角に陣取り、漁港との間を狙うと、ホッケ、カジカ、アブラコ、クロガシラなどが釣れる。

　漁港内の岸壁（E点、写真⑤）は、しけ時に、右の船揚げ場近くを狙うと、カジカやクロガシラなどがヒットする。

　南防波堤の先端（F点、写真⑥）は、外海狙いでホッケ、クロガシラ、カジカなどが狙える。

　西防波堤の外海側（G点、写真⑦）は、至近距離に岩礁が点在しており、消波ブロック越しにこれらの岩礁の周囲を探ると、アブラコやソイ、ハチガラなどがヒットする。足場のいいブロックを選んで釣り座を構える。

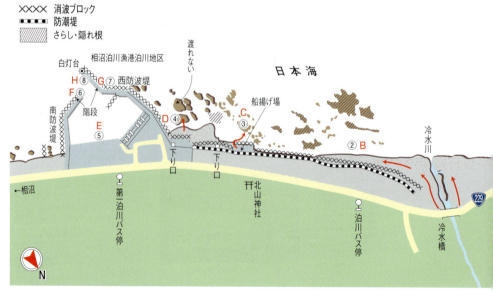

西防波堤の白灯台前（H点、写真⑧）は、沖に隠れ根があり、そこを狙うとアブラコ、クロガシラなどが釣れる。港内側も良く、ホッケやカジカ、クロガシラなどがヒットする。

[道南]渡島・檜山

[八雲町]

■釣り期	1	2	3	4	5	6	7	8	9	10	11	12
●ホッケ												
●アブラコ												
●カジカ												
●クロガシラ・マコガレイ												

①円空上人滞洞跡の石碑前にあるA点

②冷水川河口左岸（B点）

③北山神社前にある平盤（C点）

④漁港の右にある平盤（D点）

⑤クロガシラが狙える港内岸壁（E点）

⑥外海狙いができる南防波堤先端（F点）

⑦西防波堤の先端付近（G点）

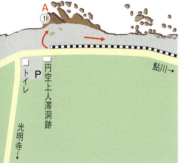

⑧西防波堤の白灯台前（H点）

MEMO

一帯は南まじりの風が強いと、しけやすくなる。逆に、北まじりの風のときはなぎることが多いため、狙い目。

［八雲町］あいぬまかいがん

相沼海岸

漁港、砂浜、階段式の護岸、岩場、船揚げ場など釣り場が変化に富む。
ホッケやアブラコ、カジカ、カレイ類など魚種も豊富。

A点（写真①）は、国道から下りることができ、岩場の右側に陣取り、ちょい投げで、カジカ、アブラコ、ソイなどを狙う。

B点（写真②）は、C点の船揚げ場から防潮堤の下を歩いて入釣する。水たまりを通るため、ウエーダーが必要。海底は荒根で根掛かりが激しいが、ハチガラやアブラコなどが釣れる。

C点（写真③）の船揚げ場は、南まじりの風が強く、漁港の左側がしけ気味のときに入釣すると、ホッケやカジカ、アブラコなどが釣れる。

西防波堤の白灯台付近（D点、写真④）は、ホッケ、クロガシラなどが狙える。防波堤の下にケーソンが沈んでいるため、7m以上の投げが必要。

E点（写真⑤）は、階段式の護岸が100mほどの長さで敷設されている。この正面の海底は水深が浅い荒根で、50m以上投げると深みに達する。この深みを狙っていくと、カジカ、アブラコ、ソイなどがホッケに交じって釣れるが、取り込む時の根掛かりに注意が必要となる。

F点は、離岸堤が100mほど延びている所で、中央は陸地とつながっている。写真⑥が離岸堤の右側、写真⑦が左側を写したもの。消波ブロックの周囲でカジカ、ソイ、アブラコ、沖への中・遠投でホッケやクロガシラ

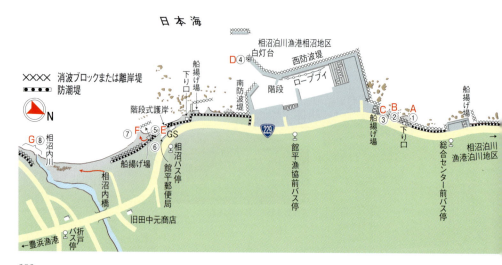

が釣れる。

　G点（写真⑧）は、相沼内川河口の左右に陣取るポイントで、カジカやホッケ、遠投でクロガシラが狙える。

　相沼内川は4月1日〜11月30日の期間中、左右両岸400mにサケ・マス採捕の河口規制が掛かる。

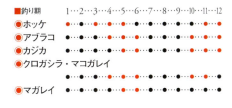

[道南] 渡島・檜山

[八雲町]

①なぎ時に入釣するA点の岩

②防潮堤の下を通って入釣するB点の岩

③しけ時を狙う船揚げ場（C点）

④西防波堤の白灯台前（D点）

⑤階段状の護岸（E点）

⑥離岸堤（中央が陸地に接する）の右側（F点）

⑦離岸堤の左側（F点）

⑧遠投でクロガシラが狙える相沼内川河口（G点）

MEMO

港内突堤の左にある岸壁（南防波堤側）は、見た目はチカや小サバ、小アジなど小物狙いのポイントに見えるが、西防側へ中投すると、春の一時期、マガレイが釣れる。

[乙部町]とよはまぎょこうしゅうへん

豊浜漁港周辺

[道南]渡島・檜山

[乙部町]

●乙部町

豊浜漁港と豊浜トンネル南口にある大岩場は、ホッケとクロガシラ、マコガレイの好釣り場として知られる。

A点(写真①)は、離れ岩の右側に釣り座を構える。ホッケやアブラコなどがヒットする。

B点(写真②)は、足元から深く、ホッケやクロガシラ、マコガレイなどが狙える。ただし、先端部の岩が海面から高さがないため、波の動きに注意する。

C点は、写真③では、岩がさらしとなっているが、潮位が0cmぐらいまで下がると露出する。ターゲットはソイ、アブラコ、ハチガラなど。防潮堤を下り、基部の玉石場を通って入釣する。

豊浜漁港の西防波堤(D点、写真④)は、通称「階段下」と呼ばれるポイントで、港内へのちょい投げでホッケやクロガシラ、マコガレイ、ソイなどが釣れる。

西防波堤先端の白灯台前(E点、写真⑤)は、港内側よりも沖方向への中・遠投が良く、ホッケやクロガシラ、マコガレイ、ソイ、アブラコなどが釣れる。ただし、海面からの高さが8mほどあり、クレーン釣りとなるため、注意が必要となる。

南防波堤の先端部(F点、写真⑥)は、船道狙いで、ホッケやクロガシラ、マコガレイなどが上がってくる。

G点(写真⑦)は、西防波堤ができる前、外防波堤の先端だった所で、敷設されている鉄ばしごを上り下りして入釣する。50mほど投げると深みに達し、ホッケやクロガシラ、マコガレイなどが釣れる。

漁港左にある長磯と呼ばれる細長い岩(H点、写真⑧)は、慰霊碑がある所から先端にかけて、ごつごつとした岩場となってい

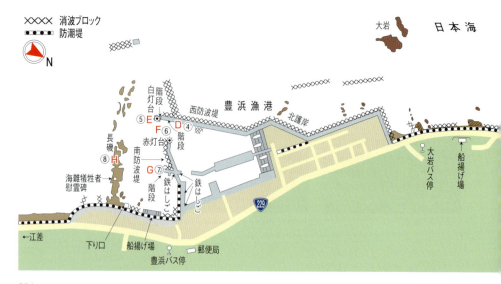

る。中間部に1.2mほどの溝があり、左側から水面下にある岩を足場にして通過する。ウエーダーは必携。岩の左右ともに、中・遠投で砂地にバラ根となり、ホッケやクロガシラ、マコガレイ、ソイなどがヒットする。

[道南] 渡島・檜山

[乙部町]

①良型のホッケ、アブラコが釣れるA点

②ホッケやクロガシラ、マコガレイが釣れるB点

③潮位0cmのとき乗れるC点の岩

④豊浜漁港西防波堤の階段下(D点)

⑤西防波堤先端の白灯台前(E点)

⑥南防波堤の先端(F点)

⑦旧外防にあたる突堤(G点)

⑧長磯と呼ばれる細長い岩(H点)

MEMO

A、B点への入釣にあたり、車の乗り入れはできない。地下水による地中の浸食で地面が陥没する恐れがある。

[乙部町] しびのみさきしゅうへん

[道南] 渡島・檜山
[乙部町]

鮪ノ岬周辺

鮪ノ岬は、国道から沖に向かって500mほど突き出た大岬で、
魚種が豊富で、根魚やカレイのほか、ブリなどの暖海魚も釣れる。

　写真①は、国道から見た鮪ノ岬の右（北）側で、断崖となっている。

　A、B点へ入釣するには、しびの岬公園（駐車場あり）にあるトイレの右から遊歩道（写真②）に入り、魚魂之碑を通って、コンクリート階段を下っていく。

　A点（写真③）は、鮪ノ岬の先端部に釣り座を構え、沖方向を狙う。ここは、遠投をかけると水深が15m以上となる深場で、ソイやアブラコ、秋には、良型のサバやフクラギなどがヒットする。

　B点（写真④）は、A点同様、足元から深く、ちょい投げでアブラコ、中・遠投でソイなどが釣れる。C、D、E点は、岬の左（南）側から入釣する。

　鮪の岬トンネルの南口にある船揚げ場（E点、写真⑦）は、左側にある岩場に釣り座を構え、ソイ、アブラコ、ホッケ、クロガシラ、マコガレイなどを狙う。

　D、E点へは、E点の船揚げ場の右から磯伝いに行くことができる。山側が平たんで歩きやすい。岩は凹凸があるが、上り下りを要する岩はなく、先端方向への見通しはいい。

　D点（写真⑥）及びC点（写真⑤）は、共に、沖から深い溝が入っている所で、ホッケやアブラコ、カジカ、ソイ、クロガシラ、マコガ

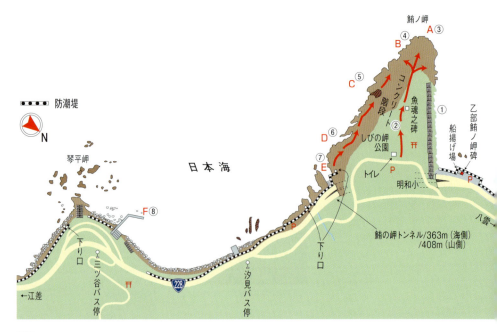

レイなどが釣れる。

　鮪ノ岬の南に位置する琴平岬は全域、玉石場が連なっており、根掛かりが激しい。F点（写真⑧）は、琴平岬の右側にある船揚げ場前の防波堤で、外海側に消波ブロックがなく、外海が狙える。離れ岩の周囲で、アブラコやソイ、カジカなどが釣れる。周囲は玉石場で、根掛かりは激しい。

■釣り期	1…2…3…4…5…6…7…8…9…10…11…12
●アブラコ	
●カジカ	
●ソイ・ガヤ	
●クロガシラ・マコガレイ	
●サバ・フクラギ	

【道南】渡島・檜山　[乙部町]

①鮪ノ岬の右（北）側を望む

②鮪ノ岬の先端に通じる遊歩道（砂利道）

③鮪ノ岬の先端部A点

④鮪ノ岬先端手前の左側にあるB点

⑤平たんな岩が連なるC点

⑥D点の岩場

⑦鮪ノ岬左側の基部にある船揚げ場（E点）

⑧琴平岬にある船揚げ場前の防波堤（F点）

MEMO

A、B点は、潮の流れに要注意。特に夏から秋にかけて、左から右方向への流れが速くなる。

江差港・鷗島

[江差町] えさしこう・かもめじま

江差港と鷗島は、道南屈指のカレイ場として知られる。
また、鷗島は、観光地として散策路も整備され、例年多くの観光客が訪れる。

　江差港の北側岸壁のA点（写真①）は、外海側に消波ブロックがなく、シーズン中は、サオが並ぶ。ターゲットは、ホッケやクロガシラ、マコガレイなど。

　東外防波堤（B点、写真②）は、乗りやすい三角形のブロックが積まれている所で、沖方向への投げで、狙いはホッケやクロガシラ、マコガレイ。

　C〜G点は、鷗島のポイントで、開陽丸周辺から徒歩で鷗島中央のコンクリート階段を上がり、散策路を歩いて、目的のポイントに入釣する。

　西防波堤が張り付くC点（写真③）は、平盤状の岩で歩きやすく、B点同様の魚種が上がる。

　D点（写真④）は、千畳敷と呼ばれる大岩場で、平たんな岩が一面に広がる。沖への遠投で、マガレイやソイなどが釣れる。

　E点（写真⑤）は、カゲと呼ばれる岩場で、釣れる魚種は沖への遠投でマガレイ、F点方向への投げでクロガシラ、マコガレイ、ソイなど。

　F点（写真⑥）は、目の前の離れ岩の周囲とその右側を狙うと、⑤と同様の魚種のほか

に良型のソイが上がる。

　G点（写真⑦）は、鴎島の南端で、クズレと呼ばれる。沖及び左方向への遠投でマガレイがヒットする。ただ、この辺り一帯は潮の流れが速いため、ラインの動きに注意を要する。北まじりの風が吹くときが狙い目。

　H点（写真⑧）は、平盤状の岩が連なっていて、釣り座を構えやすい。ちょい投げから中投で、クロガシラ、マコガレイ、遠投でマガレイも釣れる。

■釣り期　　1…2…3…4…5…6…7…8…9…10…11…12
●マガレイ　　●…●…●…●…●…●…●…●…●…●…●…●
●クロガシラ・マコガレイ
　　　　　　　●…●…●…●…●…●…●…●…●…●…●…●
●ホッケ　　　●…●…●…●…●…●…●…●…●…●…●…●
●ソイ・ガヤ　●…●…●…●…●…●…●…●…●…●…●…●
●アブラコ　　●…●…●…●…●…●…●…●…●…●…●…●

[道南] 渡島・檜山

[江差町]

①ホッケやカレイが釣れるA点

②外海側を狙うB点の東外防波堤

③鴎島の北端（右端）の岩場（C点）

④千畳敷岩（D点）

⑤「カゲ」と呼ばれるE点

⑥G点の右側に位置するF点

⑦「クズレ」と呼ばれる鴎島の南端（G点）

⑧良型のクロガシラ、マコガレイが釣れるH点

MEMO

江差港はクロガシラ、マコガレイのポイントが多い。良型を狙うなら4月下旬から5月中旬にかけて、フェリー埠頭や中央埠頭、東防波堤の外海側のポイントがいい。

[上ノ国町] かみのくにぎょこうかみのくにちくしゅうへん

上ノ国漁港 上ノ国地区 周辺

上ノ国漁港上ノ国地区とその左に広がる岩場が主な釣り場で、ターゲットは豊富。カレイからアブラコ、ソイなどの根魚、イワシやアジなどの回遊魚など、1年を通してさまざまな魚が釣れる。

東防波堤（A点、写真①）は、入釣しやすく、曲がり角から白灯台にかけて、クロガシラやマコガレイ、ソウハチなどのカレイのほか、ホッケやサクラマスなどがヒットする。

北防波堤の先端部付近のB点（写真②）は、水深が10mほどあり、遠投でマガレイやスナガレイ、近・中投でホッケやソウハチ、カタクチイワシ、アジなどが釣れる。

写真③は、道の駅「上ノ国もんじゅ」を撮影。駐車場のほか、24時間使用できるトイレがある。

C、D点へは、道の駅の右側に敷設されている遊歩道を歩いて入釣する。

C点（写真④）は、マガレイが本命で、遠投をかけると数狙いができる。沖側の岩が低く、釣り座は構えやすい。

D点（写真⑤）は、砂地にバラ根があり、ホッケやクロガシラ、マコガレイなどがヒットする。

写真⑥は、D点付近からF点方向を撮影。ワンドの奥に立岩があり、その奥に原歌の沖堤が見える。

E、F点へは、「海のレストラン」の看板がある所から、遊歩道を下り、100mほど玉石場を歩いて、立岩となっている離れ岩の正面から岩を上り下りして入釣する。

E点(写真⑦)は、根掛かりが多いが、アブラコやソイ、ハチガラなどが釣れる。

F点(写真⑧)は出岬の先端に釣り座を構える。前方に見える離れ岩の手前へ打ち込むとアブラコやソイがヒットする。

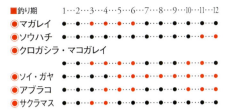

[道南]渡島・檜山

[上ノ国町]

①早春にサクラマスが釣れる東防波堤のA点

②マガレイの好釣り場で知られる北防波堤先端部のB点

③道の駅「上ノ国もんじゅ」

④マガレイが釣れるC点

⑤根魚とカレイが釣れるD点

⑥D点からF点方向を望む

⑦アブラコやハチガラが釣れるE点

⑧原歌との境にあたる出岬先端部のF点

MEMO

北防波堤中間部から基部の港内側は、クロガシラやマコガレイが釣れる。先端付近が混雑しているときはお薦め。

[上ノ国町] かみのくにぎょこうおおさきちくしゅうへん

上ノ国漁港 大崎地区 周辺

●上ノ国町

通称大崎漁港を中心とした左右の海岸は、荒根が連続しており、アブラコやソイ類の釣り場となっている。

漁港右側の磯（A点、写真①）は、根掛かり必至の釣り場だが、離れ岩の周囲を狙うと、ハチガラやアブラコがヒットする。ここへは、北防波堤の鉄はしごを上って胸壁の上に上がり、北防波堤の基部からブロックを抜けて磯伝いに入釣する。

北防波堤（B点、写真②）は、先端部が良く、船道や消波ブロック周りを狙うと、ホッケやソイ、アブラコなどが釣れる。

西防波堤は、先端部とその手前にある突堤（C点、写真③）から防波堤の延長線上を狙うと、アブラコやソイ、クロガシラ、マコガレイなどがヒットする。

写真④は、西防波堤の外海側を写した。沖堤との間やブロック周り（D点）を狙うと、ソイやアブラコがヒットする。胸壁の上の幅が3mほどあり、足場の良いブロックを選んでサオを出す。

E点（写真⑤）は、周囲の根が荒く、根掛かりが激しいが、ソイやアブラコなどが狙える。

F点（写真⑥）は、先端部の岩が比較的なだらかなため、サオが出しやすい。足元でソイ、アブラコ、遠投でソイがヒットする。なお、

ここへは、西防波堤基部から山側を歩いて、F点近くで岩に下りると行きやすい。

洲根子岬の左先端部のG点(写真⑦)は、周囲の根が荒く、根掛かりが激しいが、アブラコやソイなどが釣れる。

H点(写真⑧)は、砂地に玉石が沈んでいて、海藻類もよく繁茂しており、狙いはアブラコやソイ、クロガシラなど。

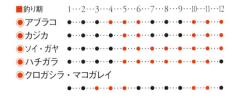

[道南]渡島・檜山

[上ノ国町]

①良型のハチガラが釣れるA点

②北防波堤先端のB点

③西防波堤先端部のC点

④西防波堤の外海側のD点

⑥F点の岩場

⑤西防波堤基部に張り付いている岩場(E点)

⑦洲根子岬左端のG点

⑧洲根子岬左側の砂浜(H点)

MEMO

洲根子岬のG点は、崖下りの釣り場で、入釣にあたり、スパイク付きの長靴は必携。雨天時や雨後は滑落の危険があるため、入釣は控えること。

[上ノ国町] きのこかいがん

木ノ子海岸

玉石場主体の釣り場で、根掛かりが多いが、アブラコ、カジカ、ソイ、ハチガラなど根魚を中心に、良型が釣れる。

小安在川の河口を中心とした左右の磯（A点、写真①）は、沖に向かって遠投をかけると、マガレイやスナガレイなどが釣れる。

光明寺前バス停前浜（B点、写真②）は、防潮堤の下にブロックが積まれている。ブロックは丸型のため、足場が確保しやすい。遠投をかけると砂地に届き、カレイのほか、ソイやアブラコなどもヒットする。

C点（写真③）は、B点から左に50mほど進んだ所で、船揚げ場から入釣する。沖に離れ岩が点在しており、遠投でこの周囲を狙うと、ソイやアブラコがヒットする。

D点（写真④）は、1本防波堤が沖に向かって延びている。沖に向かって遠投をかけると、ソイやハチガラなどがヒットする。なお、先端部は波が少しでもあると、同防波堤にかぶるため要注意。

E点（写真⑤）は、なぎ時に玉石場に釣り座を構え、沖に点在する離れ岩へ打ち込む。ソイやハチガラなどが釣れる。

E点から左へ100mほど進んだ所にあるF点（写真⑥）は、遠投でアブラコやソイ、ハチガラなどが釣れる。

写真⑦は、滝沢小学校前の磯を撮影。この辺り一帯は、防潮堤の前に消波ブロックが山積みされているため、サオが出しづらい。

G点（写真⑧）は、滝の沢橋のコンクリート階段から磯に下り、岩の上に乗って、前方にある離れ岩の周囲を狙う。ターゲットはカジカ、ハチガラ、アブラコなど。

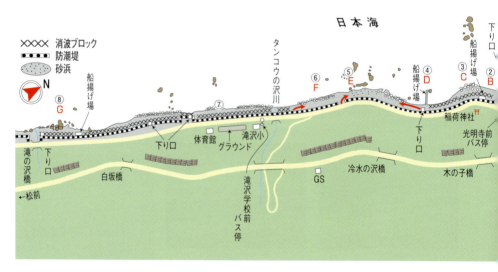

[道南] 渡島・檜山 ［上ノ国町］

■釣り期	1	2	3	4	5	6	7	8	9	10	11	12
●アブラコ	●	●	●	●	●	●	●	●	●	●	●	●
●カジカ	●	●	●	●	●	●	●	●	●	●	●	●
●ソイ・ガヤ	●	●	●	●	●	●	●	●	●	●	●	●
●ハチガラ	●	●	●	●	●	●	●	●	●	●	●	●
●ホッケ	●	●	●	●	●	●	●	●	●	●	●	●

①マガレイが釣れる小安在川河口のA点

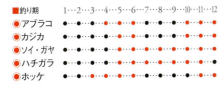

②光明寺前バス停の前浜（B点）

③稲荷神社前の磯（C点）

④1本防波堤のD点

⑤沖の離れ岩を狙うE点

⑥遠投で沖根を狙うF点

⑦滝沢小学校前の磯

⑧滝の沢橋の右側の磯（G点）

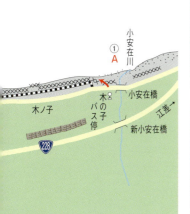

MEMO

木ノ子周辺は、夜釣りが面白い。1本バリを用い、沖根を狙うと、良型のハチガラやアブラコがヒットする。

[上ノ国町] かみのくにぎょこうしおふきちくしゅうへん

上ノ国漁港 汐吹地区 周辺

[道南] 渡島・檜山
[上ノ国町]

漁港を中心とした左右の海岸は、砂地にバラ根が点在していて、ソイやアブラコ、カジカ、クロガシラなどの根魚が釣れる。

　A点(写真①)は、1本防波堤の先端から沖の離れ岩に向かって遠投をかけると、ソイやアブラコなどが釣れる。近投は海底の根が荒いため注意すること。

　東護岸(B点、写真②)は、外海側に消波ブロックが積まれ釣りづらいが、ブロック周りにソイやアブラコ、カジカ、クロガシラがいる。

　北防波堤のC点(写真③)は、消波ブロック越しに沖への中・遠投をかけると、マコガレイやクロガシラがホッケに交じって釣れる。

　写真④は、西防波堤の基部から先端方向を写した。先端へは、基部から胸壁の上を歩いて入釣する。

　西防波堤の中間付近(D点、写真⑤)は、外海側への中・遠投で、マコガレイやクロガシラ、ホッケ、ブロック周りでソイ、アブラコなどが釣れる。

　西防波堤の先端(E点、写真⑥)は、沖堤への投げが良く、クロガシラやマコガレイがホッケやソイなどに交じって上がって来る。海面からの高さは5mほど。

　漁港の左の磯(F点、写真⑦)は、砂浜としては深さがあり、バラ根も多く、アブラコ、カジカ、ソイ、ホッケ、クロガシラなどの五目釣りができる。

　G点(写真⑧)は、大きな離れ岩が点在していて、海藻も繁茂しており、ソイやアブラコなどが釣れる。離れ岩の前やその左右を狙う。

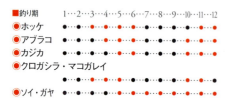

■釣り期	1	2	3	4	5	6	7	8	9	10	11	12
●ホッケ	・	・	●	●	●	●	・	・	●	●	●	・
●アブラコ	・	・	●	●	●	●	●	●	●	●	●	・
●カジカ	・	・	・	・	・	・	・	・	・	●	●	●
●クロガシラ・マコガレイ	・	・	・	●	●	●	●	●	●	・	・	・
●ソイ・ガヤ	・	・	・	●	●	●	●	●	●	●	・	・

MEMO

A点の1本防波堤は、船揚げ場の左から入釣する。波が少しでもあるとかぶるため、風等の動きには十分、注意する。

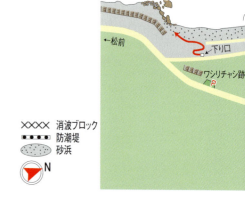

[道南] 渡島・檜山 [上ノ国町]

①遠投で離れ岩を狙うA点

②東護岸のB点

③沖正面を狙う北防波堤外海側のC点

④西防波堤の基部から先端方向

⑤西防波堤中間部付近のD点

⑥西防波堤の先端E点

⑦漁港左の砂浜のF点

⑧離れ岩が点在しているG点

[上ノ国町] かみのくにぎょこういしざきちくしゅうへん

上ノ国漁港 石崎地区 周辺

[道南] 渡島・檜山

[上ノ国町]

漁港を中心とした海岸は風光明媚で、
石崎灯台がある崖上からのロケーションがいい。

写真①は、上ノ国漁港石崎地区の全景。

石崎川に隣接している北防波堤（A点、写真②）は、外海狙いで、ソイやカジカ、クロガシラなどが釣れる。胸壁の高さは2mほど。

西防波堤は、港内からは入釣できない。ここへは、国道228号沿いの比石館跡の木柱がある所から、灯台に向かって坂を上り、高さ20mくらいの崖を下る必要がある。写真⑦のロープが設置されており、このロープを命綱として下りる。スパイク付きの長靴は必携となる。崖下からは、磯伝いに歩き、西防波堤基部から3カ所の段差を越えて先端に行くことができる。

西防波堤先端部（B点、写真③）は、消波ブロック越しに沖へ中・遠投をかけると、ホッケやソイ、クロガシラなどが釣れる。なお、ここは胸壁がなく、風が強いと吹きさらしとなるため、注意を要する。

C点（写真④）は、西防波堤中間部の外海側にある離れ岩の周囲を狙う。ターゲットはアブラコ、カジカ、クロガシラなど。根が荒いため、根掛かりに注意すること。

D点（写真⑥）は、右にある大きな離れ岩の右側に打ち込むと、ソイやアブラコなどがヒットする。

E点（写真⑧）は、目の前にある目立つ大岩の右側に打ち込む。ターゲットはソイやアブラコなど。ここへは、D点から磯伝いに行くことになるが、岩壁に沿って進む所があり、入釣は見た目よりもきつい。

■釣り期	1…2…3…4…5…6…7…8…9…10…11…12		1…2…3…4…5…6…7…8…9…10…11…12
●アブラコ	●…●…●…●…●…●…●…●…●…●…●…●	●ハチガラ	●…●…●…●…●…●…●…●…●…●…●…●
●カジカ	●…●…●…●…●…●…●…●…●…●…●…●	●クロガシラ・マコガレイ	
●ソイ・ガヤ	●…●…●…●…●…●…●…●…●…●…●…●		●…●…●…●…●…●…●…●…●…●…●…●

[道南]渡島・檜山

[上ノ国町]

①上ノ国漁港石崎地区の全景

②北防波堤の先端部(A点)

③西防波堤の先端部(B点)

④西防波堤中間部の外海側(C点)

⑤漁港内にあるトンネル

⑥D点の磯

⑦B～E点への入釣ルート(崖下り)

⑧E点の磯

MEMO

港内の岸壁(左側)を先端まで進むと、船が出入りできるトンネル(写真⑤)がある。現在は閉鎖されて使っていないが、このようなトンネルは国内でも珍しく、国の登録有形文化財に指定されている。

[松前町] まつまえかいがん（つうしょうたなかすいさんうら）

松前海岸（通称「田中水産裏」）

釣り場は大松前川が流出する、左右に平盤が張り出すワンド。近くに水産会社があったことから「田中水産裏」と呼ばれ、晩秋のホッケから春のカレイまで、投げ釣りが楽しめる。

写真①は、国道228号の防潮堤付近から見た北前船福山波止場跡のある平盤で、海面から高さがないためなぎのとき限定の釣り場。正面沖の海底には岩盤が広がり、A点は遠投すると根掛かりが多くカレイは期待できない。12時から1時方向への中投げでアブラコ、ホッケが釣れる。左側中間付近のB点から大松前川の沖を遠投で狙うのがいいがD、E、F点に先行者がいるときは遠投不可。

C点の大松前川河口は、消波ブロックが積まれて釣り座となる場所がなく入釣できない。

写真②は防潮堤の上からサオを出すD点で、防潮堤がへの字型に曲がる角付近から遠投でカレイを狙う。早春から良型マコガレイが狙える。防潮堤は海面から6mほどの高さがあり、真下には岩盤が張り出して消波ブロックもあるので（写真③）取り込みは要注意。

D点のすぐ左側のE点（写真④）は、消波ブロック越しとなるが良型マコガレイの釣り場。海底は砂地に飛び根で、中投げで狙う。

D、E点から100mほど左側にマコガレイ、マガレイの好ポイントの平盤が張り出す。平盤へは、D点から船揚げ場に続く幅の狭い道（写真⑤）を進み、正面の大きめの船揚げ場の右側にある小さな船揚げ場（写真⑥）から入釣する。海面から高さがないので波が上がりやすく、特に南寄りの風には極端に弱い。

写真⑦は船揚げ場横の防潮堤から見たこの平盤の全体像で、写真⑧は、好ポイントのF点が写真の中央付近に来るようにキャ

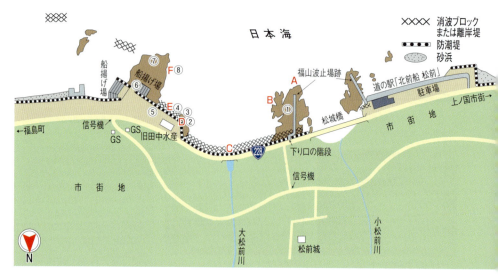

スト方向の松前港側を写した。ちょい投げは場所により根掛かりするが、中・遠投すると砂地で好釣果が得られる。マコガレイやマガレイは平均して型が良く35cm超えも珍しくないが数は期待薄。晩秋から初冬には抱卵ボッケが大量に岸寄りすることもある。

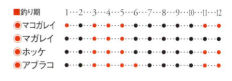

①北前船福山波止場跡のある平盤は釣り場としての魅力に乏しい

②防潮堤の上からサオを出す好ポイントのD点

③D点の真下には岩盤が張り出しているので取り込み注意

④良型マコガレイが狙えるE点

⑤E点付近から船揚げ場に続く幅の狭い道

⑥F点へはこの船揚げ場から入釣する

⑦船揚げ場付近の防潮堤から見たF点を含む平盤

⑧良型マコガレイ、マガレイの好ポイントのF点付近

MEMO

民家も密集しているので夜間の通行やドアの開け閉めなどには細心の注意を払うこと。D、E、F点に遠投派の釣り人が入るとオマツリが多発するので、譲り合って楽しもう。

[福島町] まつうらてんぼうだいしゅうへん

松浦展望台周辺

好釣り場は松浦展望台下の岩場で良型マコガレイやアブラコが釣れ、この岩場の右側のワンドではアメマスやサクラマスが狙える。

写真①のA点は、松浦覆道から戸谷覆道間の防潮堤上にフェンスが設置されているため、戸谷覆道の松前側出入り口にあるコンクリート階段（写真②）を利用して海岸に下りる。松浦覆道裏の海中に張り出す岩盤が途切れる根際にあたり、晩秋から初冬にはちょい投げで良型ハチガラやアブラコが釣れる。

B点（写真③）のワンドは、晩秋から春まで続くアメマス、サクラマスの釣り場。

写真④は、松浦展望台下のすぐ右側のワンド。一帯では最も水深が浅く根掛かりも多いため投げ釣りには適さないがB点同様、アメマスとサクラマスが釣れる。ワンド中央のC点からルアーをキャストするのが一般的だが、松浦展望台下の岩場のD点からも狙える。

写真⑤はメインポイント、松浦展望台下の岩場へ入釣する際に利用するスロープで、国道228号脇にある白神神社の鳥居が目印。

写真⑥の松浦展望台下の岩場は、中間付近に幅の狭い溝があり、この溝を越えた辺りの福島市街側のE点（写真⑦）が好ポイント。60〜70m付近までは根掛かりするが、100mほどで砂地となり、30cm超えの良型マコガレイや40cm超えの良型アブラコが来る。取り込みの際には2カ所ほどある高根をかわさなければならないので速巻きで対処する必要があり、大物ほど取り込みは難しくなる。この岩場の先端部は根掛かりが多く期待できるのはアブラコ、夜釣りでクロゾイ

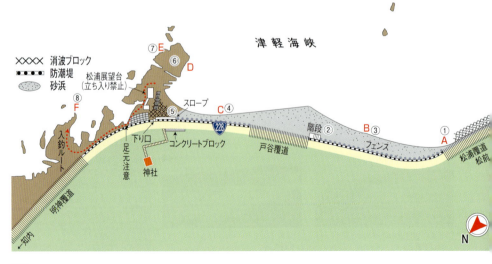

だが良型は少なめ。

　F点（写真⑧）の岩場へは、松浦展望台下の岩場から磯伝いに入釣する。10時から11時方向に遠投すると海底は砂地で、良型マコガレイが狙える。

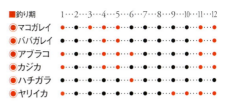

■釣り期	1	2	3	4	5	6	7	8	9	10	11	12
●マコガレイ	●	●	●	●	●	●	●	●	●	●	●	●
●ババガレイ	●	●	●	●	●	●	●	●	●	●	●	●
●アブラコ	●	●	●	●	●	●	●	●	●	●	●	●
●カジカ	●	●	●	●	●	●	●	●	●	●	●	●
●ハチガラ	●	●	●	●	●	●	●	●	●	●	●	●
●ヤリイカ	●	●	●	●	●	●	●	●	●	●	●	●

[道南]渡島・檜山

[福島町]

①良型ハチガラやアブラコが釣れるA点付近

②A、B点への入釣の際に利用するコンクリート階段

③アメマス、サクラマスが狙えるB点のワンド

④C点のワンドは水深が浅く投げ釣りには不適

⑤松浦展望台下の岩場へ入釣する際に利用するスロープ

⑥松浦展望台下の岩場全景

⑦良型マコガレイやアブラコが狙えるE点付近

⑧遠投で良型マコガレイを狙うF点（手前から2つ目の出岬）の岩場

MEMO

松浦展望台下の岩場では、入釣者は少ないものの9月以降の夜釣りでヤリイカが狙える。秋の釣行の際はエギやテーラ仕掛けなどを持参するといい。F点へは明神覆道の福島市街側出入り口付近からも入釣できる。

[知内町] こたにしかいがん

小谷石海岸

[道南] 渡島・檜山
[知内町]

マコガレイやアブラコ、ソイ、ハチガラ、カジカなど魚種が豊富で、いずれも良型が期待できる。

A点（写真①）は、道道531号沿いにあるイカリカイ駐車公園下の平盤伝いに入釣する。立岩の前面に釣り座があるが1、2人の釣り場で、11時方向への遠投で早春から良型マコガレイが狙える。取り込みは80～90m付近にある海中の高根をかわす必要がある。B点（写真②）に先行者がいるときは、オマツリになる可能性があるので入釣できない。

同公園下の平盤右側のB点は、遠投で良型マコガレイが狙える。時折ババガレイも釣れるが、潮流が速いときは根掛かりが多い。

この平盤の左側のC点（写真③）は、6月以降にワームを使った夜釣りでクロゾイが狙え、秋にはウキ釣りやエギングでヤリイカが釣れる。投げ釣りは左側の溝にちょい投げしてアブラコ、カジカを狙うのがいい。同公園下の平盤左側の大きな立岩は、春にルアー釣りでサクラマスが狙える。同公園の駐車場は広く、トイレ（写真④）も完備しているので便利。

D点（写真⑤）のワンドは、道道脇の山側にある道立自然公園休けい所（写真⑥）の建物が目印。道道から防潮堤際の消波ブロック伝いに海岸に下りられるが、休けい所の左右に小川があるので、道道下をくぐり抜けて海岸に出るのが安全だ。遠投すると砂地に達し、良型マコガレイやアブラコが釣れる。

E点は、通称「監視灯下」「サーチライト下」などと呼ばれる人気釣り場で、道道が小高くなった辺りに写真⑦の密漁監視小屋とサーチライトがあるので分かりやすい。監視小屋前の広場から急坂を下って入釣するが、雨後や雨の日は滑りやすい。釣り座は写真⑧のようにブロックが並べられて足場が良く、中央付近が好ポイント。例年4月から遠投で良型マコガレイやアブラコが狙え、ときには50cm級の大型も釣れる。

■釣り期	1	2	3	4	5	6	7	8	9	10	11	12
●マコガレイ			●	●	●	●	●	●	●	●	●	
●ババガレイ				●	●							
●アブラコ				●	●	●	●	●	●	●	●	
●カジカ										●	●	●
●ヤリイカ									●	●	●	

MEMO

日本海がなぎとなる東寄りの風に弱く、うねりが入りやすいので注意。ホッケは年によって釣果のむらが激しく狙いにくい。

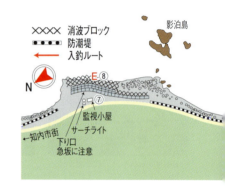

[道南] 渡島・檜山

[知内町]

①岩場の前面に狭い釣り座があるA点

②平盤右側のB点は根掛かりに注意

③平盤左端のC点は夜釣りでソイやヤリイカが釣れる

④イカリカイ駐車公園にはトイレもあり便利

⑤遠投でマコガレイやアブラコが釣れるD点

⑥D点は山側の道立自然公園休けい所が目印

⑧平らにブロックが並べられたE点付近

⑦E点の入釣基点となる密漁監視小屋とサーチライト

[知内町] しりうちかいがん

[道南] 渡島・檜山
[知内町]

知内海岸

木古内町から知内町まで約15kmにわたる砂浜は、マコガレイやイシモチの好釣り場。好ポイントは河川の流出する付近に多い。

知内発電所の揚油桟橋付近には山栗川が流出する。小河川のため春先以外はほとんど川水が流れていないが、A点の右海岸（写真①）とB点の左海岸（写真②）では、春にルアー釣りでサクラマスが狙える。山栗川河口には両岸に短めの導流堤があるが、立ち入り禁止となっており釣りはできない。

C点は知内川河口の右海岸にあたる砂浜で、写真③のように、沖には知内川河口右岸から続く消波ブロックの離岸堤が並ぶ。この離岸堤の間から遠投すると良型マコガレイが期待でき、知内川の川水の影響が少なめの2つ目から4つ目までの離岸堤の間が好ポイント。例年3月下旬にはイシモチも交じるが、4月からはマコガレイの比率がグンと上がる。

写真④は、知内川左海岸の通称「高校裏（D点）」への入釣基点となる道道531号のしおさい橋。A、B、C点からは、この橋を渡り切ってすぐの知内川左岸沿いの細い道（写真⑤）を進むと海に出られる。

通称「高校裏」は砂浜の海岸で、沖に消波ブロックの離岸堤がないので釣りやすい。岸近くから水深は十分だが、中投げ程度では釣果に期待が持てず、100m以上の遠投が必要になる。海岸に出た辺りにある消波ブロック群（写真⑥）より左側が好釣り場だ。

沖に消波ブロックの離岸堤がない砂浜はここから600mほど木古内町寄りまで続き、中間付近までが通称「高校裏」。さらに左側のE点は、国道228号沿いにある食事どころ

知内川は9月1日～12月10日、左右両岸1kmにサケ・マス採捕の河口規制が掛かる。

「だいか」だった建物(写真⑦)を目印に入釣することから通称「だいか裏」(E点)と呼ばれる。道なりに進むと消波ブロックの離岸堤が始まる辺りに出られる。写真⑧の左端に写る消波ブロックの離岸堤から50〜60m右側からが好釣り場だ。D、E点とも海底は砂地で根掛かりがない。

①春にサクラマスが狙えるA点付近

②山栗川左海岸のB点付近もサクラマス釣り場

③C点の知内川右海岸は離岸堤の間から遠投で沖を狙う

④通称「高校裏」への入釣基点となるしおざい橋

⑥通称「高校裏」(D点)は消波ブロック群左側からが好釣り場

⑤通称「高校裏」へは知内川左岸沿いの道を通って入釣する

⑦通称「だいか裏」は国道沿いの食事どころ「だいか」だった建物が目印

⑧通称「だいか裏」(E点)は消波ブロックの離岸堤の右側が釣り場

MEMO

全域が遠投有利の釣り場で、早朝に釣果が集中することが多い。仕掛けは遠投仕様の胴突きタイプがよく、潮流の速い日は遊動式仕掛けでは絡みやすくなるので注意。

サンタロナカセ岬周辺

[函館市] さんたろなかせみさきしゅうへん

本格化するのは例年5月下旬以降。50cm級アブラコや40cm超えのマコガレイが狙え、ババガレイも姿を見せる大物狙いの釣り場だ。

函館市日浦から同市豊浦間は国道278号のサンタロトンネルで結ばれているが、同トンネルの日浦側出入り口付近から海沿いの道道41号を進み、7つ連続する素掘りトンネルの日浦洞門を抜けると間もなく釣り場だ。

A点（写真①）は、日浦洞門付近から続くワンド左側の岩場で、道道41号に面する立岩の左側から入釣する。投げ釣りの入釣者はほとんど見られないがアブラコやカジカが狙え、夏季にはワームを使った夜釣りでクロゾイ、秋にはウキ釣りなどでヤリイカが狙える。

B点（写真②）は細長い岩場で海面からそれほど高さがなく、なぎの日限定の釣り場。12時から1時方向に遠投すると砂地に達し、良型マコガレイや大型アブラコが来る。

サンタロナカセ岬の好釣り場は写真③のC点と写真④のD点で、C点は中投げや遠投でマコガレイとアブラコを狙う。1時方向は砂地が近いので中投げ、12時方向は遠投で釣果が期待できる。D点は足場が悪く投げにくいが、細糸を使って遠投しなければ砂地には届かない。狙いは40cm超えのマコガレイや大型アブラコだが、60〜80m付近の海底には高根があり、大物が掛かったときは強引な取り込みが必要だ。C、D点とも時折ババガレイが釣れるのも魅力だ。

C、D点への入釣で写真⑤の溝付近は足場が悪いので注意。C、D点の岩場左側からサンタロ岩（写真⑥）までの間にも大潮

の干潮時に露出する岩場が点在するが、一帯は根掛かりが激しく、好釣果の実績がほとんどないのが実状だ。

E点（写真⑦）は、船揚げ場からちょい投げや中投げで狙う。小川が流出しており、晩秋以降の夜釣りでカジカ釣りが楽しめる。

①秋にはヤリイカが狙えるA点の岩場

②B点はなぎの日限定の釣り場

③マコガレイやアブラコが期待できるC点付近

④大物の取り込みには注意が必要なD点

⑤C、D点への入釣ルートにある溝は足元に注意

⑥サンタロ岩周辺は根掛かりが多く好釣果の実績なし

⑦E点の船揚げ場は晩秋以降のカジカの釣り場

MEMO

サンタロナカセ岬を含む一帯の海岸は、メインシーズンとなる初夏から秋にかけて、風向きとは関係なく大きなうねりが発生しやすいので要注意。

[函館市]めながわぎょこうしゅうへん

女那川漁港周辺

[道南] 渡島・檜山
[函館市]

●函館市

春シーズンの開幕が遅く、例年5月中旬以降となる。
カレイはイシモチ主体で、秋には50cm級のアブラコが釣れ、サケ釣りも人気。

　写真①は、女那川漁港西防波堤（B点）から見たA点の砂浜。北西風に強く遠投でカレイが釣れるが多くはイシモチで、時折スナガレイも交じるがいずれも20～25cm級と型は小さめ。

　B点（写真②）は尻岸内川が流出する外海側がポイントで、中投げや遠投でイシモチが釣れ、時折30cm級も姿を見せる。秋からは港内側でヤリイカ、マメイカが狙える。

　南防波堤右先端のC点（写真③）は、11時から12時方向への遠投でイシモチが釣れ、数は少ないが30cm超えの良型マコガレイも来る。港内側でヤリイカ、マメイカも狙える。同防波堤左先端付近のD点（写真④）は、秋から初冬の夜に港内側でカジカ、アブラコが来るが、根掛かり対策が必要。外海側への遠投で良型マコガレイが狙えるが、消波ブロック越しの釣りとなるため足元には十分注意すること。

　養殖施設右のE点の岩場（写真⑤）は、9月中旬以降のサケの釣り場。ウキルアー釣りで狙うが、釣り場が狭いのが難点だ。養殖施設は立ち入り禁止。

　写真⑥は、海中に古いコンクリート構造物がある日鉄桟橋跡の岩場先端部のF点。遠投でマガレイが釣れるが、型は18～25cm程度で平均サイズが小さいのが難点。写真⑦のG点は、日鉄桟橋跡のコンクリート構造

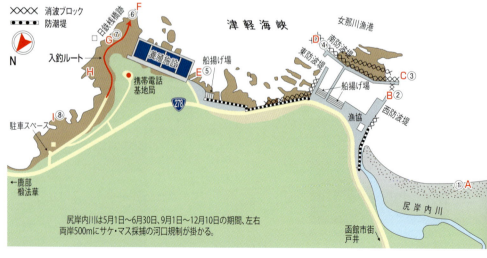

尻岸内川は5月1日～6月30日、9月1日～12月10日の期間、左右両岸500mにサケ・マス採捕の河口規制が掛かる。

物の右側の岩場。中投でイシモチやアブラコが釣れ、秋にはホッケが釣れる年もあり、遠投ではマガレイが狙える。F、G点ではまれに良型ババガレイも来る。

写真⑧はH点付近からI点方向を写したもので、秋にウキルアー釣りでサケが狙える。

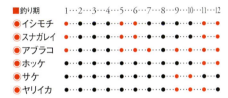

[道南]渡島・檜山 [函館市]

①遠投でカレイが狙えるA点の砂浜

③30cm超えの良型マコガレイも釣れる南防波堤右端のC点付近

②西防波堤のB点付近は外海側がポイント

④夜釣りでカジカやアブラコを狙うD点付近

⑤ウキルアー釣りでサケを狙うE点の岩場

⑥遠投でマガレイが釣れる日鉄桟橋跡のF点付近

⑦G点では秋にホッケが釣れる年もある

⑧H、I点付近は秋にウキルアー釣りでサケが狙える

MEMO

女那川漁港の左側には、日鉄桟橋跡の岩場に隣接する漁業施設がある。プール状のこの施設は立ち入りが禁止されているので注意。

[函館市] たていわみさき

立岩岬

[道南] 渡島・檜山 [函館市]

立岩岬周辺は、晩秋にソイやアブラコの良型が釣れる所として定評がある。

　立岩岬は木直漁港から古部方向へ約2.5km進んだ所に位置する。A点（写真①）の岩は、立岩第一覆道の東口にあるコンクリート階段から入釣する。平盤状の岩で、海面から高さがなく、入釣の条件はべたなぎの干潮時。ターゲットはソイ、アブラコ、カジカなど（以下、B〜H点、ターゲットは同じ）。

　B点（写真②）は、コンクリート階段の左側にある岩場で、至近距離にある離れ岩の周囲を狙う。

　C点（写真③）の船揚げ場は、A、B点の岩が十分露出するまでの間、潮待ちするポイント。夜釣りのちょい投げが良い。

　立岩トンネル前の大岩場である立岩岬は、干潮のべたなぎ時に入釣する。基部がさらになっているため、ウエーダーは必携。

　D点（写真④）は、立岩トンネル東口に設置してあるはしごを下り、消波ブロックを越えて入釣する。足元へのちょい投げ及び沖方向への中・遠投で魚影を探る。

　E、F点へは、立岩トンネル西口にある立岩覆道から入釣する。岬の中央基部にある屹立した大岩は、落石が多いため、岩の真下を歩くことは厳禁。

　F点（写真⑥）は横に張り出した岩、E点（写真⑤）は、立岩岬の先端部で釣り座を構える所。

　G点（写真⑦）は、立岩覆道の東口から右へ100mほど進んだ所にある防潮堤。ここだけ外海側の消波ブロックがなく、取り込みが容易。

　H点（写真⑧）は、大梶バス停を古部寄りに少し進んだ所にある船揚げ場に張り付いている岩場で、船揚げ場の胸壁を越えて入釣する。

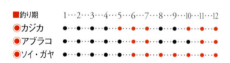

■釣り期	1…2…3…4…5…6…7…8…9…10…11…12
●カジカ	
●アブラコ	
●ソイ・ガヤ	

MEMO

立岩岬周辺の攻略は主に11〜12月。海岸が北向きのため、この時期に吹く季節風（西または北西風）の影響でしけやすくなるのが難点。南まじりの風が吹く日を狙って入釣する。

××××　消波ブロック
■■■■　防潮堤
////　隠れ根（干潮時露出）

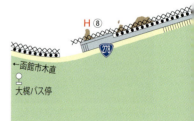

[道南] 渡島・檜山

[函館市]

①平盤状の岩場（A点）

②入釣しやすいB点

③立岩第一覆道にある船揚げ場（C点）

④立岩岬の右側（D点）

⑤立岩岬の先端部（E点）

⑥立岩岬左基部の岩場（F点）

⑦防潮堤の上に釣り座を構えるG点

⑧大梶バス停右にある船揚げ場に張り付く岩場（H点）

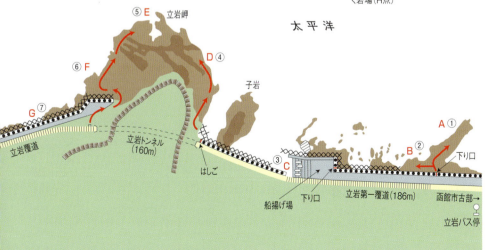

[函館市]きなおしぎょこうしゅうへん

木直漁港周辺

木直は、釣り座を構えることができる岩場が多く、アブラコ、ソイなどの根魚を狙うには、格好のフィールドとして知られる。

　A点の岩場は全域、サオが出せるが、狙いやすいのは右側（写真①）で、離れ岩の周囲を狙う。B点（写真②）は、防潮堤が切れている所から入る。A点に比べ、岩が平たんなため、歩きやすい。ターゲットはいずれも、カジカ、アブラコ、ソイなど。

　木直漁港東防波堤の白灯台前（C点、写真③）は、防波堤の延長線上でイシモチやマツカワ、港内側でカジカやクロガシラ、アブラコ、ソイなどが狙える。

　ポン木直川の右側にあるD点（写真④）は、細長い岩で、コンクリート階段から入釣する。先端部は海面から高さがある。入釣の条件は、べたなぎの干潮時。ターゲットはアブラコ、カジカ、ソイなど（以下、E〜H点のターゲットは同じ）。

　ポン木直バス停前にある船揚げ場に張り付いている細長い岩（E点、写真⑤）は、D点同様、干潮のべたなぎ時を狙う所で、消波ブロックを越えて入釣する。

　F点の大岩は、左基部にある船揚げ場から入釣する。左側と沖正面（写真⑥）を狙う。

　盤ノ沢川の河口にあるG点（写真⑦）の岩は、川の左側から入釣する。先端の岩へは、幅1mほどの溝があるため、仲間同士で荷物を手渡しするなどの方法で通過する。先端部は海面から高さがなく、波の動きに

[道南]渡島・檜山
[函館市]

●函館市

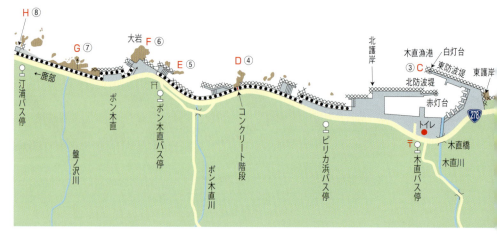

注意を要する。ここは足元から深い。

　汀浦バス停前の船揚げ場(H点、写真⑧)は、左右の岩に乗って、離れ岩の周囲を狙う。

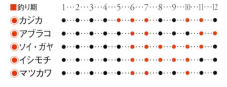

■釣り期	1･2･3･4･5･6･7･8･9･10･11･12
●カジカ	
●アブラコ	
●ソイ・ガヤ	
●イシモチ	
●マツカワ	

[道南]渡島・檜山 [函館市]

①良型のアブラコ、カジカが釣れるA点

②入釣しやすいB点の岩場

③東防波堤先端の白灯台前(C点)

④ポン木直川の右側にある岩場(D点)

⑤ポン木直バス停前の岩場(E点)

⑥F点の大岩

⑦盤ノ沢川河口前の岩場(G点)

⑧汀浦バス停前の船揚げ場(H点)

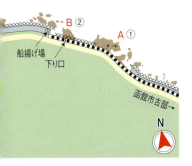

MEMO

木直海岸のベストシーズンは11～12月。海岸がほぼ北側を向いているため、この時期に吹く風の影響でしけやすくなるのが難点。南まじりの風が吹くときを狙う。

本別漁港周辺

[鹿部町] ほんべつぎょこうしゅうへん

本別地区は、国道から離れた所に位置しており、素通りしてしまう釣り人が多いが、港よし磯よしの魅力的な海岸だ。

本別漁港本別地区の右（南）側の磯（A点、写真①）は、消波ブロックが沖に延びており、沖のコンブ根狙いで、アブラコやカジカがヒットする。

本別漁港本別地区の北防波堤の白灯台前（B点、写真②）は、消波ブロック越しに取り込みが可能。ターゲットはアブラコやソイ、スナガレイ、イシモチ、マツカワなど。

内防波堤にあたる西防波堤（C点、写真③）は近年、新設された防波堤。先端に陣取り、船道を狙う。ターゲットはスナガレイ、イシモチ、アブラコ、カジカなど。

本別漁港本別地区の左側の海岸（D点、写真④）は、岸に平行して離岸堤が並んでいる。離岸堤の前や離岸堤の間に打ち込むと、イシモチやアブラコ、カジカなどが釣れる。

E点（写真⑤）は、一番左の離岸堤から200mほど出来澗崎寄りに進む。F点（写真⑥）は、両サイドを岩群で囲まれた小ワンド。共に、沖にコンブ根があり、アブラコやカジカなどがヒットする。

出来澗崎は、本別漁港出来澗地区の右側にある船揚げ場を抜け、防潮堤が切れる所から磯伝いに入釣する。先端部（G点、写真⑦）が良く、沖側前方にある2つの大きな

離れ岩を狙うと、カジカやアブラコがヒットする。なお、ここは干満潮に関係なく入釣が可能となっている。

本別漁港出来澗地区の東防波堤先端の白灯台前(H点、写真⑧)は、足場が悪く、ブロック越しに打ち込みづらい。ターゲットはイシモチやアブラコ、ハモなど。

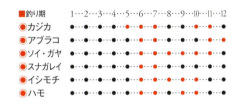

■釣り期	1…2…3…4…5…6…7…8…9…10…11…12
●カジカ	
●アブラコ	
●ソイ・ガヤ	
●スナガレイ	
●イシモチ	
●ハモ	

[道南]渡島・檜山

[鹿部町]

①本別漁港本別地区右にある磯(A点)

②本別漁港本別地区の北防波堤先端部(B点)

③本別漁港本別地区の西防波堤(C点)

④本別漁港本別地区左側の磯(D点)

⑤E点の磯

⑥F点の磯

⑦出来澗崎の先端(G点)

⑧本別漁港出来澗地区の東防波堤(H点)

MEMO

本別漁港出来澗地区の東防波堤は、港内側からは入りにくい構造になっており、同防波堤基部から入釣する。

[八雲町] おとしべぎょこうひがしのちくしゅうへん

落部漁港東野地区周辺

[道南] 渡島・檜山
[八雲町]

●八雲町

漁港を中心とした左右の海岸は、砂浜にバラ根が広がり、カレイやアブラコ、カジカなど魚影が濃い。

A点(写真①)は、落部漁港東野地区の北防波堤基部にある舗装路を右に進み、砂利道に切り替わる所を直進して入釣する。ほぼ等間隔で複数の消波堤が沖に向かって延びており、カジカやアブラコなどがヒットする。

漁港右側のB点(写真②)及びその右側一帯は、遠浅で、波が立ちやすいため、夏季にサーフィンでにぎわう。日中は期待薄で、夜釣りでカジカを狙う。

C点(写真③)は、北防波堤から、外海を狙うポイント。ターゲットはアブラコ、カジカ、ソイ、イシモチ、スナガレイ、マツカワ、ハモなど多彩。

D点(写真④)の白灯台は、胸壁の上は三角ブロック越し、胸壁の下の先端部は11時の方向へ遠投する。ターゲットはC点と同じ。

写真⑤(E点)は、西防波堤を写したもの。先端部の胸壁の高さは1.5mと低く、外海狙いができる。ターゲットはスナガレイ、イシモチ、カジカなど。

西防波堤左側にある防砂堤(写真⑥)は、中央に通路となるブロックが積まれており、入釣しやすい。先端(F点)が良く、カジカやアブラコ、イシモチ、マツカワなどが釣れる。

野田追川河口右岸のG点(写真⑦)は、西防波堤基部にある砂利道から入釣する。ここは根原が広がっており、マツカワのほか、晩秋から初冬にかけてカジカがよく釣れる。

野田追川河口左岸のH点（写真⑧）は、国道5号から野田生駅前の信号を海方向に進み、突き当たりを直進して防潮堤から磯に入る。ターゲットはG点と同じ。

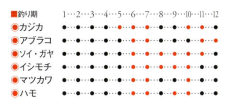

[道南] 渡島・檜山

[八雲町]

①漁港の右側500m付近のA点

②漁港すぐ右側のB点

③北防波堤の外海側（C点）

④北防波堤の白灯台前（D点）

⑤西防波堤のE点

⑥F点の防砂堤

⑦野田追川河口の右岸（G点）

⑧野田追川河口の左岸（H点）

MEMO

C点は、外海側の消波ブロックが足場を確保しやすい三角型になっているため、取り込みが容易。ただし、足場となる胸壁の上の幅が1.5mと狭いため、注意を要する。

[八雲町] やくもぎょこうやまざきちくしゅうへん

八雲漁港 山崎地区 周辺

[道南] 渡島・檜山
[八雲町]

砂地にバラ根が点在し、
カレイやハモなど多魚種が釣れる。

　漁港の右(南)側にある早瀬川の河口周辺(A点、写真①)は、遠浅の海岸だが、沖のバラ根を狙うと、ハモ、マツカワ、カジカなどが釣れる。ウエーダーを履いて、海中に入り、遠投をかける。

　東防波堤のB点(写真②)の突堤は、外海や港内を広角で狙う。先端の白灯台(C点、写真③)は、階段下に陣取り、9〜11時方向へ打ち込む。どちらもスナガレイやイシモチ、マツカワ、ハモなどが狙える。

　北防波堤の先端(D点、写真④)は、胸壁が1.5mと低く、外海側で、スナガレイやイシモチ、ハモなどが釣れる。

　JR山崎駅の前浜付近に位置するE点(写真⑤)は、砂浜に釣り座を構え、漁港から数えて1基目の離岸堤(沖に敷設、岸に平行)の前と、2基目の離岸堤との間のコンブ根を狙う。ハモやアブラコ、カジカなどが釣れる。

　F点(写真⑥)は、漁港から数えて2基目と3基目の離岸堤の間を狙う。ターゲットはカジカやアブラコなど。

　G点(写真⑦)は、漁港から数えて3基目の離岸堤を狙う。消波ブロックが整然と並べられており、サオを出しやすい。ターゲットはF点と同じ。

　漁港から数えて4基目の離岸堤の前は、階段状の防潮堤の前に消波ブロックが積まれている所。ポイントは一番左側(H点、写真⑧)で、山崎川方向へ投げると、ハモやマツカワ、カジカなどがヒットする。

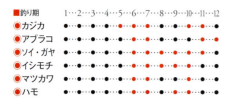

■釣り期	1	2	3	4	5	6	7	8	9	10	11	12
●カジカ	●	●	●	●	●	●	●	●	●	●	●	●
●アブラコ	●	●	●	●	●	●	●	●	●	●	●	●
●ソイ・ガヤ	●	●	●	●	●	●	●	●	●	●	●	●
●イシモチ	●	●	●	●	●	●	●	●	●	●	●	●
●マツカワ	●	●	●	●	●	●	●	●	●	●	●	●
●ハモ	●	●	●	●	●	●	●	●	●	●	●	●

MEMO

写真は掲載していないが、北防波堤基部に釣り座を構えることができる四角いブロックが並んでいる所があり、ここから10〜11時方向へ中・遠投をかけると、ハモや良型のカジカ、アブラコなどが釣れる。

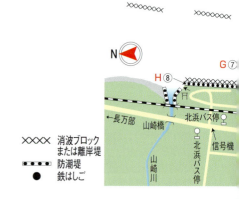

[道南] 渡島・檜山 [八雲町]

①早瀬川河口のA点

②東防波堤先端手前にある突堤（B点）

③東防波堤先端の白灯台前（C点）

④北防波堤先端のD点

⑤JR山崎駅の前浜付近（E点）

⑥漁港から数えて2基目と3基目の離岸堤の間を狙うF点の磯

⑦漁港から数えて3基目の離岸堤の前浜（G点）

⑧山崎川河口の右側に延びる階段状の防潮堤（H点）

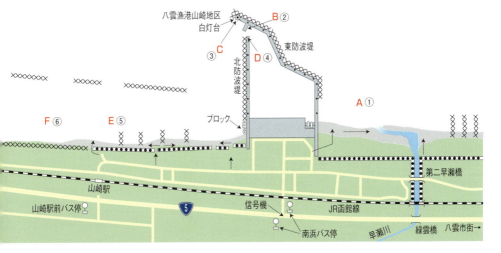

[八雲町] くろいわぎょこうしゅうへん

黒岩漁港周辺

黒岩漁港周辺は、砂浜が続く海岸で、カレイやハモなど底魚の魚影が濃い所である。

　観光名所として名高い「黒岩」（写真②）は、海底火山により流出したマグマが固まった岩群でできており、広い砂浜の中に、ここだけ岩肌を見せている特異な所として知られる。

　この黒岩の右（南）側のA点（写真①）は、遠浅の砂浜が広がり、スナガレイやイシモチなどが釣れる。ただし、水深が浅いため、ウエーダーを履いて海の中に入り、遠投をかける必要がある。

　東防波堤の右（南）側の海岸（写真③、B点）は、A点同様、遠浅の砂浜が広がっている所で、攻略には遠投が必要。ターゲットはスナガレイやイシモチなどのカレイ。

　C点（写真④）は、東防波堤の胸壁の上に陣取り、消波ブロック越しに外海を狙う。胸壁の上は幅が3mほどあり、釣り座は構えやすいが、ブロックの置き方が悪く、足場の確保に難儀する。ターゲットはスナガレイ、イシモチ、マガレイなど。

　東防波堤先端の白灯台前（D点、写真⑤）は、胸壁の上は消波ブロックの幅が長く、取り込みづらい。階段下から、防波堤の延長線上や港内側を狙う。ターゲットはマガレイやスナガレイ、イシモチ、ハモなど。

　北防波堤（E点、写真⑥）は、胸壁の高さが1.5mほどで、外海狙いができる。入釣しやすいため、シーズン中は釣り人でにぎわう。

ターゲットはD点と同じ。

　F点（写真⑦）は、新たに設置された防砂堤。曲がり角から先端にかけての外海側が狙い目。D点同様の魚種が期待できる。

　ルコツ川河口左岸のG点（写真⑧）は、遠浅のため、遠投でカレイ類やハモなどを狙う。

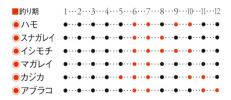

[道南] 渡島・檜山

[八雲町]

①奇岩「黒岩」右側のA点

②観光名所として名高い奇岩「黒岩」

③漁港右側の磯（B点）

④東防波堤の外海側（C点）

⑤東防波堤の白灯台前（D点）

⑥北防波堤の全景（E点）

⑦新たに設置された防砂堤

⑧ルコツ川河口の左岸（G点）

MEMO

防砂堤の完成により、これまで釣果が期待できた北防波堤への魚の入りが悪くなる恐れがあるため、要注意。

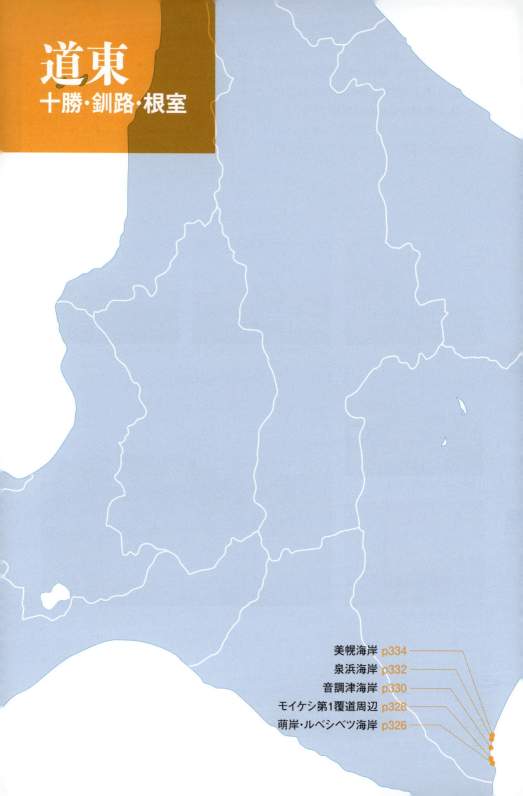

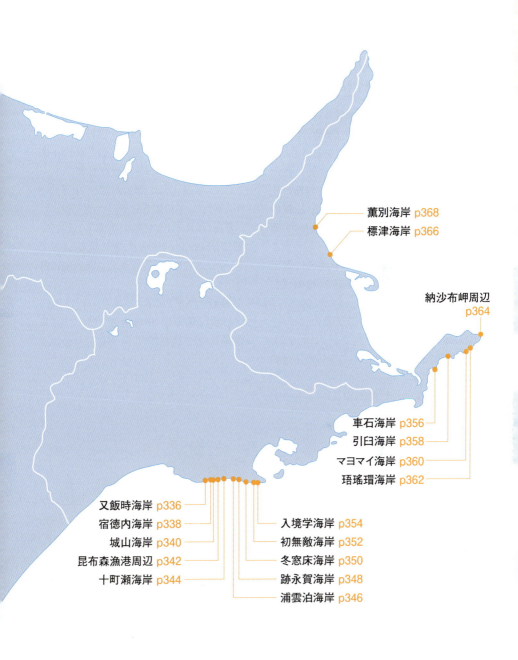

[広尾町] もえけし・るべしべつかいがん

萌岸・ルベシベツ海岸

萌岸は、南のルベシベツと北の音調津に囲まれた大きなワンドの中にあり、南まじりの風が強いときでも、波が立ちにくく、サオが出しやすい。

A点(写真①)の岩は、潮位が70cm以下で波がないときに乗ることができる。周辺の離れ岩への投げで、アブラコが釣れる。留別バス停からコンブ干し場の脇を通り、磯伝いに入釣する。重蔵トンネルやその先のルベシベツ第1覆道に通じる旧国道は、鉄のゲートが設置され立ち入り禁止となっているため、要注意。

B点からH点までの間は、干潮時に露出する岩が入り組んでいる海岸で、攻略は主に干潮時となる。

B点(写真②)は、下り口正面の岩で、左側の離れ岩に打ち込むと、アブラコやカジカが釣れる(以下、各ポイントのターゲットは同じ)。

C点(写真③)は、船の出入り口(船入り潤)となっている所で、C点の右にも同じような出入り口がある。沖へ中・遠投をかける。満潮時は岩のほとんどが水没し、ポイントの特定が困難となるため、注意が必要。

D点(写真④)は、潮位が50cm以下のときに乗れる。沖の離れ岩や隠れ根を狙う。

E点(写真⑤)及びF点(写真⑥)は共に、潮位が50cm以下のとき、岩に乗ることができ、沖に点在している離れ岩や隠れ根に打ち込む。

船着き場前のG点(写真⑦)は、干潮時に砂浜に陣取り、沖の消波ブロック(写真中央)へ打ち込むポイント。満潮時は全域が

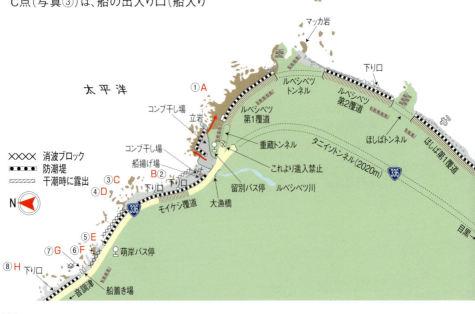

水没するため、ポイントの判別がしにくい。干潮時に磯を下見しておくと、満潮時の攻略がスムーズとなる。

H点(写真⑧)は、潮位が50cm以下の時間帯に乗ることができ、前方沖にある目立つ離れ岩や隠れ根を狙う。

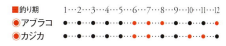

■釣り期	1	2	3	4	5	6	7	8	9	10	11	12
●アブラコ	·	·	·	·	·	●	●	●	●	●	·	·
●カジカ	·	·	·	·	·	●	●	●	●	●	·	·

[道東]十勝・釧路・根室 [広尾町]

①潮位が70cm以下のときに乗れるA点の岩

③船入り澗となっているC点

②潮位が30cmのときのB点(満潮時は水没)

④潮位が50cm以下のときに乗れるD点の岩

⑤前方の離れ岩を狙うE点

⑥潮位が30cmのときのF点

⑦沖の消波ブロック周りを狙うG点(写真は潮位30cm)

⑧干潮時に乗ることができるH点の岩

MEMO

萌岸はコンブ漁を営む漁業者が多い地区。至る所にコンブ干し場がある。漁業者の迷惑にならないようマナー順守を心掛けることが大切。

[広尾町] もいけしだいいちふくどうしゅうへん

モイケシ第1覆道周辺

モイケシ第1覆道は、覆道の外海側にテラスがある所。
一帯の深さはあまりないが、コンブが張り付く岩礁が多く、アブラコの魚影が濃い。

A点(写真①)は、潮位が50cm以下で波がないときに、ウエーダーを履いて岩に乗り、正面や左右への中・遠投でアブラコやカジカを狙う。

モイケシ第1覆道は、250mほどの長さがある覆道。外海側に全域、防潮堤が張り出したテラスがある(奥行は場所によって異なる)。

覆道南口の下り口前にある磯(B点、写真②)は、潮位が70cm以下で波がないときに下りることができ、点々と張り出している離れ岩を狙うと、良型のアブラコやカジカがヒットする。

C点(写真③)は、テラスの上から、中・遠投で離れ岩の際を狙う。背後の覆道との間が狭く、まっすぐに打てないため、斜め右へ投げることができる位置からサオを振る。高さ6mのクレーン釣りとなる。ターゲットはアブラコやカジカ。

E点前の下り口から右へ20mほど進むと、写真⑤の通り、2mほど防潮堤が前方に突き出た所がある。この正面が干潮時でも防潮堤の下が水面下となっている所(D点、写真④)で、C点同様、斜めからサオを振ると、背後の覆道にぶつからない。ターゲットはアブラコ。

下り口前のE点(写真⑥)は、潮位が50cm以下のときに磯に下りることができ、前方の離れ岩の周囲を狙うと、アブラコやカジカがヒットする。

F点(写真⑦)は、覆道北口から右に10mぐらいの正面沖に点在する根原。潮位が高いと根原が水没し、位置の特定が難しくなるので要注意。覆道北口(写真⑧)のテラスから中・遠投で狙う。ターゲットはアブラコとカジカ。高さ6mのクレーン釣りとなる。

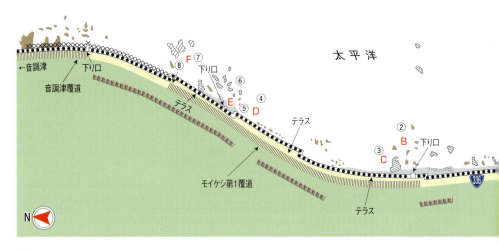

■釣り期　1…2…3…4…5…6…7…8…9…10…11…12　　　　1…2…3…4…5…6…7…8…9…10…11…12
● アブラコ　　・・・・・●●●●●●●・・　　　● カジカ　　・・●●●●●●●●●●

[道東]十勝・釧路・根室

[広尾町]

①潮位が30cmのときのA点

②潮位が70cm以下の時間帯に磯に下りてサオを出すB点

③テラスの上から狙うC点（写真は潮位35cm）

④潮位が35cmのときのD点（⑤から狙う）

⑤前方に2mほど防潮堤が突き出たテラス

⑥潮位が40cmのときのE点

⑦テラスから狙うF点（写真は潮位40cm）

⑧モイケシ第1覆道の北口

MEMO

覆道のテラスからキャストする場合は、背後の覆道との間が狭いため、目標到達点に対してまっすぐ打ち込まず、キャスト位置を左右にずらし、斜めに打ち込む。入釣者同士であらかじめキャスト位置を申し合わせておくと良い。

[広尾町] おしらべつかいがん

音調津海岸

漁港を除く左右の海岸は、荒根が連なり根掛かりも多く、攻略が難しい。ポイントに対し正確なキャストが求められる。

A点(写真①)及びB点(写真②)は、潮位が30cm以下の時間帯に入釣する。写真は共に潮位が15cmのときに撮影。ここのメリットは、漁港の防波堤や沖堤が波消しの役目をしてくれるため、漁港から離れた所にある磯に比べ、波が立ちにくいこと。沖の隠れ根や岩礁周りで、アブラコやカジカ、コマイなどがヒットする。

音調津漁港の北防波堤の赤灯台前(C点、写真③)は、幅が10mと広く、投げ釣りで5、6人は楽に入れる。外海、船道、港内に打ち込むことができ、足元でソイ、ガヤ、コマイ、東防波堤先端付近への遠投でクロガシラが狙える。なお、東防波堤は、基部に鉄柵が設置され、立ち入り禁止となっているので、要注意。

北防波堤中間部の外海側(D点、写真④)は、外海側の消波ブロックに高さがないため取り込みやすい。ブロック周りでアブラコやソイ、ガヤ、中・遠投でコマイやクロガシラが狙える。

E点(写真⑤)は、平凡な砂浜だが、水深があり、沖の隠れ根狙いでアブラコやカジカ、マツカワなどがヒットする。

F点(写真⑥)は、潮位が30cm以下の時間帯に消波ブロックを越えて前方の岩に乗り、30〜50m沖の離れ岩を狙う。ターゲットはアブラコやカジカなど。

G点(写真⑦)の岩は、潮位が30cm以下のときに露出する。アブラコ狙いで左右の

離れ岩に打ち込む。

　H点（写真⑧）はコンブ根に囲まれた小ワンドとなっていて、防潮堤の下の消波ブロック越しに遠投をかける。ターゲットはアブラコやカジカなど。

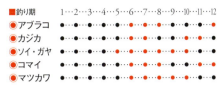

■釣り期	1…2…3…4…5…6…7…8…9…10…11…12
●アブラコ	
●カジカ	
●ソイ・ガヤ	
●コマイ	
●マツカワ	

【道東】十勝・釧路・根室 ［広尾町］

①沖方向へ中・遠投をかけるA点（写真は潮位15cm）

②音調津漁港の右側の磯（B点、干潮時に露出）

③北防波堤の赤灯台前（C点）

④北防波堤中間部の外海側（D点）

⑤水深があるE点の砂浜

⑥ブロック前の岩に乗って沖根を狙うF点

⑦潮位が30cm以下のときに乗れるG点

⑧潮位が20cmのときのH点

MEMO

オリコマナイ覆道内にある二つのテラスは共に屋根付き。屋根に高さがないため、ここで釣り座を構える場合は、短いサオを用いるか、サイドスローで中・遠投できる技術が必要。

[広尾町] いずみはまかいがん

泉浜海岸

干潮時に露出する岩が連なっている所で、典型的な干潮時攻略型の磯である。

　A点(写真①)は、潮位が40cm以下の時間帯を狙って入釣する(写真は潮位30cmのとき。以下の写真も同じ潮位)。基部にさらしがあるため、ウエーダーは必携。離れ岩や隠れ根周りで、アブラコやカジカ(以下、各ポイントともターゲットは同じ)が釣れる。

　B点(写真②)は、潮位が50cm以下になると露出する大岩場で、ウエーダー装着により基部のさらしをこいで入釣する。目の前に連なる離れ岩を狙う。

　C点(写真③)の岩とその右にある岩は共に、潮位が40cm以下の時間帯に乗れる。狙うポイントは、目の前に点在する離れ岩や沖の隠れ根。

　D点(写真④)は、潮位が50cm以下のときに入釣する。正面に点在する離れ岩の周囲が狙い目。

　E点(写真⑤)の泉浜バス停前の船揚げ場は、この辺り一帯でサオを出す際の潮待ちのポイント。ブロック周りを狙う。

　写真⑥は、泉浜覆道内にあるテラス(覆道の外海側に張り出す防潮堤)を写したもの。下り口はなく、テラスの上からF点(写真⑦)を狙う。背後の覆道との間が狭いため、キャストの際はF点の右側に立ち、左斜めに打つと良い。海面からの高さは6mほどで、クレーン釣りとなる。

　美幌覆道と泉浜覆道の間のG点(写真⑧)は、左右に根が点在する。満潮時は防潮堤の上から、干潮時は磯に下りて、左右の根を狙う。

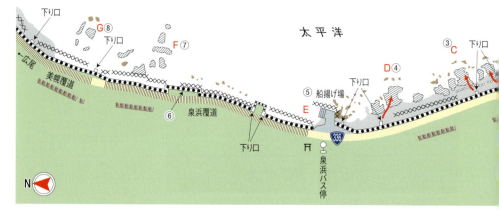

[道東]十勝・釧路・根室

[広尾町]

■釣り期	1	2	3	4	5	6	7	8	9	10	11	12
●アブラコ	・	・	・	・	●	●	●	●	●	●	●	●
●カジカ	・	・	・	・	・	・	・	●	●	●	●	・

①潮位が40cm以下の時間帯を狙うA点

②良型アブラコが釣れるB点

③干潮時に沖の隠れ根を狙うC点

④潮位50cm以下の時間帯に入釣するD点

⑤泉浜バス停前の船揚げ場(E点)

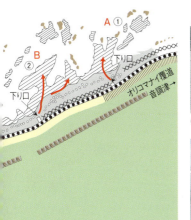

⑥泉浜覆道内のテラス

⑦⑥の左側にある岩礁(F点)

⑧美幌覆道南口にある根原(G点)

MEMO

いずれのポイントも、満潮時は釣り場が水没し位置が特定できないことが多い。干潮時に下見して、釣り座を構える場所や飛距離、角度などをメモしておくと攻略しやすい。

[広尾町] びほろかいがん

美幌海岸

釣り場が国道に面しているため、入釣しやすい。砂浜主体の釣り場で、沖のコンブ根を狙う。

A点(写真①)は、美幌覆道内にあるコンクリート階段(下段が崩れているので要注意)を下り、消波ブロック越しに沖の隠れ根を中・遠投で狙う。取り込み時はブロックの上に上がる必要あり。滑りやすいため、スパイク装着のこと。ターゲットはカジカとアブラコ。

B点(写真②)は、満潮時でやや波があるときや、A点への入釣のタイミングを図るときに入釣する。ちょい投げでカジカやアブラコ。潮の引きと波加減を見ながらA点に移動する。

美幌市街にあるC点(写真③)は、南まじりの風で海が多少しけ気味のときに、消波ブロック周りを狙うと、カジカやアブラコがヒットする。潮位が高いと、ブロックが水没して位置が分からなくなるので要注意。

D点(写真④)は、砂浜に小砂利が交じっていて、見た目は平凡だが、周辺の磯に比べ深さがあり、沖に大きな隠れ根があるなど、好釣果が期待できる。カジカやアブラコを狙う。

E点(写真⑤)もD点同様、平凡な砂浜に見えるが、干潮時でも露出しない隠れ根が広がり、中・遠投で良型のアブラコやカジカがヒットする。なお、D点とE点の間は、遠浅の海で、夏季、サーフィンを楽しむ人でにぎわう。

フンベ第1覆道の前浜にあるF点(写真⑥)は、潮位が50cm以下になると露出する岩がある所。沖のコンブ根狙いで、アブラコが釣れる。

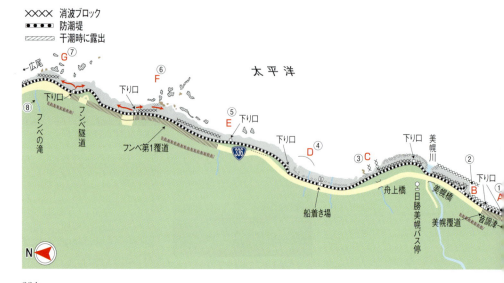

G点(写真⑦)は、観光名所となっているフンベの滝(写真⑧)から流れ出る真水の影響で、魚の寄りが良い。岩礁周りでアブラコやカジカ、マツカワなどがヒットする。

■釣り期	1…2…3…4…5…6…7…8…9…10…11…12
●アブラコ	●…●…●…●…●…●…●…●…●…●…●…●
●カジカ	●…●…●…●…●…●…●…●…●…●…●…●
●マツカワ	●…●…●…●…●…●…●…●…●…●…●…●

[道東]十勝・釧路・根室
[広尾町]

①ブロック越しに沖根を狙うA点

②満潮時に好釣果が期待できるB点

③消波ブロック周りを狙うC点

④沖のコンブ根を狙うD点

⑤良型アブラコが釣れるE点の砂浜

⑥潮位が30cmのときのF点

⑦岩礁周りを狙うG点

⑧観光名所「フンベの滝」

MEMO
どの釣り場も遠投力が求められる。タックルや仕掛けなど、遠投仕様の道具立てが必要。ハリは1本バリで、エサは塩カツオが良い。

[釧路町] またいときかいがん

又飯時海岸

前浜にある6基の離岸堤に釣りポイントがあり、早春から初冬まで、多彩な魚種が投げ釣りファンを楽しませる。

道道142号を釧路市方面から昆布森市街へ走り、「マタイトキ」と書かれた案内板から右折、1kmで集落に入る。

写真①の丁字路を左に曲がると、写真②の高台に建つ金刀比羅神社が見える。写真③の交差点から右折し集落に入り、右へ300m余り進むと写真④に着く。陸から沖に縦に延びる消波堤先端のA点の際を狙う。根掛かりが頻発するが果敢に挑むと40〜45cmのアブラコやカジカ、コマイが釣れる。

写真⑤の離岸堤間の波立つ付近のB点を攻める。底は砂地に海藻が生えイソメのエサでコマイ、アカハラ、ハゴトコ、カレイ(クロガシラ、スナガレイ、カワガレイなど)など多魚種が上がる。

写真⑥は沢水が太平洋へ流れ出るC点。離岸堤に集まるアブラコ、カジカ、コマイを狙う。まれにクロガシラ、スナガレイ、カワガレイがヒットする。運が良ければマツカワのゲットも可能だ。写真⑦の沖のD点は底が岩礁帯の溝や飛び根で秋には50cm超えのアブラコ、カジカが上がる。写真⑧は船揚げ場跡の左側で海底は岩盤。消波堤際からE点に、カツオ、アカハラの大きな切り身を付けた胴突き仕掛け16号2本バリを投入しアブラコ、カジカを釣る。

写真⑨の沖のF点は一帯が頑強な岩盤だが、沖に向けて溝が走るので、溝を探り、イカゴロを打ち、大型のカジカやアブラコを狙う。エサはカツオ、アカハラなど。根掛かりが多いので1本バリ仕掛け、またはガン玉オモリによる底を転がす釣り方をお薦めする(E、F点は満潮時には入れない)。

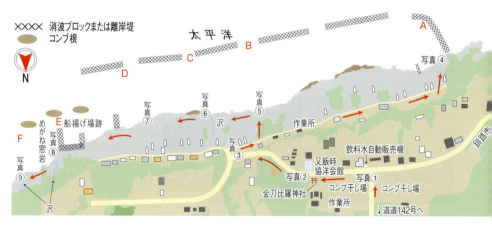

■釣り期	1…2…3…4…5…6…7…8…9…10…11…12		1…2…3…4…5…6…7…8…9…10…11…12
●アブラコ	●…●…●…●…●…●…●…●…●…●…●…●	●コマイ	●…●…●…●…●…●…●…●…●…●…●…●
●カジカ	●…●…●…●…●…●…●…●…●…●…●…●	●カレイ	●…●…●…●…●…●…●…●…●…●…●…●

【道東】十勝・釧路・根室　[釧路町]

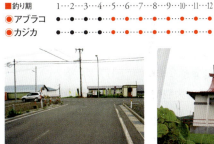
①又飯時集落入り口の丁字路。左折すると海岸に出る

②又飯時の安全を願う金刀比羅神社

③海岸に出る曲がり角

④根掛かりするが好ポイントのA点

⑤離岸堤間の船道の深みが狙いどころのB点

⑥真水が流れるためコマイ、アカハラが上がるC点

⑦良型のアブラコ、カジカが上がるD点

⑧消波堤の際から大型のアブラコ、カジカが上がるE点

⑨岩盤から溝を探し出せれば大物のアブラコ、カジカが釣れるF点

MEMO

又飯時集落には駐車場がない。海岸に入る際には空きスペースを探して止める。車を止める際は必ず住民の許可を取ること。

[釧路町] しゅくとくないかいがん

宿徳内海岸

宿徳内海岸の地嵐別(ちゃらしべつ)は満潮時には波かぶり状態になり入釣できない。
集落前は沖の離岸堤に釣りポイントが点在し、どちらも大物が潜む。

釧路市から昆布森市街へ道道142号を進み「シュクトクナイ」の案内板(写真①)を右折し、坂道を1kmほど下ると集落に入り、数軒の家(写真②)が並んでいる。

地嵐別は平たんな岩場で、沢水が土管から太平洋へ流れている(写真③)。写真④は長さ約80mのワンドで、平盤にゴロタ石と海藻が付く。A点は50m沖の深みでコンブ根があり、この根に付くアブラコ、カジカを釣る。

写真⑤は岩盤に砂が交じる平磯。B点は沖合30m付近で砂交じりの飛び根を形成し、クロガシラやマツカワ、カジカが釣れる。写真⑥は岩盤となっている。C点は海底の凹凸が激しく、凹みに大型のカジカやアブラコが潜む。

写真⑦は同海岸の背後に迫る岩山。天に向かって犬がほえる形をした2つの奇岩が、この海岸の目印になる。

写真⑧は集落前浜で、沢水が太平洋へ流れ出している。2基の離岸堤間のD点を狙う。沈みブロックにアブラコ、カジカ、コマイなどが集まる。

写真⑨から沖の離岸堤左角のE点狙いでアブラコやカジカを狙う。

写真⑩は砂地で、全長150m×30mのワンドを形成。沖合100m付近のF点はコンブ根

が広がり、アブラコがすむ。晩秋期にはアブラコの産卵が始まり、この卵を狙い食欲旺盛なカジカが集まる。コマイ、クロガシラが期待できる。

■釣り期	1…2…3…4…5…6…7…8…9…10…11…12
●アブラコ	●●●●●●●●●●●●
●カジカ	●●●●●●●●●●●●
●マツカワ	●●●●●●●●●●●●

[道東] 十勝・釧路・根室

[釧路町]

①「シュクトクナイ」の案内板

②宿徳内の集落

③沢水が海に流れ出ている

④さらし付近を狙うと根魚がヒットするA点

⑤飛び根でアブラコ、カジカ、カレイが上がるB点

⑥凹みで根魚が釣れるが根掛かりが多いC点

⑦地嵐別海岸の背後にそびえる奇岩

⑧沢水が太平洋へ流れ出し多彩な魚種が集まるD点

⑨離岸堤左端付近で根魚や回遊魚が釣れるE点

⑩沖のコンブ根で大型のアブラコやカジカが上がるF点

MEMO

宿徳内集落ではコンブ漁が活発に行われており、路上駐車はコンブ運搬車のじゃまになるので、絶対しないこと。

339

[釧路町] しろやまかいがん

城山海岸

釧路町の海岸の中でも初級者、ファミリー向けの釣り場。
とはいえ大型のアブラコ、カジカが上がる魚種豊富なポイントが点在する。

　釧路市方面から道道142号を昆布森市街地に向けて進み「アッチョロベツ」と記載された案内板（写真①）を右折する。1.5kmほど下ると集落の入り口となる「城山会館」に到着。写真②のA点はアチョロベツの集落から徒歩15分の距離。沖合十数メートルの離岸堤右側には岸に向かって深い溝が走る。この溝にアブラコ、ハゴトコがたまり、まれに大型カジカも上がる。

　写真③のB点は匹数が上がる。どの離岸堤も両端はコンブ根があるが、B点では離岸堤間を狙う。かけ上がりになっていてアブラコ、カジカ、コマイ。ときにはクロガシラ、スナガレイ、大型マツカワも掛かる。

　写真④のC点は、A点から600～700mの距離で、アチョロベツ川の水が太平洋に注ぎ出る河口右岸。50m沖の離岸堤内側を狙うと良型のアブラコ、カジカに加え、汽水域のためアカハラ、コマイ、カレイ、さらにマツカワも上がっている。写真⑤のD点は旧船揚げ場で、砂地に根が点在し、アブラコ主体にマツカワ、クロガシラ、アカハラ、大型カジカが上がる。

　写真⑥のE点は手掘りトンネルのある大岩を横切り、潮位30cm以下の干潮時には25mほど沖に出て、さらに50m付近のコンブ根を目掛け投げて、カジカを狙う。

　写真⑦のF点は通称「灯台下浜」と呼ばれ背後に高い屏風岩（写真⑧）が立ち並ぶ。干潮時に岩盤の露出する30m先の平浜に出て、数十メートル先のコンブ根に、胴突き仕掛け16号2本バリにカツオとアカハラを相

掛けにして打ち込むと、40cm級のアブラコが上がる。

同海岸は初級者、ファミリー向けの釣り場だ。

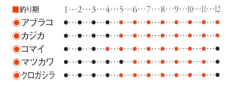

■釣り期	1	2	3	4	5	6	7	8	9	10	11	12
●アブラコ	●	●	●	●	●	●	●	●	●	●	●	●
●カジカ	●	●	●	●	●	●	●	●	●	●	●	●
●コマイ	●	●	●	●	●	●	●	●	●	●	●	●
●マツカワ	●	●	●	●	●	●	●	●	●	●	●	●
●クロガシラ	●	●	●	●	●	●	●	●	●	●	●	●

[道東]十勝・釧路・根室

[釧路町]

①道道142号から城山海岸に向かう交差点に設置してある看板

②沖の離岸堤右端の白波が立つ所が好ポイント

③釣れる魚種が多いB点

④川水が海に注ぎ込むC点はカレイ、アメマスが釣れる

⑤D点の旧船揚げ場は大型のアブラコ、カジカの宝庫

⑥前方左に見えるさらし越えでアブラコを狙う

⑦F点の干潮時。コンブがじゅうたんのように岩盤を覆う。この中からアブラコ、カジカを釣り上げる

⑧鳥が巣をつくっている奇岩

> **MEMO**
> 「灯台下浜」は、満潮時には大岩周辺一帯が海水をかぶる。事前に干満の時刻を確認しておくとともに潮の動きには常に注意を払うこと。

[釧路町]こんぶもりぎょこうしゅうへん

昆布森漁港周辺

●釧路町

サケ、カラフトマス釣り場として知られるが、
漁港内と周辺にはアブラコ、カジカの釣りポイントが点在する。

釧路市から道道142号を東方面に車で走り、昆布森トンネル(写真①)を抜け、丁字路交差点を右折すると漁港に入る(写真②)。港の規模は大きいので写真③から漁港全体の形状を把握しておくといい。

写真④は港の西側の海岸で干潮時には陸から30m付近に、広く岩盤が露出する。岩場の先端から沖へ向けて、A点のコンブ根周辺にすむアブラコやカジカを狙うと、型ぞろいで上がってくる。写真⑤のB点は通称第1の馬の瀬と呼ばれ、干潮時に露出する岩場に乗り、アブラコやカジカ、ハゴトコを釣る。

写真⑥のC点は通称第2の馬の瀬で、干潮時に現われる。ここは砂地交じりの岩盤で露出度も10数メートルとやや短いが、沖には深い溝が岸に走っていて大型のアブラコやカジカ、良型のクロガシラが上がる。

写真⑦のD点は干潮時に現われる岩場。釣り人は「千畳敷石たたみ」と呼び、岩場の形状は自然が奏でる創造物だ。中型カジカ、大物アブラコが上がる。写真⑧の第2南防波堤先端部の船道E点への投げ釣りで夏季にクロガシラが釣れ、晩秋には大型のコマイの数釣りが楽しめる。写真⑨の第2突堤先端のF点からのワームやブラーの探り釣りでカジカやアブラコ、ガヤ、ソイがヒット。写真⑩のチョロベツ川河口海岸G点の汽水域ではカジカやアブラコの大物が上がる。写真⑪の離岸堤の際や沖根のH点は遠投でアブラコやカジカを攻める。

A～D点とも潮位30cm以下の干潮時に入釣できる。

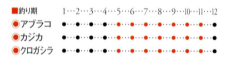

■釣り期	1	2	3	4	5	6	7	8	9	10	11	12
●アブラコ				●	●	●	●	●	●	●	●	
●カジカ				●	●	●	●	●	●	●	●	
●クロガシラ					●	●	●	●	●			

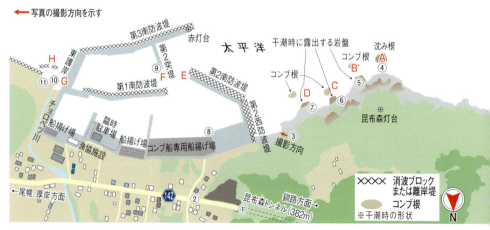

①昆布森トンネルを抜けると昆布森市街

②昆布森市街地に入ってすぐ右折すると漁港へ

③高台から望む昆布森漁港の全景

④A点の岩盤。沖の深みからアブラコ、カジカが上がる

⑤B点は平磯の釣り場

⑥左側の深みは沖から続き根魚、カレイが寄るC点

⑦「千畳敷石たたみ」から狙うD点は大物アブラコポイント

⑧第2南防波堤先端の船道のE点ではカジカ、コマイがヒット

⑨第2突堤周辺のF点ではワームやブラー釣りでソイがヒットする

⑩良型のカジカやアブラコが上がるチョロベツ川河口海岸のD点

⑪離岸堤間の後方H点では良型の根魚がヒットする

MEMO

昆布森漁協は秋に臨時駐車場を設置しているので釣り人は必ずここに止めること。

[道東]十勝・釧路・根室

[釧路町]

[釧路町] とまちせかいがん

十町瀬海岸

「タコ岩」「トド岩」は、十町瀬海岸の雄大さと荒々しさを象徴する奇岩だ。
岩の周辺には釣りポイントが点在し、
釧路町沿岸の中で最も釣果の上がる場所といわれる。

　十町瀬海岸へ直接入るルートはなく、東隣の浦雲泊海岸から入釣する。道道142号の「ポントマリ」の案内板から右折し、浦雲泊（ぽんとまり）集落に向かう。集落入り口にある浦雲泊会館手前の三差路を横切りタコ岩方面に向かう（一部「浦雲泊海岸」の項で紹介）。25分ほど歩くと、高台（写真⑧）から、眼下にタコ岩とトド岩が一望できる。写真⑦の急な坂道を下りタコ岩の横を通り切ると十町瀬の海岸が現れる。

　写真①から見えるA点にはアブラコ、ハゴトコ、カジカが潜む。写真②に写っているのはB点。ここから沖に3つの尾根がせりだす。第一尾根の根元から形成する広い岩は、潮位30cm以下の干潮時に露出する。ここから70m先に密集するコンブ根を攻めると型ぞろいのアブラコが釣れる。併せてカジカの大釣りに加え、50cm超えの大物も上がる。写真③のC点は第一尾根と第二尾根の中間の砂浜に位置し、沖に大小の岩が点在する。十町瀬海岸の中でも最高の釣り場だ。前方の海中には沈み岩やコンブ根などが多く点在するためアブラコ、カジカ、ハゴトコが上がって来る。ただ、海底は荒根のため根掛かりが頻繁に起こる。

　写真④のD点は第三尾根の根元から前方のトド岩目がけて100mほど遠投すると、50cm超えのアブラコが釣れる。海底には沈み岩や多くのコンブが生えている。

　これらが根魚の格好のすみかになっていて1カ所のポイントで2ケタのアブラコ、ハゴトコと数匹のカジカが上がる。

　写真⑤のE点はこの海岸には珍しく砂場であり、80mほどの沖に広大なコンブ帯が形成されている。海底は砂地で海藻の根が広がりアブラコ、カジカがよく上がる。また、写真⑥のF点はタコ岩の基部でワンドになっている。沖合のコンブ礁が高波を遮り、アブラコやカジカが釣れる。

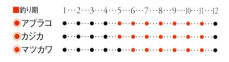

■釣り期	1	2	3	4	5	6	7	8	9	10	11	12
●アブラコ				●	●	●	●	●	●	●	●	
●カジカ				●	●	●	●	●	●	●	●	
●マツカワ					●	●	●	●	●	●		

MEMO

タコ岩の上（ロープのはしご付き）からの釣りは可能だが、超ベテラン向け。地元の釣り人でも年に数回しか釣行しない。

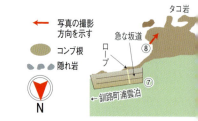

①好釣果が期待できるA点

②トド岩目掛けて70m投げれば大物カジカが上がるB点

③砂地に大小の岩があり磯釣り好きにはたまらない雰囲気を持ったC点

④100mの遠投で50cm級のアブラコが釣れるD点

⑤砂浜でマツカワヒットの期待が膨らむE点

⑥沖にコンブ根が広がり魚のすみかとなっているF点

⑦電柱がある急な坂道を下りると海岸に出る

⑧タコ岩(右)とトド岩が一望できる

[道東]十勝・釧路・根室

[釧路町]

[釧路町]ぽんとまりかいがん

浦雲泊海岸

釧路町沿岸屈指の根魚釣り場として知られ、5月の開幕から50cm超えのアブラコやカジカが上がる。

釧路市方面から道道142号を車で走り写真①の案内板を右折するとまもなく浦雲泊集落の入り口の浦雲泊会館に着く。西方向に林道を15分ほど歩くと小高い丘（写真②）から太平洋に浮かぶようにそそり立つ「タコ岩」が見える。左眼下の海岸がA点。コンブ根が多くアブラコやカジカのすみかとなっている。

B点（写真③）への入釣は、来た道を戻り同集落前の坂道を東へ下っていくと船揚げ場（写真⑥付近）に着く。迂回するように、海岸線沿いを西に進むと岸に張り出す大岩があり、大岩を横切ると山裾から沢水が太平洋に流れ、小さな滝（写真④）を形成する場所に出る。釣り人が呼ぶ「小さい滝の下浜」がB点で、海底に縦の溝状の亀裂が走りこの溝に沿ってカジカやアブラコの大物が接岸する。

B点横のC点（写真⑤）は大岩横で、背後に高い岩が控える。沖合70mまで岩礁帯が形成され、その先の深みに大型アブラコやカジカがすみ、全長50cm超えが上がる場所として知られている。

D点（写真⑥）の沖には2つの離岸堤が造られ、離岸堤間でアブラコやカジカ、ソイなどの50cm超えがよく上がり、釧路町沿岸の中でも大物場として有名。

E点（写真⑦）は川水が太平洋へ流れ出るところで、干潮時には、長さ100m、幅5m程度の通称「長瀬の瀬」が現われる。この先

端はコンブ根を形成していて根魚がすみ、アブラコの卵を狙ってカジカが集まる。大型の数釣りが可能。F点(写真⑧)は多くの沈み岩を形成し、海藻が付き根魚の格好のすみかとなっている。障害物が多く根掛かりが頻繁だが、果敢に挑めば大物に出合える。

■釣り期　　1…2…3…4…5…6…7…8…9…10…11…12
●アブラコ　　　　●…●…●…●…●…●…●…●
●カジカ　　●…●…●…●…●…●…●…●…●…●…●…●

[道東] 十勝・釧路・根室
[釧路町]

①道道142号に設置された案内板

②夕日をバックにしたタコ岩は絶景だ

③沈み根が見え隠れする手前付近が狙い目のB点

④小さな滝となって川水が海に注ぐ。B、C点付近

⑤海岸に迫るように立つ大岩。大岩横に釣り座を立てC点のポイントを狙う

⑥浦雲泊海岸屈指の名釣り場D点。50cm超えの根魚が釣れる

⑦E点周辺を望む。大型のアブラコが期待できる

⑧F点。沈み根を狙うと釣果が上がる

MEMO

写真④の小さい滝が海に流れ出る海岸へ入釣するには、海岸沿いの大岩を横切らなければならないが、満潮時は岩の前は波がかぶり、通れない。釧路町沿岸はすべて干潮時(潮位30cm以下)の釣り場となることを忘れないで。

[釧路町] あとえかかいがん

跡永賀海岸

大物のアブラコやカジカの上がるところとして知られる。
釣り場は岩場や砂浜で、コンブ根と隠れ岩に潜む魚を狙う。

釧路市から道道142号を根室方面へ向かい、「アトエカ」の案内板(写真①)を右折。1.5㌔で跡永賀集落に着く。

写真②の小高い丘の上から北方向に、跡永賀集落の漁業と家内安全を見守る跡永賀厳島神社が見える。写真③のA点はゴロタ場なので足元の安全な場所を探し釣り座を構え、前方沖の沈み岩やコンブ根に潜むアブラコ、カジカを釣る。海底は岩や岩盤が入り組んでいるので、根掛かり対策として、多めの仕掛けを持参する。写真④の釣り座は縦に突き出た消波ブロック右の玉石原で、前方沖合に見える離岸堤右角のB点を狙う。カジカの数が上がり、40cm級の中型アブラコも期待できる。写真⑤は船揚げ場前の砂浜。沖に設置されている2つの離岸堤間がC点。アブラコ、カジカを誘い出して大物を釣り上げる。また船道の深みには中型アブラコの群れが入り、大釣れする時期があるので、目が離せない。他にはまれにスナガレイ、カワガレイ釣りも楽しめる。写真⑥は船揚げ場左側の平盤で、ここから離岸堤左角のコンブ根を狙うと50cm超えのカジカが釣れる。潮位30cm以下の干潮時には

岩が一部露出するのでさらに前に出て、もう一つ奥のコンブ根を探ると大型アブラコの数釣りができる。写真⑦の平磯からE点の海藻の周りを狙うと、中型のアブラコや、50cm超えのカジカが上がる。写真⑧のF点は55cm超えのマツカワが釣れたことがある。70〜100m投げると40cm級のアブラコの2ケタ釣りが可能。深い溝が浅瀬へ続いていて、この溝伝いでは大物のカジカも上がる。

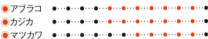

■釣り期　　1…2…3…4…5…6…7…8…9…10…11…12
●アブラコ　　　　●…●…●…●…●…●…●…●
●カジカ　　　●…●…●…●…●…●…●…●…●…●
●マツカワ　　●…●…●…●…●…●…●…●…●…●

[道東] 十勝・釧路・根室

[釧路町]

①イラストマップには掲載されていないが集落から1.5km地点の道道142号との合流点に設置されている看板

②丘の上から住民の家内安全を見守る跡永賀厳島神社

③ゴロタ場のA点ではアブラコ、カジカが上がる

④沖の消波ブロックのB点狙いでカジカの数釣りができる

⑤アブラコ、カジカのポイントがあるC点

⑥船揚げ場左側の岩場の先がD点。型物のアブラコ、カジカが狙える。遠投が必要

⑦中型アブラコや50cm超えのカジカが上がるE点

⑧55cm級のマツカワが上がったことがあるF点

MEMO

集落周辺に入釣する際には、私有地とコンブ干し場に立ち入らないこと。移動には細心の注意を払い、住民とは言葉を交わしてコミュニケーションを図ることを心掛けよう。

[釧路町] ぶいまかいがん

冬窓床海岸

悠然とそびえ立つローソク岩周辺をどう攻めるかがポイントになる。
干潮時(潮位30cm以下)に現れる広大な磯を味方につけられれば、大物ゲットは夢ではない。

冬窓床地区に人は定住しておらず直接、同海岸に入る道はない。釧路市方面から車を走らせると、道道142号沿いに設置の案内板「アトエカ」が見えてくる。ここから右折し1.5km走ると跡永賀集落に入る(跡永賀海岸の頁参照)。

集落から海岸線を15〜20分歩き、海岸にせり出す大岩を横切ると冬窓床海岸に出る。

写真①のA点は消波ブロック右側で、同ブロック先端のコンブ根に潜むアブラコやカジカを釣る。干潮時には30mほど前に出られるので70mほど投げれば、コンブ根に到達する。

写真②は旧船揚げ場からB点方向を撮影したもので、同海岸の輪郭がつかめるだろう。写真③のB点は旧船揚げ場左に広がる砂浜。かけ上がりになっていて砂地に岩礁根が点在し、アブラコの格好のすみかとなっている。また、点在する飛び根にはマツカワが潜む。

写真④の右方向のC点は干潮時の釣り場。岸から突き出た岩場とローソク岩との間で横に細長く露出した磯に乗り、前方の波間に見え隠れするコンブ根を攻めるとアブラコ、カジカがヒットする。

写真⑤は同海岸の象徴であるローソク岩の対岸。潮位が満ちる時間帯がベスト

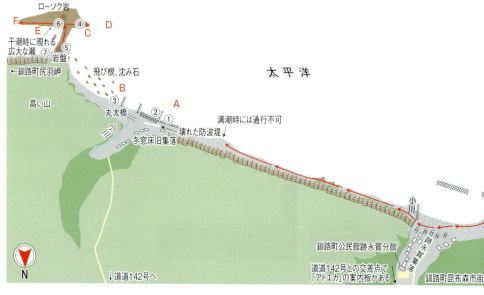

で、干潮時には前面一帯に岩が露出するが、満潮時は少し露出した岩場に上がり右方向や斜め横に形成する深み（D点）を見極め、コマセ入りのネットやカゴを付けたイカゴロ仕掛けにカツオを付け釣果を上げる。

写真⑥のE点は点在する沈み岩やコンブ根に潜むアブラコやカジカを釣る。

写真⑦に写っているローソク岩左のF点は、この周辺一番の大物場であり、アブラコの型物の数が釣れる。深い溝が入り、溝を伝わって良型アブラコが回遊して来る。ここは海釣り大会で50cm超えの大物が上がるポイントとして知られている。

①消波ブロック先端付近にコンブ根があるA点

②旧船揚げ場右からB点方向を望む

③マツカワが釣れるB点

⑤岸とローソク岩間は満潮時のポイント。D点はローソク岩の右側

④C点は干潮時に露出した岩に乗りアブラコ、カジカを狙う

⑥左の沖がE点。大物アブラコが上がる

⑦F点。点在する沈み岩や海藻をすみかにする根魚を狙う

MEMO

根掛かりを覚悟しなければならない海岸なので仕掛けは多めに持参すること。最上級者向けの釣り場で安全を期すため複数での釣行をお薦めする。

[釧路町] そんてきかいがん

初無敵海岸

初無敵海岸は釧路町沿岸の中でも秘境中の秘境。海は大物の宝庫。入釣するのに体力を要するが、大物が上がれば、疲れも吹き飛ぶ。

同海岸への入釣は、東側は入境学から、西側は跡永賀、冬窓床を経て入る。

写真①のA点は背後の岩山から大小の岩石が海中に落ちてくるので海岸先端部に釣り座を構える。根掛かりを克服すればアブラコ、カジカの数釣りに加えて50cm超えも上がる。

写真②のB点は平盤で、前方100m沖に見え隠れする岩礁周辺のコンブ根を攻める。良型アブラコが多く潜み数釣りができる。写真③のC点は岩盤が広がる浜。潮が満ちる時間帯は波がかぶり入釣できない。引き潮時に前進して、写真に写るコンブの生育場所の深みでカツオやアカハラのエサを使って型物のアブラコ、カジカを釣る。

写真④は同海岸を象徴するさび付いた沈船のエンジン。沖のD点にはコンブ生育場所が広がり、大量のアブラコが潜む。40cm級のアブラコを大漁することができる。

この海岸で、唯一砂場を形成するのが写真⑤のE点。アブラコやカジカの好釣り場だがA～E点は満潮時には入れない。

入境学から入釣するには入境学海岸線に沿って歩くと東側の初無敵海岸に出る。

ゴロタ場の波打ち際周辺に多くの(主に材木など)漂流物が打ち上がるのが写真⑥のF点。80m沖の点は岩溝に海藻が生えここでアブラコが産卵する。卵を狙ってカジカが寄ることで、アブラコとカジカの大物が上がる。

コンブが大漁に流れて付いている場所が写真⑦のG点。沖には沈み岩が点在。この根にアブラコやカジカなどの根魚が付く。

F、G点は、満潮時でも入釣可能。

■釣り期	1	2	3	4	5	6	7	8	9	10	11	12
●アブラコ				●	●	●	●	●	●	●	●	
●カジカ						●	●	●	●	●	●	

[道東]十勝・釧路・根室

[釧路町]

①A点。大小の石が岩山から落下してくる

②干潮時に露出するB点の平盤

③平盤が広がるC点。沖のコンブ根は根魚の宝庫

④沈船の浜と呼ばれるD点

⑤砂地のあるE点。漁師のコンブ漁も盛んな場所

⑥漂流物がよく打ち上げられるF点。沖は根魚釣りの宝庫

⑦流れコンブが大量に流れ着くG点

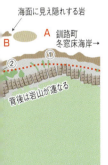

MEMO

釧路町沿岸に入るときの注意事項は①路上駐車は禁止②地元の人とあいさつするなど交流を図る③コンブ干し場に入らない④事前に潮汐表で潮位30cm以下の干潮時を調べておくなど。また釧路町沿岸には駐車場がないので、地元の人とのコミュニケーションにより駐車可能な場所を探すこと。

[釧路町] にこまないかいがん

入境学海岸

干潮時（潮位30cm以下）の釣り場であり、コンブ根や岩礁も多く攻めにくいが大型のアブラコやカジカが上がり、ベテランなら大物が連発することもある。

道道142号沿いの案内板「ニコマナイ」を右折して右手の汐見厳島神社を横目に1kmほど行くと丁字路がありさらに進むと集落に着く（写真①）。民家の前を通り過ぎると、船揚げ場（写真②）に出る。最初の釣り場が写真③のA点。船揚げ場の前浜でこの沖に設置されている2基の離岸堤間の、深場を見定めコンブ根に潜むアブラコ、カジカを狙う。根掛かりが頻発するがガン玉をオモリにし、底を転がす方法で根掛かりに対処すると40cm超えのアブラコ中心に数釣りが楽しめる。

写真④は離岸堤の左端の約100m付近のB点。カジカ主体にアブラコが釣れる。ここでも根掛かりに悩まされるが過去に57センチ、3.3キロのカジカが上がっている。

東方面の釣りポイントに行くには丁字路に戻り約250m、東へ道を下ると海岸に出る。写真⑤のC点で沈み根やコンブ根に居付くアブラコを狙う。海底は石交じりの障害物が多く根掛かり必至。写真⑥は丘の砂利道から撮った東方向に広がる海岸線。

写真⑦は干潮時（潮位30cm以下）に沖へ30m出て釣り座を確保し、70m先のD点を攻めると型物アブラコやカジカがヒットする。写真⑧は背後が高い屏風岩で沖に岩礁帯が広がるE点。干潮時に露出した岩場を前進して、100m沖の深い溝を探る。16号の胴突き仕掛け2本バリにカツオやアカハラを相掛けにしてガン玉オモリ40号を使うと、大型のアブラコやカジカが連発することもある。ここでは50cm超えのアブラコがたびたび上がっている。

写真⑨のF点では、沖のコンブ根にイカゴロを打つと、深みからアブラコが上がる。

[道東]十勝・釧路・根室 [釧路町]

①入境学の集落

②高台から撮影した船揚げ場

③離岸堤間がA点

④左の消波ブロック角付近がB点

⑤C点はゴロタ石が多く辛抱の釣りになる。東方面の海岸の入り口でもある

⑥入境学海岸の東側。大物ポイントがめじろ押し

⑦D点は大物アブラコ、カジカが上がる

⑧E点は大物の宝庫

⑨F点は入境学海岸東端の釣りポイント

MEMO
コンブ干し場が多いので入釣の際は住民との親睦を深めておくこと。

[根室市] くるまいしかいがん

車石海岸

国の天然記念物、「根室車石」の奇岩の周辺に広がるのが車石海岸。釣れる匹数は少ないが50cm超えのアブラコ、カジカが上がる。

道道310号を花咲港に向かい「根室車石」の看板を左折する。2kmほどで写真①の車石駐車場に着く。

花咲灯台と車石へ向かう写真②の遊歩道を200m歩くと写真③の観察小屋背後に釣り場が広がる。釣り場は150mほどの範囲に点在し、各ポイントに10人ほど入釣できる。写真④のA点は花咲岬の西側端。夏場は海藻が生い茂って苦戦するが、すぐ右にある消波ブロック帯中間部左側は大物アブラコが潜む好ポイントで、春先は左の大岩の沖根付近でカジカの大物が上がる。しけ時の釣果がよく、高い波は大岩が抑えてくれる。釣り座は海面から5～10mの高さがあるものの、注意すれば下の岩まで下りて釣った魚を取り込める。

写真⑤は国の天然記念物、根室車石で、その前の写真⑥のB点は比較的平らな岩場で釣り座を構えやすい。50mほど沖に見え隠れする岩の方へ中投げすると良型のアブラコがよく釣れ秋のベストポイントとして知られる。写真⑥と写真④の間は垂直な崖

になっていて海岸には下りられない。

　写真⑦のC点は中央が車石海岸の中で最も波をかぶりやすい場所で、常に波の大きさや風向きに注意を要する。数はあまり期待できないが、近投で沈み根の手前と左側を攻めるか、遠投で左右方の沖根を狙うかしてアブラコやカジカの大物が上がる。

　写真⑧のD点は左端の岩場で、潮位50cm程度で露出する。ここは数が上がり良型にも恵まれるが、常に波をかぶるため三脚の使用は不可。そのため地元の人でもあまり入らないが、130mほど東にあるバラ根で大物アブラコがヒットする。まれにマツカワも上がる。

■釣り期	1	2	3	4	5	6	7	8	9	10	11	12
●アブラコ	●	●	●	●	●	●	●	●	●	●	●	●
●カジカ	●	●	●	●	●	●	●	●	●	●	●	●
●マツカワ					●	●	●	●	●	●		

①車石の駐車場

②車石の標識

③背後に釣り場が広がる観察小屋

④斜め右方向にポイントがあるA点

⑥釣り座を構えやすいB点

⑤圧倒的な迫力で荘厳さえ感じさせる観光名所「車石」

⑦車石海岸で最も波が上がってくるC点

⑧良型のアブラコ、カジカが上がるD点

MEMO

海面からあまり高さがなく1mぐらいの波でも、波をかぶるので細心の注意が必要。沖根が多く、一帯はかけ上がりのコンブ密集地であり根掛かり覚悟で挑むと釣果が上がる。観光地でもありごみの持ち帰りは徹底すること。

[根室市] ひきうすかいがん

引臼海岸

釣り場範囲が広い上に近～遠投をかけると、至る所で良型のアブラコが狙える。ただ、ゴロタ石が多く歩きにくい。

道道35号を納沙布岬方向に進み写真①の引臼バス停から約200m先で右折する。

写真②のA点一帯はゴロタ場で、釣り座は長さ200mあり広くて安全。岸の手前から浅く、沖の張り出し根と隠れ岩により、常に波がかぶるが沖合約40m付近から深さがあり魚が集まる。多少根掛かりはするが、しけ後で満潮時、北東の風で波が1mの条件で好結果の実績がある。飛距離50m付近で良型のアブラコが釣れ、しけ時の船揚げ場付近のワンドは波が立たず大物がヒットする。

写真③のB点は平らな大きな岩場で足場はいい。写真中央の二つの島方向へ100m以上の遠投をかけると良型のアブラコがヒットする。左45度付近の沖根周りでも釣果がある。秋は大物アブラコが狙える。

写真④のC点には3人ほどが入釣できる。中投でアブラコ、近投で春先にカジカがヒットする。バラ根が多く、潮が速いときは右から左の沖へと流れているので、オモリを軽くして流すのも好釣果につなげる一つの方法だ。1年を通して釣果に恵まれ根掛かりも少ない。

写真⑤のD点は干潮時に渡れる岩で同海岸一番の好釣り場。潮位40cm以下のときは長靴で渡れるが、溝幅が5mあり、丸い飛び石には青藻やコンブが付着しているので注意すること。春先は左斜め方向で大物アブラコ、カジカが上がる。秋以降は右方向の遠投で良型と数に恵まれる。海底は砂地にバラ根となっていて根掛かりは少ないが足元より水深があり、時折うねりを伴い波がかぶるので要注意。

写真⑥のE点はD点から撮影。E点も写真⑦のF点も春のカジカポイントで、近投で良型が狙え、匹数も上がるほか、左45度方向でも釣果が期待できる。

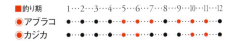

■釣り期　　1…2…3…4…5…6…7…8…9…10…11…12
●アブラコ
●カジカ

[道東]十勝・釧路・根室 [根室市]

①納沙布岬方向へ引臼のバス停から200m付近で右折

②釣り座が広いA点。50mの飛距離で良型のアブラコが釣れる

③近、中、遠投でアブラコが狙えるB点

④カジカが狙える好ポイントのC点

⑤干潮時に渡れるD点は引臼一番の好釣り場。大物アブラコ、カジカが期待

⑥カジカの良型が多数上がるE点

⑦近、中投にポイントが点在するF点

MEMO

ゴロタ石で歩きにくいため釣り座の移動は背後地の土手を歩く。また海面より釣り座があまり高くないため、三脚より1本用サオ立ての方が手前のコンブの絡まりを軽減できる。

[根室市] まよまいかいがん

マヨマイ海岸

根室半島の中でも比較的、足場が良くて入釣しやすい。初心者からベテランまで人気がある。

　道道35号を納沙布岬方向に行き、写真①の琅瑤瑂（ごようまい）バス停を越えてすぐ右折し約400mで写真②の大岩に出る。写真②に写っていないが、車は船揚げ場近くの旧コンブ干し場に止められる。ここ以外に駐車できる場所はない。

　写真③のA点は離れ岩の左方向に投げるとカジカが釣れる。正面にバラ根が広範囲に点在し中投げ程度で良型のアブラコが上がるが、7〜8月の干潮時には藻が流れてきて、糸に絡むので注意すること。

　写真④のB点は釣り座が平たんで3、4人入れる。写真中央の離れ岩右へのちょい投げでカジカをゲットできる。しけ後が狙いだ。

　写真⑤のC点は1人しか入釣できない。釣り場範囲も狭いが意外な穴場で、斜め左の離れ岩に沿って縦に走る溝に遠投するとアブラコ、中・近投ならカジカが上がり5、6月ではベストポイントだ。

　写真⑥のD点は大岩先端の釣り座で足場はいいが時折、うねりを伴った波をかぶる。出先の岩なりに遠投すると、良型のアブラコが釣れる。手前の離れ岩の溝もカジカ

が狙える。沖のバラ根付近でアブラコがヒットする。

写真⑦のE点も足場はいい。狙いは左の船揚げ場の船道。20mほどの距離で大物のアブラコ、カジカが上がる。ただし仕掛けに、ちぎれたコンブや藻などのごみが絡みつき船道を外すとイソガニがうるさい。100m以上ある離れ岩付近でアブラコがヒットする。

写真⑧のF点は周辺に3つある船揚げ場の真ん中で干潮時、大物カジカの実績がある。沖合40mまで浅瀬の平盤で、かけ上がりになっている。潮位20cm以下のときには満潮時より25m、前へ出て釣り座が構えられる。ポイントは百数十m沖の小さな2つの岩の間で、良型のアブラコが上がる。

[道東]十勝・釧路・根室 [根室市]

■釣り期　1…2…3…4…5…6…7…8…9…10…11…12
●アブラコ
●カジカ

①道道35号からマヨマイ海岸へは琺瑯瑯バス停が目印

②大岩全体を望む

③ちょい投げでカジカが狙えるA点

④3、4人が入れるB点

⑤C点は5〜6月がベスト

⑥遠投で良型アブラコが釣れるD点

⑦大物アブラコ、カジカの実績があるE点

⑧大物カジカが狙えるF点

MEMO

②の大岩中心に右は足元から水深があり春先は近投の方が釣果はいい。左は浅瀬で遠投を要する。また同海岸は雨降りやしけ時は、濁りやすくなり釣果は落ちる傾向だ。

[根室市] ごようまいかいがん

珸瑤瑁海岸

珸瑤瑁地区のカブ島を望む海岸は5～6月がベストで大物のアブラコ、カジカが上がる。

駐車場は5台ほどが止められる珸瑤瑁第三町会会館前（写真①）ぐらいしかない。

写真②のA点はカブ島を正面に見てやや右にある船揚げ場付近。潮位50cm以下の干潮時で波のないときは岩場、満潮時は土手に釣り座を構える。しけには強く中・近投で正面を狙うと良型のアブラコ、カジカが上がる。夏期はコンブ漁のため釣りはできない。

写真③のB点は「油子澗」と呼ばれる付近で、右の旧船揚げ場まで5人ぐらいが入れ、釣り座の足場はいい。正面を狙えばアブラコ、カジカの釣果が期待できる。

写真④のC点付近は釣り座の前に大小の岩があり取り込みにくい。根掛かりは少ないが、バラ根も少ないので釣果が薄い。

写真⑤のD点へは漁港から海岸線のゴロタ場を300m歩く。目標となる岩などはないが、ポイントは広範囲に点在している。大物の実績はないが足場が良く、釣果も平均的でしけには強い。

写真⑥のE点はごつごつした岩で4人ぐらいが入れる。釣り座はやや後方になり手前のさらし根にラインが絡みやすく1本サオ立てを使うのが無難だ。根掛かりする所が多いがバラ根が点在し広範囲にポイントがあり、アブラコ、カジカも型ぞろい。ただし2m以上の波があるときは波をかぶるので入釣は避ける。

写真⑦のF点へは土手の道から行く。先端の岩は30cm以下の潮位で渡れる。釣り座は3人ぐらいで左45度方向に投げれば良型のアブラコが釣れ、過去にはオオカミウオが上がった実績もある。沖の右側は春先が良く遠投でアブラコ、カジカをゲットできる。写真中央はカジカポイントだが、取り込みに苦労する。

写真⑧のG点は琶瑤瑁漁港空き地前で釣り座は平たんで、サオを振りやすいが取り込みはごつごつした岩の上になるので魚が外れないように注意する。秋のしけ時には東護岸・東防波堤の消波ブロックの付け根狙いで大釣りが期待できる。

■釣り期　　　1…2…3…4…5…6…7…8…9…10…11…12
●アブラコ　　・…・…・…・…・…・…・…・…・…●…●…・
●カジカ　　　・…・…・…・…・…●…・…・…・…●…・…・

①車が止められる琶瑤瑁第三町会会館

②沖のカブ島右のA点はしけに強い

③通称「油子澗」右のB点

④根掛かりが少ない分、釣果も薄いC点

⑥根掛かりはするが型ぞろいの釣果となるE点

⑤足場のいいD点

⑦釣りポイントの多いF点

⑧サオが振りやすいG点

MEMO

コンブ干し場が多いので注意すること。海岸線一帯の移動はゴロタ場で土手上の小道を歩く。5、6月がベストで、秋は小型が多い。

納沙布岬周辺

[根室市]のさっぷみさきしゅうへん

納沙布岬一帯からは釣り大会の優勝者がよく出る。
根室半島一番の大物場として知られる。

写真①の旧根室市観光物産センター（2016年3月末閉館）前の駐車場は広く、通称しり山（写真②）、馬の背（写真④）へ入釣するときは同駐車場を利用する。

写真②のしり山A点は同駐車場から400mほどで、名前の通りお尻にみえる。4、5人が入釣できしけに強い。写真③のB点から馬の背方向の離れ岩に沿って遠投するとアブラコ、カジカが上がる。足場はいいが魚の取り込み時は、ごつごつした岩を下りなければならないので注意を要する。二つの大岩があり、その間にちょい投げすると大物のアブラコ、カジカがヒットする。

馬の背周辺は好ポイントが多く写真④のC点は4、5人が入釣でき足場はいいが高さ5〜6mの釣り座となる。写真⑤のD点はバラ根方向の中投で良型アブラコ、カジカを量産できるが根掛かりに要注意。バラ根左側は春先の近投で大物カジカが釣れる。

写真⑥のE点は二つの岩の間を狙うと大物アブラコが上がる。

納沙布岬灯台の駐車場（写真⑦）に車を止め岬先端の釣り場に出る。写真⑧の灯台下突端のF点は干潮時に渡れる岩で過

去に何度も優勝者が出た1級の釣り場だが、ここ数年は秋のみ釣果がいい。潮位80cmぐらいで渡れ3、4人が入釣でき、干潮に向かう潮が右から左に流れる時間帯に釣果が上がる。ただし釣り座はあまり高くないので2m以上の波のときは入釣を避ける。

F点右は足元から深く中・近投で、良型のアブラコをゲットできる。同岬は潮が速いので40号以上のオモリを使う。正面のやや右の遠投は、好結果につながる。11時方向70mの離れ岩付近で大物アブラコ、カジカが上がる。F点左側は浅くて釣果は期待できないが5、11月にさらし根を狙うと大物カジカが上がる。

[道東] 十勝・釧路・根室 [根室市]

■釣り期　　　1…2…3…4…5…6…7…8…9…10…11…12
●アブラコ　　●…●…●…●…●…●…●…●…●…●…●…●
●カジカ　　　●…●…●…●…●…●…●…●…●…●…●…●

①旧根室市観光物産センターの駐車場

②しり山のA点

③広角にサオを振れるB点

④高さのあるC点

⑤良型アブラコ、カジカを大漁できるD点

⑥二つの岩の間を狙うE点

⑦納沙布岬灯台の駐車場

⑧大物場として知られるF点

MEMO
写真②〜⑥は釣り座が高く大小の岩に囲まれているのでしけには強いが、クレーン釣りになる。ヘビータックルが必要。

[標津町] しべつかいがん

標津海岸

知床半島と根室半島に挟まれた根室海峡の中にあるため、しけに強く、アマモが繁茂する海はコマイやカレイの格好のすみかにもなっている。

オートキャンプ場を併設するしべつ海の公園の北釣り突堤、写真①のA点は、胸壁がサオ立て代わりになる人気ポイント。砂地主体で根掛かりが少なく、外海側へ投げてコマイやクロガシラ、カジカを狙う。南釣り突堤も釣果に大差ないが、北釣り突堤よりも若干アプローチが長いためか、敬遠する人が多い。

なぎの日限定だが、標津漁港の南防波堤外海側にある平たんなブロック状の足場、写真②のB点は、爆発力のあるコマイとクロガシラの穴場。盛期は日中でも当たりが止まらないことがある。

第2北防波堤先端部の写真③、C点はコマイとカレイのポイントで、東防波堤先端部の写真④、D点もターゲットは同様だが、こちらは船道狙いが有望で、時折30cm超えの良型クロガシラが上がる。

チカは写真⑤のE点周辺が良く、投げ釣りならコマイが釣れる。

防潮堤の上からコマイを釣る写真⑥のF点は、近くにある建物が由来の通称「奥村水産裏」と呼ばれる場所。4～5mの高さの防潮堤から投げるため、軽く投げても距離が出る。一部に根掛かりがあるので留意したい。

国道沿いにある写真⑦の建物は、通称「旧ニコライ亭」と呼ばれるかつてのドライブインで、コマイの好釣り場。建物の真裏のやや右、G点付近は、波打ち際に半分埋まった消波ブロック群があり、写真⑧の通り若干サオが出しづらい。一方、やや左のH点付近は自然の海岸線で、こちらの方が、サオは出しやすく人気がある。G点、H点ともに根掛かりがあるので仕掛けは多めに持参。周辺地域のコマイシーズンは初夏と秋～初冬で大型も多い。波打ち際の濁りの中で釣れることが多いため、ちょい投げ中心に。

なお、標津川には5月1日～11月30日、左右両海岸1kmにサケ・マス採捕の河口規制が掛かる。

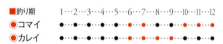

■釣り期	1…2…3…4…5…6…7…8…9…10…11…12
●コマイ	
●カレイ	

MEMO

北釣り突堤中間部内海側付近に海藻が繁茂するスポットがあり、その周囲でクロガシラが連続でヒットすることがある。入釣の際は、必ず探っておくべきポイントの1つ。

[道東]十勝・釧路・根室

[標津町]

①入釣しやすくサオも出しやすい人気釣り場の北釣り突堤

②凸凹ブロックの上でサオを出すB点はコマイとカレイの穴場

③すぐ左に胸壁があるC点はコマイ、カレイのほか時折チカの姿も

④D点から船道を狙うと良型クロガシラがたびたび上がる

⑤チカの好ポイントE点。シーズン中は釣り人の姿が絶えない

⑥高い防潮堤の上から釣る通称「奥村水産裏」のF点

⑦国道沿いにあるこの建物がかつてのドライブイン「旧ニコライ亭」

⑧「旧ニコライ亭」の通称で知られるコマイの定番ポイントG点

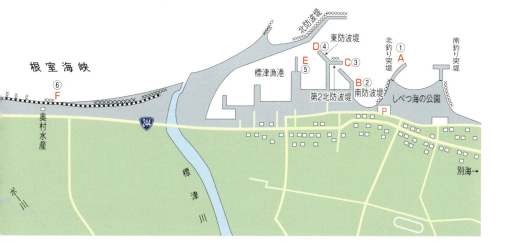

[標津町] くんべつかいがん

薫別海岸

薫別漁港と漁港両サイドの海岸は
コマイとクロガシラの好ポイントとなっている。

　薫別川の河口海岸へは、薫別漁港の南防波堤基部付近から盛り土（写真①）を踏み台にして徒歩で行くか、あるいは国道335号から脇道へ折れ、薫別集落センター付近を抜けると海の近くまで車で行くことも可能。釣りのポイントは導流堤と薫別川河口の間の砂浜A点（写真②）でクロガシラとコマイが来る。

　東防波堤の先端付近B点（写真③）は12時方向や港内側でコマイとクロガシラが釣れる。コマイは投げ釣りでも来るが、クロガシラは仕掛けをキャストした上で海底を断続的に引きずるか、足元の海底を仕掛けでたたくようにして探るとよく当たりがくる。群れの寄るタイミングでサビキ仕掛けを垂らせば、チカも好漁できる。南防波堤先端部のC点から船道や外海側を狙ってもコマイは来るし、クロガシラも釣れる。

　東防波堤中間部のD点付近はクロガシラのポイント。25cm前後主体に30cm級も交じる。

　コマイは港内に魚影の濃いときなら、E、F点でも釣れる。F点はサビキ釣りでチカ、ニシンも狙える。港の左海岸へは北護岸基部（写真④）から行ける。港から約1kmの範囲が釣りのポイントとして実績があり、2つめの小河川（写真⑤）の手前までは砂が踏み固まっていて道はいい。ただ、2つめの小河川から先はでこぼこの悪路で、小河川の水深も20cm余りになるためオフロード車が望ましい。オフロード車でも、港から約1kmの距離にある5つめの小河川手前までが限界だ。3～5つめの小河川の河口付近の海岸に当たるのは、それぞれ順にG（写真⑥）、H（写

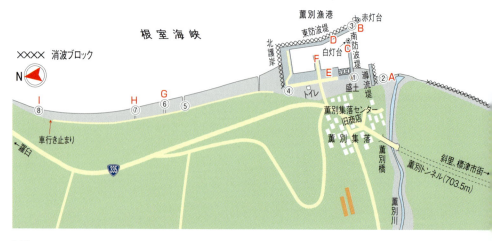

真⑦)、I(写真⑧)点。いずれも投げ釣りでコマイと肉厚のクロガシラがよく来る。キャストは数十メートルで間に合い、エサをサンマなどにすれば少数ながら30～35cm級のカジカも交じる。

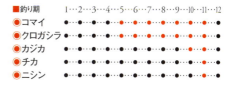

■釣り期	1	2	3	4	5	6	7	8	9	10	11	12
●コマイ												
●クロガシラ												
●カジカ												
●チカ												
●ニシン												

[道東]十勝・釧路・根室

[標津町]

①南防波堤基部付近の盛り土

③東防波堤先端付近のB点

②A点の砂浜。飛距離控えめの投げ釣りでコマイとクロガシラが来る

④薫別漁港左海岸への入り口となるのは北護岸の基部

⑤北護岸基部から海岸へアプローチし2つめに出合う小河川。ここまでは比較的道がいい

⑥北護岸基部から数えて3つめの小河川の河口海岸G点

⑦4つめの小河川の河口海岸H点

⑧5つめの小河川の河口海岸I点

MEMO

薫別川河口の左右各1kmの海岸には6月1日～11月30日、サケ・マス採捕の河口規制が掛かるため注意が必要。

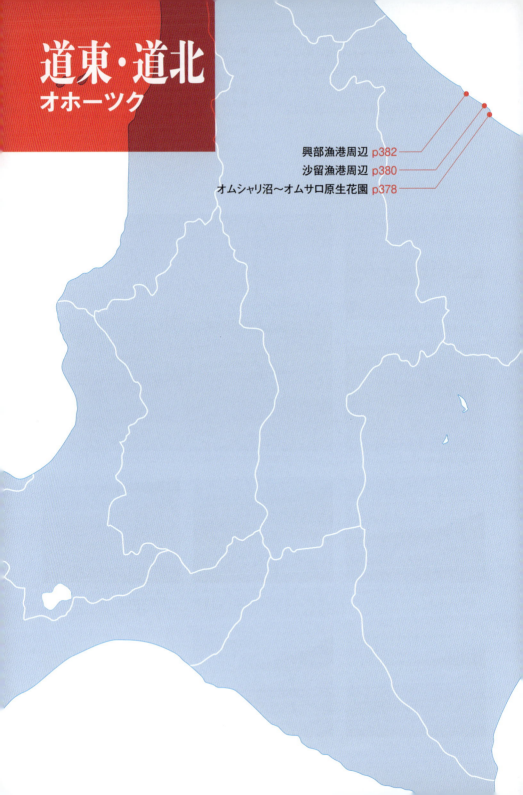

道東・道北
オホーツク

興部漁港周辺 p382
沙留漁港周辺 p380
オムシャリ沼〜オムサロ原生花園 p378

[斜里町]うとろかいがん

ウトロ海岸

世界自然遺産・知床の観光拠点でもある斜里町ウトロ。
豊かな海は、時に類を見ないダイナミックな釣り方を見せてくれる。

　本港地区港内の写真①のA点は、チカやサンマ、イワシなどの小物釣り場。夏場はチカが、秋はサンマやマイワシが釣れる。

　写真②の北防波堤先端B点からはカラフトマス、サケが釣れるが船の出入りには注意すること。

　三角岩の愛称で知られる写真③のC点のウトロ崎は、水深が15〜18mある道内有数の大物場。根掛かり地帯の手前および北防波堤寄りを除けばほぼ全面砂地で、マガレイとクロガシラを中心にイシモチやスナガレイも釣れ、コマイとホッケも人気。型の良さに定評があるホッケはショアジギングが主流。年に数匹程度だがオオカミウオやマダラ、シマボッケも釣れ秘境らしい一面が垣間見える。

　ペレケ地区の岸壁、ペレケ川河口の写真④のD点は、夏にカラフトマスが、秋〜初冬にサケが釣れる。工事などで立ち入り禁止になることがある。

　ゴロタ場やさらしを歩き渡るチャシコツ崎(写真⑤)のE点は、アブラコ、カジカのポイントだが、沖に向かって緩やかに落ち込んでいて足元が狙いにくいのが難点。

　チャシコツ崎先端部F点は、小ワンドが切れ込むアブラコ、カジカのポイント。写真⑥は、チャシコツ崎先端からワンドの切れ込み方向を写したものだ。

　国道脇の階段を下り、消波ブロックを伝って海岸へ抜け、ウエーディングして渡るさらし

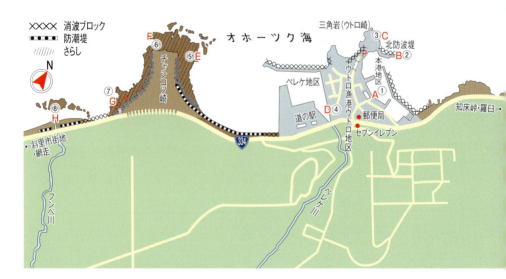

の岩場、写真⑦G点はアブラコやカジカが釣れる。入釣はなぎの日限定だ。

写真⑧のフンベ川河口海岸H点はカラフトマスの人気ポイント。岩礁に囲まれ、群れが入るとチャンスが長く続く傾向がある。

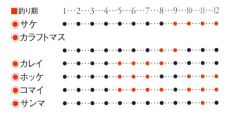

■釣り期	1	2	3	4	5	6	7	8	9	10	11	12
●サケ									●	●	●	●
●カラフトマス					●	●	●	●	●			
●カレイ				●	●	●	●	●	●	●	●	
●ホッケ				●	●	●	●	●	●	●	●	
●コマイ	●	●	●	●						●	●	●
●サンマ								●	●	●		

【道東・道北】オホーツク

[斜里町]

①サビキ釣りの好ポイント、本港地区港内のA点

②カレイ、ホッケに期待できる本港地区北防波堤B点

③周辺で最も期待値が高い通称三角岩のC点

④サケやカラフトマスが釣れるペレケ地区D点の岸壁

⑤足元からスロープ状に落ち込む投げ釣りポイントE点

⑥目の前に深く切れ込む小ワンドがあるF点

⑦ウエーディングしなければ渡れないG点の岩場

⑧カラフトマスで人気のフンベ川河口海岸H点

MEMO

三角岩へのアプローチは、高さ3mほどの北防波堤基部をよじ登り、消波ブロックと岩山の隙間を通って海岸へ出る。足場の悪い岩場を進めば先端部に到着。駐車場は4月下旬～10月下旬は有料。

能取湖口海岸

[網走市]のとろこぐちかいがん

網走市能取漁港〈湖口地区〉と、その左右に広がる砂浜や護岸が釣り場を形成している。

美岬トンネルの2つの出入り口付近の海側にはそれぞれ駐車場があり、そのうち西側の駐車場には海岸へ下りる道路（写真①）がある。車による進入はできないが徒歩で道を下りた先は傾斜の緩い護岸で、波打ち際には部分的に消波ブロックがなく釣りやすい。A点の流れ出し周辺（写真②）はカラフトマスやサケが寄るもののあまり知られていない。

同港の東防波堤と付近の砂浜に行くには、道道76号から、未舗装の道路（写真③）に入り道なりに進む。

同防波堤は、消波ブロックが山積みの中間付近より先（写真④）は釣りが難しいものの、中間付近より手前のB点周辺はサオを出すことが可能。西防波堤側を投げ釣りで狙って釣れるのはクロガシラだが、潮の流れが速い時間帯には仕掛けがひどく流されたり、海藻などが仕掛けに絡む。なお、写真⑤はB点周辺を東防波堤先端側から撮影したものである。

同防波堤は湖内側にも延び、C点（写真⑥）の船だまりを形成。C点は足元の湖底をブラーなどで探りクロガシラ、サビキ釣りでチカが釣れる。

西防波堤が、ウキルアー釣りやウキ釣りでサケ、投げ釣りでカレイが釣れるのは東防波堤と一緒。ポイントは中間より手前のD点周辺。西護岸のE点周辺（写真⑦）は投げ釣りのポイントであり、コマイのほかクロガシラを主体とするカレイが釣れる。西防波堤左側の砂浜、F点周辺（写真⑧）は投げ釣りでサケが釣れる。

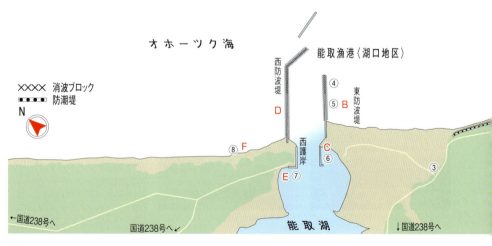

■釣り期	1…2…3…4…5…6…7…8…9…10…11…12		1…2…3…4…5…6…7…8…9…10…11…12
●カラフトマス	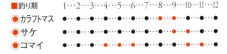	●カレイ	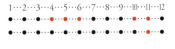
●サケ		●チカ	
●コマイ			

[道東・道北] オホーツク

[網走市]

①A点の海岸につながる道路。車両での進入は禁止されている

②あまり知られていないカラフトマス、サケポイントのA点

③能取漁港〈湖口地区〉の東防波堤へはこの未舗装道路から入る

④東防波堤の中間付近。先端まで消波ブロックが積まれている

⑤東防波堤のB点付近

⑥東防波堤のC点付近

⑦西護岸のE点

⑧西防波堤左側のF点周辺

MEMO

2018年9月1日、能取湖は国によって海面に指定された。これによって湖口の海岸に掛かっていたサケ・マス採捕の河口規制は撤廃され湖口の海岸でのサケ・マス釣りが可能となっただけでなく、能取湖内でもサケ・マス釣りが可能になった。

[湧別町] かわにしかいがん

川西海岸

道東有数の大河、湧別川が流れ込む周辺地域は、カレイやコマイが好む砂地が多い。港はそこそこ規模が大きくポイントも多いが、投げ釣りは期間が短いのが難点だ。

　湧別漁港のすぐ右に河口があるポント川そばの写真①、A点は秋にサケが釣れる穴場。近くに湧別川のサケマス河口規制を示す標柱があるので、左右両海岸1kmの区間は規制期間（6月1日～12月10日）中、ルール違反のないよう十分に気を付けたい。

　写真②の東護岸から突き出す東防波堤先端部B点は、コマイやカレイが釣れる投げ釣りのポイントだが、カワガレイのオンパレードになることがあり、入釣タイミングを選ぶ場所といえる。

　チカは写真③のC点や、上架場がある写真④のD点周辺がポイント。C点は漁船が停泊していることが多く、係留ロープに仕掛けを引っ掛けないように。開幕は海明け後の4月中旬で、水深があるD点は、サビキを2連結してタナを広く探る人が多い。

　同港北防波堤先端（写真⑤、E点）までは約900mもあり、アプローチが大変だが、同港の最強ポイントだけに労は惜しみたくない。先端部から船道へちょい投げ、あるいは足元に低く積まれた消波ブロック越しに1時方向へ投げると、マガレイ中心にクロガシラやイシモチ、カワガレイが交じり、早朝はコマイも。ただ近年は不振続きなのが気掛かり。

　海岸に出る直前で道がクランク状に曲がる写真⑥、F点と、海沿いの盛り土が途切れた地点から海岸へ出る写真⑦、G点、そしてシブノツナイ湖流出口そばの写真⑧、H点も投げ釣りのカレイ場。中心はマガレイで、カワガレイやコマイも釣れる。秋はサケ釣りが盛況だ。H点は湖の影響を受けやすく、雨が

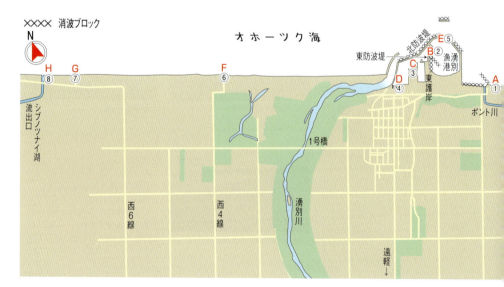

降った直後は湖から海藻やごみが流出して釣りにならないこともある。

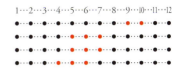

■釣り期	1・2・3・4・5・6・7・8・9・10・11・12
●サケ	・・・・・・・・●●・・
●コマイ	・・●●・・・・・●・・
●カレイ	・・・●●●・・・●・・
●チカ	●●●・・・・・・●●●

[道東・道北] オホーツク

[湧別町]

①Aはサケ釣りの穴場

②コマイやカレイが釣れるB点

③C点は漁船の係留ロープに注意すること

④水深があるチカポイントのD点

⑤カレイ、コマイが釣れる同港最強のポイント（E点）

⑥海岸に出る直前で道が曲がるF点

⑦盛り土が途切れた地点から海岸に出るG点

⑧カワガレイの魚影が濃いH点

MEMO

岸壁B点付近はコマイがたまりやすく、盛期にはE点に勝るとも劣らない釣果が上がる。良型コマイは朝と夕方～夜に釣果が上がりやすく、日の出前後または日没前の入釣が必須。

377

[興部町・紋別市] おむしゃりぬま～おむさろげんせいかえん

オムシャリ沼～オムサロ原生花園

平たんで根掛かりの少ない砂浜が広がる。
春や秋にはほぼ全域でコマイ、クロガシラが釣れ、秋には投げ釣りでサケが狙える。

「流氷岬」の看板左側の写真①からオムサロ原生花園前の砂浜へ出たところがA点。晩秋にサケが投げ釣りで狙える。オムサロ・ネイチャー・ビューハウス（写真②）から50～100mの範囲でサオを出す人が多い。仕掛けは1本フロートで色は銀、赤、青色にエサはカツオなど。写真③のB点には同ハウスの両側から行ける。一般的には写真④のC点側からB点へ出る人が多い。B点は初夏と晩秋にコマイ、カレイが釣れ、秋には投げ釣りでサケが釣れる。C点は同ハウス周辺で一番人気。魚種やシーズンはB点と同様。B点は入釣しやすく、ファミリーにも人気がある。

写真⑤のD点へは、くいの横から入る。投げ釣りでサケが狙えるが本命はコマイ。年によって釣果にばらつきはあるが10～12月に数が出る。投げる距離は20～50mでそれ以上投げると数が落ちる。海底は砂地で根掛かりは少ない。D点と写真⑥のE点までは150mほど。湖畔橋南側から入る。コマイ、カレイに定評があってカレイはクロガシラ主体にカワガレイ、スナガレイなどが狙える。初夏にホッケが釣れる年もある。仕掛けは胴突き、遊動式14号前後にイソメを付けて正面の導流堤先端部方向を目掛けて投げる。

オムシャリ沼導流堤のすぐ左側の写真⑦のF点へは導流堤入り口の立ち入り禁止ゲートの約10m手前の草むらから海へ下りる。秋に消波ブロック上からウキ、ウキルアー釣りでサケが釣れる。導流堤左側の写真⑧のG点へは導流堤手前から海側沿いの道

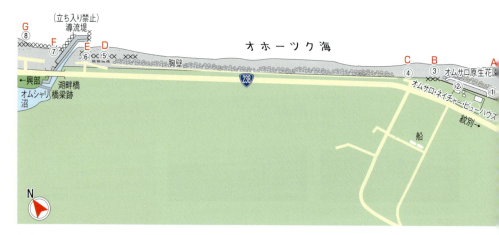

を北側に進み、高さ50～70cmの草地を下り5～8m幅に敷き詰められた石の上を歩いて出る。投げ釣りでサケ、コマイ、カレイが釣れるが数は少ない。

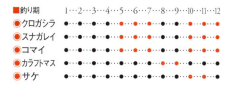

[道東・道北] オホーツク

[興部町・紋別市]

①入釣者は少ないがサケが狙えるA点

②オムサロ・ネイチャー・ビューハウス。A～C点入釣の目印になる

③初夏と晩秋にカレイ、コマイが釣れるB点

④入釣しやすく人気の高いC点

⑤D点入釣の目印となる定置網のロープを結んでいるくい

⑥E点から導流堤先端部方向へ向かって投げると好釣果が得られる

⑦F点へは導流堤手前の崩れた道を下りる

⑧G点へは胸壁を下りて敷き詰められた石の上を歩いて出る

MEMO

C～D点間の国道沿いには駐車場がないので注意。ガードレールを越えて砂浜へ出る際は車の往来にも気を付けて。

[興部町] さるるぎょこうしゅうへん

沙留漁港周辺

沙留川右岸側はカラフトマス、サケ釣り場として定評があり、春、秋にコマイ、クロガシラもよく釣れる。

国道238号沿いの「ドライブインさるる」の看板前の写真①のA点は、かつてドライブインがあった場所で、建物は数年前に解体されたが今でも「旧ドライブイン前」や「ドライブインの看板前」と呼ばれる。春と秋にコマイ、初夏にはクロガシラが釣れる。釣り場へは「ドライブインさるる」の看板下の海沿いの未舗装道路を紋別方向へ進むと行き止まりになるが、そこから砂浜へ出る。

写真②のB点はカレイ、コマイ釣りが人気。特に秋から初冬のコマイには定評があり、夕方以降の夜釣りで数が期待できる。また、秋には投げ釣りでサケも狙える。釣り場へは海側にある2つに切ったドラム缶の間から海岸へ出る。沙留川河口右海岸の写真③のC点はカラフトマス、サケ釣りが人気。

釣り場へは南防波堤基部の写真④のD点から川原へ出て左岸側から川を渡る方法と河口右岸側から車で行く方法がある。ウエーダー着用なら難なく川を渡れるが増水時の無理な横断は危険。

沙留漁港南防波堤の写真⑤のE点はサケの好釣り場。基部寄りの港内に延びる消波ブロックを挟み左右から狙う。ピークは10〜11月。釣り方はウキ、ウキルアー釣り主体で垂らし釣りの人もいる。同漁港東防波堤先端部の写真⑥のF点は春にカワガレイが開幕し、次いでスナガレイとクロガシラ、マガレイの順で釣れる。同時期に夏コマイの数釣りが楽しめることが多い。写真⑦のG点へは漁協施設裏にある高さ1.5mほどの胸壁の付け根部分から消波ブロックを渡っ

て砂浜へ出る。一帯は岩礁帯で飛び根があって根掛かりしやすく、風向きにより海藻がたまりやすいため中、上級者向けの釣り場だが、初夏と晩秋にカジカとコマイが狙える。遠投は不要で30〜50m投げれば十分釣果が見込める。

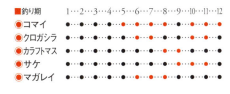

【道東・道北】オホーツク
[興部町]

①「ドライブインさるる」の看板下のA点はコマイ、クロガシラがよく釣れる

②B点へは2つのドラム缶の間から出るといい

③サケ、マスの人気ポイントの沙留川河口右海岸のC点

④沙留川右岸C点へは南防波堤基部のD点から川を渡っても行ける

⑤同港南防波堤のE点はサケの人気釣り場

⑥コマイやカレイ、チカなどの好ポイントの同港東防波堤先端部のF点

⑦カジカやコマイが狙えるG点

MEMO

B点方向からC点までは一部、砂が深いので4輪駆動車でなければ走行は難しい。沙留漁港東防波堤のF点への車の乗り入れは慎みたい。

[興部町] おこっぺぎょこうしゅうへん

興部漁港周辺

砂浜では投げ釣りでサケ、コマイ、クロガシラやカワガレイなどが釣れ、サケはオホーツク海きっての遅場として知られる。

　藻興部川河口左岸の写真①のA点は国道238号に架かる藻興部橋北側（川の左岸側）から海へ向かって700m行く。導流堤と左岸側はカラフトマス、サケ釣り場。釣り場までは浸食で崩れた砂地を下るが高さが2m以上あるので、高さと傾斜が少ない川側から迂回するといい。写真②はB点への入り口でB点は投げのサケの穴場。

　道が二股になった写真③のC点はサケの投げ釣り場として知られる。入釣は砂浜まではなだらかでどこからでも入釣可能だ。興部漁港東側の砂浜の写真④のD点はサケが投げ、ウキルアー釣りで狙え、シーズン序盤に実績がある。海側にある「不法投棄は犯罪です！」の看板周辺付近から砂浜へ出ることができる。最近はD点右側にある防砂堤でコマイやカレイを狙う人が増えた。しけ後に海藻がたまりやすい欠点はあるが根掛かりは少ない。興部漁港南防波堤の写真⑤のE点もサケ釣り場として有名。秋にはサビキでチカやキュウリ、サバも釣れ、投げ釣りでコマイも狙える。興部漁港西防波堤基部の内海側の船揚げ斜路周辺の写真⑥のF点はサケの1等地。

　北防波堤の突堤より先の写真⑦のG点は、投げ釣りで狙うコマイの好ポイント。同じくコマイのポイントのE点より岸壁から距離がありアクセスは悪いが、行くだけの価値はあり、群れが入っていればダブルやトリプルでヒットが続くこともある。

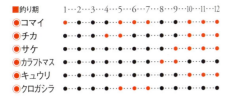

■釣り期	1	2	3	4	5	6	7	8	9	10	11	12
●コマイ	●	●	●	●	●	●	●	●	●	●	●	●
●チカ	●	●	●	●	●	●	●	●	●	●	●	●
●サケ								●	●	●		
●カラフトマス							●	●				
●キュウリ					●	●						
●クロガシラ				●	●	●	●	●	●			

【道東・道北】オホーツク [興部町]

①A点へは一度川側に迂回するといい

②サケの穴場のB点への入口

③C点周辺はどこからでも砂浜へ出られる

④サケの実績があるD点

⑤興部漁港の南防波堤周辺のE点はサケをはじめ多彩な魚が釣れる

⑥興部漁港西防波堤基部のF点はサケの一等地

⑦投げ釣りでコマイが狙える北防波堤のG点

MEMO

興部川には5月1日〜12月10日、左右各500mの海岸にサケ・マス採捕の河口規制が掛かるので注意が必要。

道北
宗谷・留萌

声問漁港右海岸 p406
声問漁港左海岸 p408
稚内港（北船溜地区）右海岸 p410
抜海海岸 p412

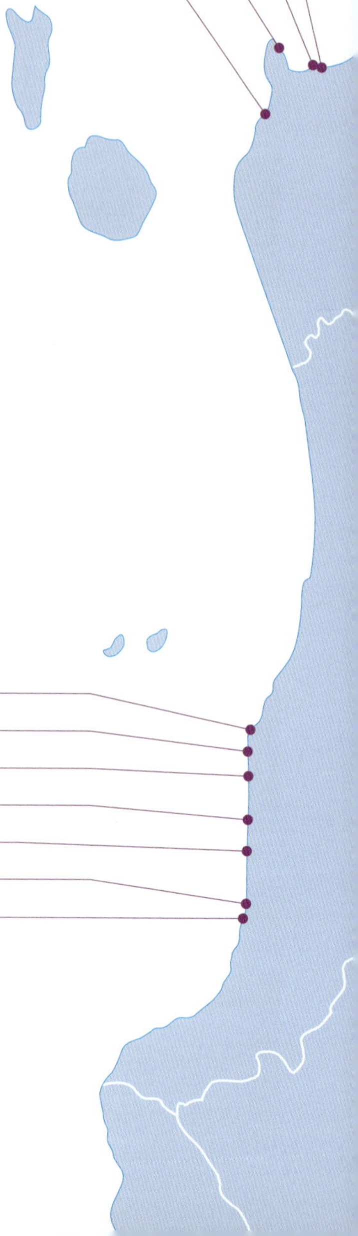

三豊海岸 p414
上平海岸 p416
力昼海岸 p418
鬼鹿広富海岸 p420
鬼鹿富岡海岸 p422
大椴海岸 p424
真砂〜花岡海岸 p426

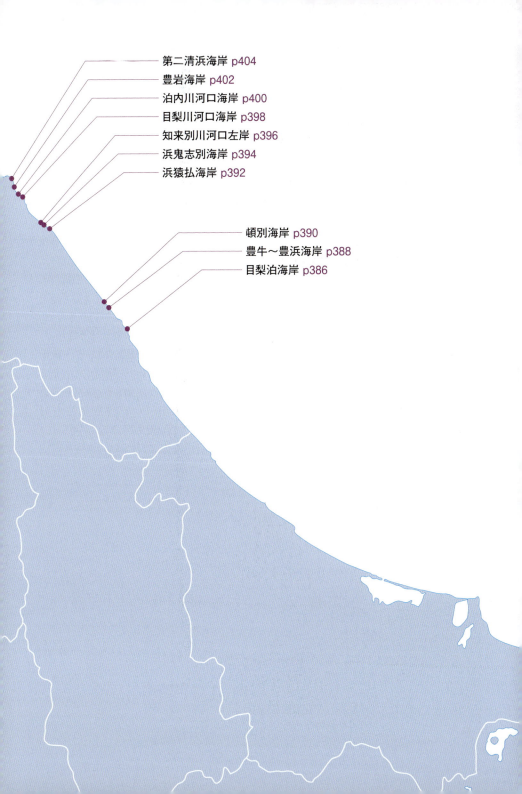

[枝幸町]めなしどまりかいがん

目梨泊海岸

カラフトマスやサケの釣り場として知られ、シーズン中は釣り人の姿が絶えない。
カレイやカジカの寄り付きも良く、狙う人は少ないが、良型や大型を手にすることもできる。

　紹介するのは枝幸町のオホーツク枝幸北漁港目梨泊地区（通称目梨泊漁港）と北見神威岬公園までの間にある海岸。目梨泊漁港北護岸基部から徒歩で各ポイントへ向かう。

　写真①から見た奥行きが狭いA点の砂浜は干潮時に入釣が可能。20～50mの飛距離で、春にはイシモチやクロガシラの数がそろうこともある。

　写真②はB点の階段状のコンクリート護岸。波が穏やかなときの9月上旬～10月上旬には、サケの投げ釣りの人でにぎわい、いい時には2ケタの釣果が上がる。

　写真③は護岸左端のC点で、10月中旬～11月下旬にかけて前方に見える岩の周辺に投入すると、根掛かりの可能性はあるが35～50cm級のカジカの数釣りも可能だ。

　写真④はD点の砂浜で、波打ち際から15mほど沖合から岩礁が続くが、その手前を狙うとカジカやクロガシラなどが釣れる。

　写真⑤はE点の小川が流出する場所で、河口のすぐ前に見える岩にウエーダー着用で渡って上がり、左右や先端部のウキ釣りでカラフトマスやサケが狙える。波打ち際近くまで群れが回遊しているとき限定だが、砂浜からも狙え、両魚種とも2ケタ釣りが可能だ。

　写真⑥はF点の波打ち際から岩場が露出

したポイント。岩と岩の間にカラフトマスやサケがたまることもある。

　写真⑦はG点の北見神威岬公園右下にあるワンドが形成された砂浜。10〜30mの飛距離でカラフトマスやサケのヒットがある。同じ飛距離でカレイとカジカも多く釣れる。写真⑧は北見神威岬公園から漁港側の海岸を見下ろした風景。

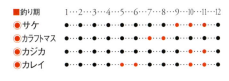

[道北] 宗谷・留萌

[枝幸町]

①干潮時に入釣が可能なA点の砂浜

③カジカの数釣りが期待できるC点

②サケの投げ釣りでにぎわうB点の護岸

④カジカやクロガシラ、イシモチが釣れるD点

⑤E点では河口前の岩からカラフトマスやサケが狙える

⑥岩と岩の間にカラフトマスやサケがたまるF点

⑦多魚種が狙えるG点の砂浜のワンド

⑧北見神威岬公園からの目梨泊海岸の眺望

MEMO

カレイやカジカの投げ釣りは根掛かりが多いので仕掛け類は多めに持参。カラフトマス、サケはウキ釣りが有効。タナは時と場合に応じて調整ができるように遊動式がお薦めだ。

[浜頓別町] とようし〜とよはまかいがん

豊牛〜豊浜海岸

根掛かりが多いことから入釣者は少ないものの、カジカは40cm前後の良型の数釣りのほか、ときには50cmに届くような大型もヒットするため地元釣り人に定評がある。

一帯の沖合は岩礁帯が主体となり、海藻が茂っていて砂地と混在している。根掛かりが激しい場所が多いものの、良型カジカが期待できる。また場所によってはクロガシラのほかサケやカラフトマスのヒットの可能性がある。

NTTの中継アンテナ下の写真①のA点付近から右側一帯は、カジカが釣れるものの海底のほとんどが岩礁帯で根掛かり必至。

KDDIの中継アンテナ左側の写真②のB点の海底は岩礁に砂地。岸から20〜30m先に投入して数は期待できないがカジカやクロガシラが釣れる。

砕石場入り口右側の海岸にある写真③の小川の河口C点付近は、岩礁に砂地で根掛かりすることが多いが中投でクロガシラやカジカが釣れる。

写真④のD点の小川河口右海岸は岩礁に砂地、飛び根と変化に富んでいる。根掛かり覚悟で岩礁や根周りを攻めるとカジカの数がそろうことが多い。

写真⑤の小川が流出するE点は、根掛かりが気になるが海岸に流出する川水の流れ込み周辺を狙ったちょい投げや中投で30cm前後のクロガシラや40cm前後のカジカの数がそろうことがある。

写真⑦は国道238号と道道586号の丁字路交差点付近のG点の砂浜で、海底は砂地に岩礁が混在している。秋のカジカ場として定評があり15〜25m先に投入して40cmを超える良型も期待でき、まれにクロガシラも掛かる。またG点と写真⑥の水産会社左側横のF点間の砂浜は、サケやカラフトマスが回遊することもあるためシーズンになるとのんびりとサオを出す人の姿が見られる。

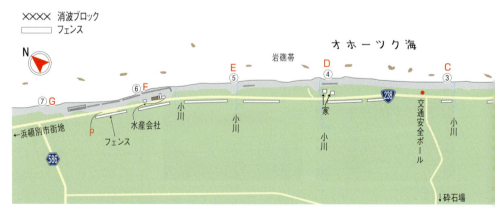

■釣り期	1‥2‥3‥4‥5‥6‥7‥8‥9‥10‥11‥12		1‥2‥3‥4‥5‥6‥7‥8‥9‥10‥11‥12
●カレイ	●‥●‥●‥●‥●‥●‥●‥●‥●‥●‥●‥●	●カラフトマス	●‥●‥●‥●‥●‥●‥●‥●‥●‥●‥●‥●
●カジカ	●‥●‥●‥●‥●‥●‥●‥●‥●‥●‥●‥●	●サケ	●‥●‥●‥●‥●‥●‥●‥●‥●‥●‥●‥●

[道北―宗谷・留萌]

[浜頓別町]

①波打ち際近くから岩礁が続き根掛かり必至のA点

②20〜30m先に投入して狙うB点

③中投でカジカやクロガシラが釣れるC点

④岩礁や根周りを狙うと良型カジカが釣れるD点

⑤ちょい投げや中投げでクロガシラやカジカが釣れるE点

⑥サケやカラフトマスの回遊もある水産会社左のF点

⑦良型に大型交じりでカジカの数が期待できるG点

MEMO

根掛かりが多い釣り場なので仕掛けを多めに持参するなど、根掛かり対策を万全にして臨むこと。

389

[浜頓別町] とんべつかいがん

頓別海岸

頓別川と豊寒別川が流れ出る頓別海岸はサケが期待できることで有名だ。ほかに、カレイやカジカ、コマイなどが狙える。

頓別漁港の右側に延びる頓別海岸は、飛び根と砂地が混在しており、根掛かりがやや気になる場所もある。

写真①のA点付近は30～50mに投入してクロガシラやイシモチが釣れることがあるものの数は期待薄。サケの回遊も見られる。

C点と風力発電風車下にある写真②のB点間は、サケシーズンには投げ釣りのサオが林立する。カレイに関しては、スナガレイ、イシモチのほかまれにマガレイやクロガシラも交じるものの小型主体で面白みに欠ける。

写真③のC点の砂浜は中・遠投でイシモチ、マガレイ、クロガシラなどが釣れ、条件が良ければ2ケタも可能だ。

離岸堤が並んでいる写真⑤の漁協研修センター裏のE点と写真④のD点間は、砂浜と離岸堤の間をサケが時折回遊している。

写真⑥のF点は、やや根掛かりするが、20～30mほど先に投入して秋にカジカの30～45cmが釣れる。

写真⑦（G点）の防砂堤は先端部から50m以上の飛距離で6～7月にマガレイやイシモチの数が上がることがあるものの好不調の差が激しい。中間部から先端部間は、漁港側に向けて、ちょい投げや中投すると、夏の一時期と、10、11月にカレイが2ケタ釣れることがある。

写真⑧の頓別漁港南防波堤と防砂堤の間のH点の砂浜は、波打ち際から20～

30mほど先まで浅瀬になっており、中・遠投が必要となるが、カワガレイを主体にクロガシラやイシモチも交じり、時季によってはコマイも釣れる。

頓別川は6月1日〜12月10日、左右両海岸1kmにサケ・マス採捕の河口規制が掛かる。

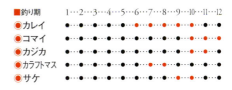

[道北]宗谷・留萌

[浜頓別町]

①中投げでクロガシラなどが釣れるA点

②投げ釣りでサケの好ポイントとして人気のB点

③中、遠投でカレイが釣れるC点の砂浜

④サケの回遊が時折みられるD点の砂浜

⑤漁協研修センター裏のE点

⑥秋にカジカが期待できるF点

⑦先端部でマガレイやイシモチが釣れるG点の防砂堤

⑧カレイやコマイが狙える頓別漁港南防波堤と防砂堤間のH点

MEMO

釣具店とコンビニは1kmほどの浜頓別市街にある。また釣り場から5kmほどのクッチャロ湖畔には温泉と宿泊施設があるので家族連れの場合は立ち寄りスポットとしてチェックしておこう。

[猿払村]はまさるふつかいがん

浜猿払海岸

[道北] 宗谷・留萌 [猿払村]

砂地に飛び根があり、イシモチ、クロガシラ、コマイなどの投げ釣り対象魚をはじめとしてサクラマス、カラフトマスなどのルアー釣り対象魚の寄り付きもいい。

浜猿払漁港と猿払川河口の間にあたる浜猿払海岸への入釣は、浜猿払漁港北護岸基部からと猿払川河口右側にある導流堤基部からとなる。

写真①から見た浜猿払漁港北護岸基部のA点の砂浜付近は、秋にサケの回遊が時折見られる。また夏から秋の夜釣りも面白く、遠投性の優れたウキ仕掛けを用いて短冊状のサンマやイカをエサに良型のクロゾイの大漁が可能。春には中・遠投の投げ釣りでイシモチやクロガシラの数がそろうこともある。秋から冬の投げ釣りではコマイやカジカも釣れる。

写真②の猿払電話中継所跡下のB点から写真③のC点の砂浜はサケの回遊が見られる場所。投げ釣りで複数匹を手にする人がいる。

C点から写真④のD点までの消波ブロックが砂に埋もれている所では、波打ち際から50mほどの沖合から海藻が茂っており、その手前を狙うと、カジカ、クロガシラ、イシモチがよく釣れる。

消波ブロックがある写真⑤のE点から後方に護岸がある写真⑥のF点間の沖合は砂地に飛び根で、やや根掛かりが気になるが、遠投でクロガシラ、イシモチにマガレイも交じることがある。タイミングが合えば各魚種とも2ケタ釣りができる。

F点から写真⑦のG点間のポイントはルアーポイントで、ミノーやスプーンなどを用いてアメマスやサクラマスの複数匹ゲットが可能。8月下旬から9月下旬にかけてはカラフト

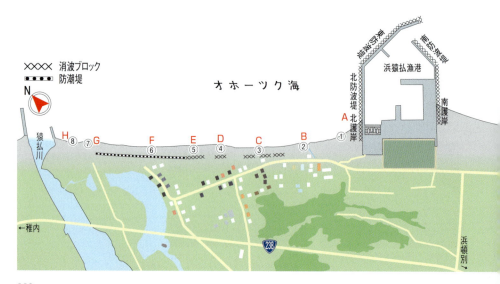

マスの回遊もある。

　写真⑧のH点は猿払川導流堤脇の砂浜で、日没後に15g程度のジグヘッドなどにワームを付けてフルキャストすると良型のクロゾイやカジカがヒットする。

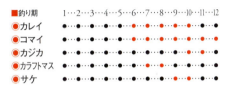

■釣り期	1	2	3	4	5	6	7	8	9	10	11	12
●カレイ				●	●	●	●	●	●	●	●	
●コマイ	●	●	●	●						●	●	●
●カジカ						●	●	●	●	●		
●カラフトマス								●	●			
●サケ									●	●		

①浜猿払漁港北護岸付近のA点

②猿払電話中継所跡からB点を望む

③秋にはサケの回遊があるC点の砂浜

④砂浜に埋もれた消波ブロックがあるD点

⑤中、遠投でカレイが狙える防潮堤右端付近のE点

⑥F点のルアーポイントの防潮堤中央部付近

⑦防潮堤左端付近のG点

⑧日没後にソイが狙える猿払川導流堤右側のH点

MEMO
北風と東風に弱い海岸で、数日間にわたり吹くと濁りが生じて釣りにならないことが多い。天気予報で確認してから出掛けること

[猿払村] はまおにしべつかいがん

浜鬼志別海岸

投げ釣りでカレイ、コマイ、カジカの数釣りが可能で、サケも回遊次第では複数匹ゲットのチャンスがある。

写真①は浜鬼志別漁港の西防波堤基部のA点の砂浜付近で、日没後にサンマやイカの切り身をエサにしたウキ釣りで、20～30cm級のクロゾイが釣れる。まれに40cmを超える良型が釣れることもあるのでキャスト後は気を緩めないこと。

写真②は、波打ち際の消波ブロックの一部が砂に埋もれているB点で、春と秋にクロガシラの2ケタ釣りが楽しめる。

写真③のC点は、波打ち際から10～20mほど沖合に海藻が茂っており、根掛かりが気になるが、秋にカジカの30～45cmが釣れる。潮が引いているときのみ砂浜が現れ、満ち潮のときは砂浜が消えるので消波ブロック越しでの釣りになる。4.5mほどの長めのサオが必要となる。

写真④は鬼志別川河口右岸のD点。サケ・マス採捕の河口規制解除後のウキ釣りやウキルアー釣りポイントで、条件次第では短時間で複数匹のサケのゲットも可能だ。

写真⑤のE点の鬼志別川左導流堤は、波が穏やかなとき限定のポイント。サケ・マス河口規制解除後にウキルアーやウキ釣りでサケが狙える。

写真⑥のF点と郵便局下にある砂浜の写真⑦のG点間は、中、遠投でカレイ類のほかコマイやカジカの数釣りが可能。

写真⑧はサケ・マス河口規制標柱から海岸の砂浜H点を撮影したもので、ここから左岸の灯台下の砂浜の写真⑨のI点まではサケ・マス河口規制期間中にはサケの投げ釣りが盛んなポイントだ。

I点周辺は15～30mの飛距離でカジカの40～50cm級の数釣りが可能なポイント。

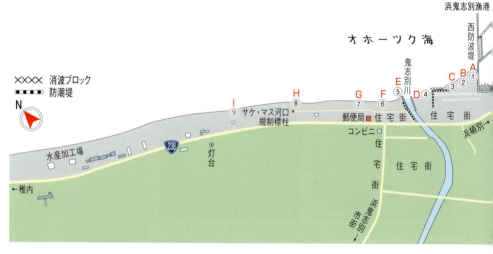

[道北] 宗谷・留萌 [猿払村]

■釣り期	1	2	3	4	5	6	7	8	9	10	11	12
●カレイ	·	·	·	·	●	●	●	●	●	●	·	·
●コマイ	·	·	●	●	●	·	·	·	●	●	●	·
●カラフトマス	·	·	·	·	·	·	●	●	●	·	·	·
●サケ	·	·	·	·	·	·	·	●	●	●	·	·

①ウキ釣りでクロゾイの良型が期待できるA点

②春と秋にクロガシラの数釣りが期待できるB点

③秋に良型カジカが釣れるC点

④サケ・マス河口規制解除後、サケのウキ釣りとウキルアー釣りポイントとなるD点

⑤波が穏やかなときのみ入釣可能な鬼志別川河口の左導流堤のE点

⑥カレイやカジカなどの数釣りが期待できるF点の砂浜

⑦中、遠投で狙うといい郵便局下の砂浜のG点

⑧鬼志別川河口左岸側のサケ・マス河口規制標識が建つH点

⑨良型のカジカ釣りに定評がある灯台下のI点

MEMO

6月1日から9月10日までは、鬼志別川の河口両岸300mにサケ・マス採捕の河口規制が掛かりサケ、マスはこの間、釣れないので注意が必要。

［猿払村］ちらいべつがわかこうさがん

知来別川河口左岸

春にイシモチやクロガシラ、サクラマスが釣れ夏はカラフトマス、秋にサケの大群が押し寄せる。晩秋にはカジカやコマイ、クロガシラの数がそろうなど1年を通じて釣りが楽しめる。

写真①は河口左岸側にあるサケ・マス河口規制標柱とA点の消波ブロック。6月1日から12月10日まで規制が掛かるため、釣り場はこの標柱から左側（北側）となる。サケ釣りシーズン中は、消波ブロック上でのウキ釣りやウキルアー釣りでサケを2ケタ手にできることもある。またB点までは消波ブロックの岸側でもサケが回遊することがある。入釣ルートは知来別郵便局の向かい側にある細道から入るといい。

写真②のC点では、サクラマスのほかカラフトマスやサケの回遊も見られる。一帯の海底は砂地や岩礁に海藻が茂っているため根掛かりが気になるが中・遠投でカレイ、カジカがよく釣れる場所でもある。

写真③のD点は、波が穏やかなとき限定のポイント。ちょい投げや中投で良型のクロガシラやイシモチが釣れる。また秋以降はコマイの回遊がよくある場所でもある。

写真④はE点の砂浜で、海底はコンブ根などの海藻が茂っているため根掛かりが激しいのが難点だが、15m前後先に仕掛けを投入し根周りを狙うと良型や大型のカジカが釣れる。

写真⑤の看板のすぐ左側にある写真⑥の小川の河口右岸側のF点は、15～20m先に仕掛けを投入するとカレイやコマイに交じり良型のカジカも釣れ、またサクラマス、カラフトマス、サケの回遊も度々見られる。

写真⑦は小川の河口左岸からG点を写したもので、根掛かりがやや気になるもののカレイやコマイ、カジカがよく釣れる。

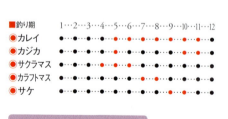

MEMO

根掛かりが激しいため予備の仕掛けやオモリは多めに持参したい。コンビニとガソリンスタンドは浜頓別町の浜鬼志別地区にある。

[道北] 宗谷・留萌

[猿払村]

①この標柱を基点に北側が釣り場となる

②投げ釣りでカレイやカジカが狙えるC点

③良型のクロガシラが期待できるD点の海岸

④カジカの好ポイントのE点

⑤F点はこの看板が目印となり分かりやすい

⑥マス類が期待できるF点

⑦根掛かりはするが、コマイやカジカの好ポイントのG点

[稚内市] めなしがわかこうかいがん

目梨川河口海岸

主に砂浜だが、左右の両端には岩礁帯、海底には飛び根があるためカレイ、コマイ、サクラマス、カラフトマスなど多魚種が釣れる。

写真①は河口左岸側の国道238号にある駐車場。駐車場右側の未舗装の小道から入釣する。河口右岸側に向かう場合は川を横切ることになるので、通常は長靴でも大丈夫だが、増水時にはウエーダーが必要になる。状況が悪ければ無理をしないこと。

写真②はA点付近。干潮時に岩場が露出し、波がなければ岩盤に乗ってサオを出せる。根掛かりするため50m以上のキャストが必要だが、サクラマスやカラフトマスが釣れる。ウキを使う場合、ウキ下は短くすること。

写真③は河口から400mほどの右岸側のB点で、サクラマス、カラフトマスが最も期待できるルアー釣りポイント。

写真④は目梨川河口右岸の砂浜のC点で、カラフトマスが期待できる。ここはウキルアー釣りよりウキ釣りで攻めるといい。

写真⑤は左岸D点から見た目梨川河口付近。この周辺は近〜中投の投げ釣りでカレイやコマイがよく釣れる。サクラマスやカラフトマスの寄り付きもいい。

写真⑥は小川が流出しているE点の砂浜。近〜中投の投げ釣りでカレイ、ルアー釣りでカラフトマスが釣れるが、どちらかというと水量の多いときが狙い目だ。

F点は20〜30m先に仕掛けを投入するとカレイに交じり良型のカジカも釣れる。

写真⑦はG点付近。波打ち際から左沖

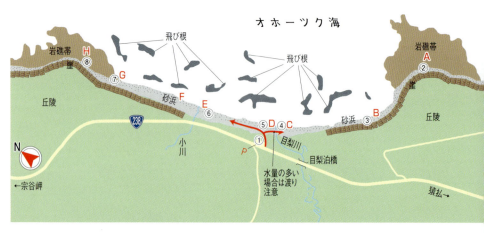

合に岩礁帯が連なっていて溝を狙うとカジカやアブラコがヒットする。

写真⑧は左岸最奥部のH点。干潮時には波打ち際から岩盤と岩場が露出している。その周囲に投入するとカジカの数がそろう。

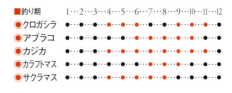

■釣り期	1	2	3	4	5	6	7	8	9	10	11	12
●クロガシラ	●	●	●	●	●	●	●	●	●	●	●	●
●アブラコ	●	●	●	●	●	●	●	●	●	●	●	●
●カジカ	●	●	●	●	●	●	●	●	●	●	●	●
●カラフトマス								●	●	●		
●サクラマス	●	●	●	●	●	●						

[道北]宗谷・留萌

[稚内市]

①入釣ルートの横にある駐車場

②サクラマス、カラフトマスが狙えるA点

③サクラマス、カラフトマスの寄り付きがいいB点

④河口の右岸側の砂浜

⑤投げ釣りでカレイなどが狙える河口左岸

⑥小川が流入しているE点付近

⑦カジカ、アブラコなどが狙えるG点

⑧カジカの好ポイント、H点

MEMO

H点はカジカが年中釣れる好ポイントだが、根掛かり必至なので仕掛け、オモリの予備は多めに持参すること。また、クマの出没地でもあるので要注意。

[稚内市] とまりないがわかこうかいがん

泊内川河口海岸

砂地に岩盤、玉石が堆積している。
河口を中心にして小さなワンドを形成していて魚の寄り付きがいい。

　春先のカレイ、春から夏にかけアメマス、サクラマス、夏から秋はカラフトマス狙いで釣り人が絶えることがない。積雪の前までの間はカジカ、カレイ、コマイ釣りが楽しめる。またブリの回遊も見られる注目のポイント。

　廃船がある写真①のA点周辺は、サクラマス、アメマス、カラフトマスの人気ポイント。ジグやミノーを用いて20〜30mのキャストで狙うといい。またブリの回遊も見られ、ショアジギングで狙う人も見掛ける。

　写真②のB点はサクラマスやアメマス、カラフトマスの回遊があり、ルアー釣りの人がよく集まる。投げ釣りでは20〜50m先に仕掛けを投入してクロガシラ、イシモチなどが釣れる。

　河口周辺の写真③のC点はカラフトマス釣りの超人気ポイント。海へ流出する川水が右方向に向かうときは右海岸、左側に向かう場合は左海岸に入釣してウキフカセやウキルアー釣りなどで釣果が2ケタに届く可能性もある。盛期には波打ち際まで大群が回遊する。投げ釣りでは春先にちょい投げでクロガシラが釣れ、秋から冬にはコマイも釣れる。

　写真④のD点から写真⑤のE点までの間の海底は岩礁帯に砂地、飛び根が混在しており、15〜50m先に仕掛けを投入すると、カジカやカレイの数釣りが楽しめる。ただし、根掛かりするので仕掛けは多めに持参した

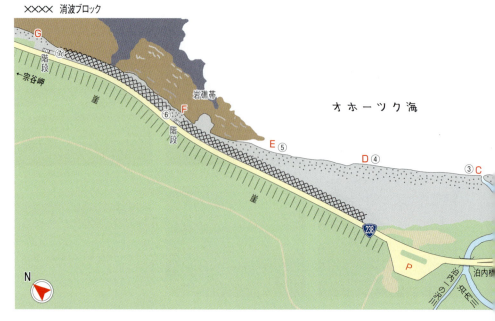

方がいい。条件次第ではカラフトマスがたまることがあるのでチェックしよう。

写真⑥のF点と写真⑦のG点はいずれもコンクリート製の階段から海岸に下りることができる。50m以上の飛距離でカレイやカジカが釣れる。

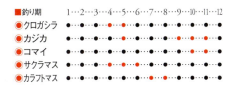

■釣り期	1･2･3･4･5･6･7･8･9･10･11･12
●クロガシラ	
●カジカ	
●コマイ	
●サクラマス	
●カラフトマス	

①廃船が目印のA点

②サクラマスやカラフトマスが狙えるB点

③カラフトマス釣りで絶大な人気のC点

④カジカなど投げ釣りがメーンとなるD点

⑤根掛かり対策が必要なE点

⑥消波ブロックに挟まれ釣り座は狭いF点

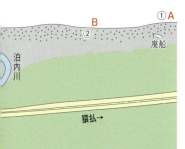

⑦カレイ、カジカが狙える投げ釣りポイントのG点

MEMO

北風と東風に弱い海岸で、その場合、コンブなど海藻の漂着があり、数日間釣りにならないことがあるので、事前の天気予報は確認しよう。

[稚内市]とよいわかいがん

[道北]宗谷・留萌

[稚内市]

豊岩海岸

豊岩海岸周辺は岩礁帯、隠れ岩、コンブ根、砂地など変化に富み、良型のクロガシラやカジカ、またアメマスやカラフトマスも狙える。

　国道238号を稚内市宗谷岬から猿払方向に向かい宗谷岬市街地を抜けると砂浜のある海岸線が見えてくる。ここが豊岩海岸だ。
　写真①は竜神島右側のA点。写真②は同島左側のB点で、いずれもウキ釣りで30cmを超える良型のソイが狙える。投げ釣りは根掛かりが激しく不向きだ。
　写真③のC点で、20mほど沖合に岩が露出して見える。岩と岩の間を狙うとカジカやクロガシラが釣れるが、根掛かりは覚悟しなければならない。写真④はD点の小さなワンドを形成した砂浜で、沖合20mほどから岩礁帯と隠れ根の周囲にコンブ根が続き、根掛かりが激しいものの、周辺を狙うと30cmを超えるクロガシラの数がそろう。
　E、F点のオフカルウスナイ川河口右岸は知志矢橋横から入る。写真⑤のE点は隠れ根がありクロガシラやカジカの寄り付きがいい。15～20m投げると数がそろうことがある。写真⑥はオフカルウスナイ川河口右岸のF点で、水深が浅く海底はコンブ根になっており根掛かりが激しく投げ釣りには不向きだが、ウキ釣りでカラフトマスがヒットする。
　オフカルウスナイ川河口の左岸側は小屋の横から入る。写真⑦はオフカルウスナイ川の河口のG点で、20mほど沖合から岩礁帯が続くが、その手前に仕掛けを投入するとカジカやクロガシラの良型がそろうことが多い。根掛かり必至の上級者向きのポイントだ

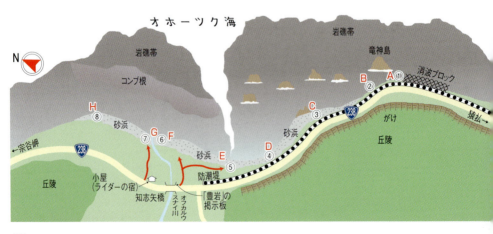

が、50cm超えの大物カジカがヒットしたことがある。また8月にはカラフトマスの群れがたまることがあるので見逃せない。

　写真⑧のH点は水深が浅いが、海底は砂地に飛び根が混在していて10〜20mほど投げるとカジカやクロガシラが釣れる。

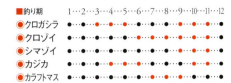

■釣り期	1	2	3	4	5	6	7	8	9	10	11	12
●クロガシラ	・	・	●	●	●	●	●	●	●	●	・	・
●クロゾイ	・	・	・	●	●	●	●	●	●	●	・	・
●シマゾイ	・	・	・	●	●	●	●	●	●	●	・	・
●カジカ	・	・	・	●	●	●	●	●	●	●	・	・
●カラフトマス	・	・	・	・	・	・	●	●	●	・	・	・

[道北・宗谷・留萌]

[稚内市]

①右の沖に見えるのが竜神島

②ウキ釣りで良型のソイ類が狙えるB点

③投げ釣りでカジカなどが狙えるC点

④クロガシラの数釣りが可能なD点

⑤海底に隠れ根が点在するE点

⑥夏にカラフトマスが狙えるF点

⑦岩礁帯手前が好ポイントとなるG点

⑧飛び根が点在するH点

MEMO

北風や東風が吹くとしけることが多く、コンブや海藻が大量に漂着する。南風や南西風の吹くときがチャンスだ。

[稚内市] だいにきよはまかいがん

第二清浜海岸

入釣が楽だが、実績のある宗谷漁港清浜地区が近くにあるためか、サオを振る人を見掛けることは少ない。
しかし春にはヤリイカ、夏にはカラフトマスの回遊もある。

　写真①の間宮林蔵渡樺出港の地の碑前のA点は、浅瀬が続いていて100m以上の飛距離が必要となり5月上旬以降にクロガシラやマガレイが釣れるものの、数はあまり期待できない。

　写真②のB点周辺は根掛かりが激しいが50〜80mほどの飛距離でクロガシラが釣れる。だが、型物や数が釣りたいのなら写真③の沢水が流出するC点から左側がいい。C点付近では沖合30〜50m付近が狙い目だ。

　D点（写真④）の船揚げ場は根掛かりがやや気になるもののクロガシラやカジカが寄り、ちょい投げでも狙える。また春にはヤリイカの回遊が見られることもある。エギングだと根掛かりの可能性が高いので、タナを浅めに取ったウキ釣りがお薦めだ。

　写真⑤のE点の堤防は幅がおよそ2mで海面からの高さは1m弱。そのため風が弱く、波が穏やかなとき限定のポイント。先端部から11時〜1時方向に30m以上投げると30cm前後のクロガシラの数がそろうことがある。

　写真⑥は海に栄養分を運んでいる小川。F点（写真⑦）の小川の河口付近から写真⑧のG点間は根掛かりが激しいものの、ちょい投げや中投でカジカの数釣りが楽しめる。40cmを超えるサイズも期待大だ。また夏にはカラフトマスの回遊もまれに見られる。

[道北] 宗谷・留萌

[稚内市]

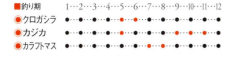

■釣り期	1	2	3	4	5	6	7	8	9	10	11	12
●クロガシラ	●	●	●	●	●	●	●	●	●	●	●	●
●カジカ	●	●	●	●	●	●	●	●	●	●	●	●
●カラフトマス	●	●	●	●	●	●	●	●	●	●	●	●

①マガレイが期待できる間宮林蔵渡樺出港の地の碑前のA点

②根掛かり必至のB点

③クロガシラの型物が狙えるC点

④ちょい投げでカジカが釣れるD点

⑤なぎ時限定のE点

⑥船揚げ場横にある小川

⑦小川が流れ出すF点

⑧カジカの数釣りが期待できるG点の護岸

MEMO

一帯は根掛かりが激しいため予備の仕掛けやオモリは多めに持参すること。国道脇は私有地のため、駐車する場合は写真①の間宮林蔵渡樺出港の地の碑の駐車場か宗谷漁港清浜地区の公園駐車場を利用する。

[稚内市] こえといぎょこうみぎかいがん

声問漁港右海岸

釣り人が少ない穴場的釣り場だが、
投げでカレイ、ルアーではサクラマス、アメマス釣りが楽しめる。
夏以降はカラフトマスやサケも狙える。

　写真①のA点の砂浜周辺への入釣は写真②のメグマ原生花園バス停から15mほど宗谷岬側の小道を利用する。スプーンやジグミノーなどのルアー釣りで20〜50mほどキャストすると、サクラマスやアメマスの数が期待できる。9〜10月はサケの回遊もあり、投げ釣りで狙う人の姿も見られる。

　写真③の稚内空港下のB点の砂浜の海底は砂地に飛び根で根掛かりはほとんどない。例年だと6〜7月と9〜10月に手のひらサイズから30cm級のイシモチ、クロガシラ、カワガレイ、スナガレイが中、遠投で釣れる。条件次第では短時間で2ケタに到達することもある。ルアー釣りでは数は少ないもののアメマスやサクラマスのヒットも見られる。

　写真④のホクレン油機サービス下の砂浜C点の海底は砂地に飛び根がある。根掛かりは少なく安心してサオが出せる初心者やファミリー向けのポイントだ。投げではちょい投げや中投でカワガレイ主体にイシモチ、スナガレイの数釣りが楽しめる。遠投するとマガレイもヒットするが数は極めて少ない。

　写真⑤の旧とんかつ弁当店の下にある写真⑥のD点の砂浜は、砂地に飛び根でやや根掛かりが気になる。中、遠投でカワガレイ、スナガレイ、クロガシラの数がそろうことがある。

　E点（写真⑦）の声問バス停下の砂浜は中、遠投でカワガレイ主体にクロガシラが交じる。ただし、風向きや潮流によってごみが流れてくるのが難点だ。

写真⑧のF点は夜間限定だが離岸堤横の沖合を狙ったウキ釣りで小型〜30cm超えのクロゾイが狙える。ウキ下は30〜50cmが適当。

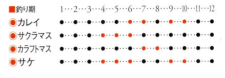

①サクラマスが期待できるA点

②A点に行く目印となるメグマ原生花園のバス停

③根掛かりが少ないB点

④ホクレン油機サービス（右）下にC点がある

⑤D点はこの旧とんかつ弁当店の左下の海岸

⑥根掛かりが気になるがカレイの数がそろうD点

⑦声問バス停下のE点はカワガレイが釣れる

⑧良型クロゾイが釣れるF点

MEMO
砂浜は埋まりやすく4輪駆動車でも乗り入れはやめた方がいい。

[稚内市] こえといぎょこうひだりかいがん

声問漁港左海岸

海底は変化に富んでいて、春にはクロガシラ、秋にはカジカもよく釣れ、夏から秋にはブラー釣りでクロゾイ釣りも楽しめる。

　A点は写真①の通り、声問漁港の西護岸横からB点の船揚げ場に至る一帯。砂地にコンブ根と海藻が生い茂っており、根掛かりが気になるものの、岸から10〜25m付近に投入すると、カジカが狙える。特にB点の船揚げ場に近い辺りが好ポイントとなっており、こちらは20m前後に投入するとカジカの数が上がることがある。

　写真②のB点は船揚げ場左横からC点までの間。20〜50mほど先でクロガシラが釣れ、カジカが交じることもある。特に写真③のC点の出岬から、11時〜1時方向に仕掛けを投入すると数が釣れることがある。

　声問岬周辺は海底が岩礁帯と根に覆われていて根掛かりが極めて激しいため、どちらかというと投げ釣りには不向きだが、写真④の鉄製のポールの右横にあたる写真⑤のD点付近は、棒オモリなどの根掛かり対策をして15〜25m先に仕掛けを投入して挑むと、カジカやクロガシラが釣れる。

　写真⑥の声問岬左海岸のE点は、根掛かりが気になるものの、クロガシラやカジカ

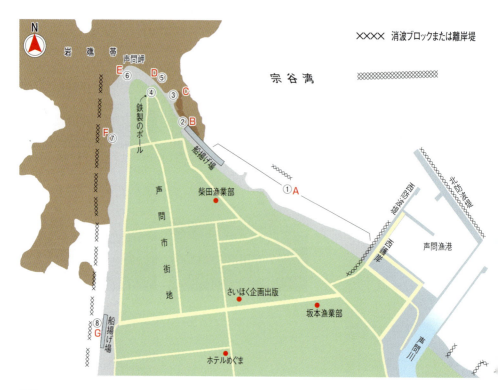

が寄り付く。離岸堤の右横を狙ったちょい投げで数が上がることがある。また、アブラコヒットの可能性もあり、リールを素早く巻き上げるなどの対策も念頭に入れておこう。

写真⑦のF点は離岸堤周りにソイが潜んでいるため、ブラーをキャストして表層や中層を狙ってみると面白い。サイズは20〜25cmが主流だが、30cmを超えるサイズが交じることもある。ウキ釣りも有効だ。

写真⑧の船揚げ場のG点は根掛かりが激しいものの、ちょい投げや中投げでカジカがよく釣れることがある。

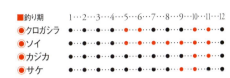

■釣り期	1…2…3…4…5…6…7…8…9…10…11…12
●クロガシラ	●…●…●…●…●…●…●…●…●…●…●…●
●ソイ	●…●…●…●…●…●…●…●…●…●…●…●
●カジカ	●…●…●…●…●…●…●…●…●…●…●…●
●サケ	●…●…●…●…●…●…●…●…●…●…●…●

①カジカが狙えるA点一帯

②クロガシラやカジカが釣れるB点

③クロガシラ、カジカの数釣りが期待できるC点

④ポイントの目印になる鉄製のポール

⑤根掛かり対策が必要なD点

⑥ちょい投げで数が上がるE点

⑦離岸堤周りにソイが潜むF点

⑧カジカの数釣りが楽しめるG点

> **MEMO**
> 住宅地に近いため、大声は出さないこと。釣り場付近にはトイレがない。コンビニは稚内市街地に向かって5分ほどの国道238号沿いのはまなす地区にある。

[稚内市]わっかないこう(きたふなだまりちく)みぎかいがん

稚内港(北船溜地区)右海岸

稚内市街地にある稚内港(北船溜地区)の右海岸は釣り人をあまり見掛けないが、カレイやカジカ、ボラのほかサケの回遊もある。

　一帯は以前、砂浜だったが、護岸工事などで大きく変貌し、現在はコンブ漁などの荷揚げ作業や磯舟の置き場に使用されている。カレイやカジカは以前よりは数が釣れなくなったものの、タイミング次第では複数匹手にすることも可能。サケの期待も高い。

　写真①のA点は小川が流出しておりチカなどの小魚の回遊も見られるが、水深が浅いためサビキ釣りは不向きでウキ釣りで数が釣れる。また8月中旬以降はサケの回遊があり、ウキフカセ釣りで狙うといい。タナは20〜30cmが適当。

　写真②のB点の電波塔下周辺は、秋のカジカ場。10月下旬から11月中旬に離岸堤と離岸堤の間を目掛け15〜20m先に仕掛けを投入して狙うと、30〜40cmのカジカの数がそろうことがある。写真③のB点からC点までの間はサケの回遊がある。水深が極めて浅いためウキフカセ釣りが有利。

　写真④のC点の小川の河口付近はサケの回遊が多い。なお、離岸堤と離岸堤の間に仕掛けを投入するとカワガレイ、クロガシラが釣れるものの数は少ない。

　写真⑤はC点の小川のすぐ左岸側を参考までに撮影しておいたが、離岸堤間の空いている場所への仕掛けの投入は間隔が狭いためせいぜいサオ2本が限度。

　写真⑥のC点とD点間は離岸堤と離岸堤の間を狙った夜間のウキ釣りで20cm前後主体にクロゾイが釣れる。

　港のすぐ右横の写真⑦のD点は春と秋に20〜30mの飛距離でクロガシラがカワガ

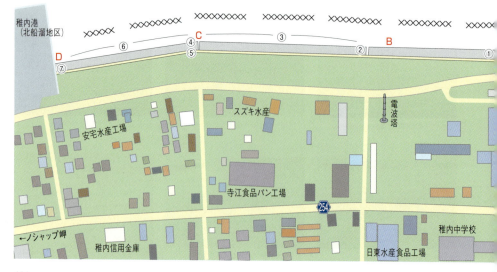

レイ交じりで釣れ、ときにはボラがヒットする。日没後には小型主体にクロゾイが狙える。またサケの回遊も見られる。

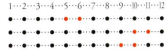

■釣り期	1	2	3	4	5	6	7	8	9	10	11	12
●クロガシラ	●	●	●	●	●	●	●	●	●	●	●	●
●カジカ	●	●	●	●	●	●	●	●	●	●	●	●
●サケ	●	●	●	●	●	●	●	●	●	●	●	●

[道北] 宗谷・留萌 [稚内市]

①ウキ釣りでチカが狙えるA点付近

②条件次第で良型カジカの数釣りが可能なB点

③サケが狙えるB点とC点の間

④小川の流れ出し付近のC点はサケポイント

⑤沖に見える離岸堤と離岸堤の間がポイント

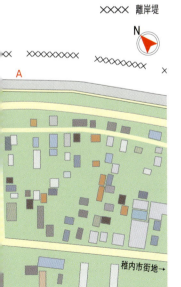

⑥クロゾイが狙えるC点とD点間

⑦クロガシラなどカレイが狙えるD点

MEMO

コンブ漁などの漁業作業期間中の入釣は避けること。なお、一帯はアカハラが多いので、予備のエサは多めに持参した方が無難。

[稚内市] ばっかいかいがん

抜海海岸

根掛かりは激しいが、カジカ釣り場として知られている。
秋には40cm超えの大型も釣れる。砂地やコンブ根周辺では、
クロガシラ、イシモチなども狙える。

写真①は数km先まで続く砂浜のA点で、50m以上の飛距離でクロガシラ、イシモチ、スナガレイなどが狙える。

写真②はコンクリート護岸の右端部分のB点。15〜30m付近でカジカ、それ以上の飛距離でカレイも狙えるが、根掛かりが気になる。

写真③はコンクリート護岸の途中に造られた船揚げ場の左側から撮影したC点。海底は波打ち際から沖合に向かって砂地にコンブ根、隠れ根が続く。良型のカジカが釣れる。

写真④は水産加工場右側から撮影したD点の護岸。引き潮時には砂浜も見えるが、潮が満ちると消えてしまうので、護岸上に釣り座を構えるのが無難だ。波打ち際近くから沖合に向けて岩礁と砂地、コンブ根が続くため根掛かりが激しい。根周りを狙うとカジカの数がそろうことがある。

写真⑤はE点の階段状に造られたコンクリート護岸を左側から撮影した。写真⑥はF点のコンクリートで固められた場所。岩礁にコンブ根が混在して根掛かり必至だが、10〜30m先に仕掛けを投入すると35〜50cmのカジカの数がそろうため、シーズンになると入釣者が絶えない。

写真⑦は抜海漁港北護岸横にある岩場のG点で、写真⑧は岩場の先端H点を撮影

したもの。G点よりもH点の方が、足場がしっかりしているのでこちらへの入釣がお薦め。海底は岩礁帯で根掛かりは必至。投げ釣りでカジカ、ウキ釣りでソイやガヤの数がそろうことがある。

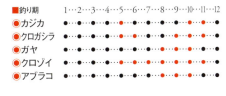

■釣り期	1	2	3	4	5	6	7	8	9	10	11	12
●カジカ	・	・	・	・	●	●	●	・	・	●	●	●
●クロガシラ	・	・	●	●	●	●	・	・	・	・	・	・
●ガヤ	・	・	・	●	●	●	●	●	●	●	・	・
●クロゾイ	・	・	・	●	●	●	●	●	●	●	・	・
●アブラコ	・	・	・	●	●	●	●	●	●	●	・	・

[道北] 宗谷・留萌

[稚内市]

①クロガシラ、イシモチなどが釣れるA点の砂浜

②カジカとカレイが狙えるB点

③良型カジカが期待できるC点

④根周りを狙うとカジカの数が狙えるD点

⑤階段状の護岸にあるE点

××× 消波ブロック
●●● 防潮堤

⑥カジカの人気ポイントのF点

⑦抜海漁港北護岸横にある岩場のG点

⑧カジカのほかソイやガヤの数がそろうH点

MEMO

カジカ釣りでは外道のアカハラが釣れたら切り身にしてエサに使用するとアカハラが寄らずアカハラ対策になる。

[苫前町] みとよかいがん

三豊海岸

砂地に飛び根が基本だが、一部には岩盤地帯もある。
根掛かりも多少あるが、カジカの好釣り場の多い苫前町の中でも
大型が狙える釣り場としてよく知られる。

　写真①のA点はアブラコ、カジカに加え、ガヤやクロゾイなどの魚種も狙える。ガヤやクロゾイは夜釣りが定番で6〜7月がベスト。

　写真②のB点は砂浜に下りてサオを出す。カジカなど移動しながら釣り歩くのにはもってこいの釣り場。条件さえ合えば2ケタ釣りも可能な上に40cmオーバーの大型も上がるポイント。

　写真③のC点は防潮堤越しにサオが出せ、アブラコやカジカ、クロガシラなどが狙える。C〜D点の防潮堤前は消波ブロックが設置されており、魚の取り込みは難しいが、入釣者が少なく、魚がたまって大漁することもある。ブロックの昇降には十分注意してほしい。

　写真④のD点は苫前橋から2km北上し、三豊バス停を左に曲がり突き当たりを左に曲がって入釣する。防潮堤越しにサオが出せて、6月のアブラコ時期と11月のカジカの時期に入釣者が多い。

　写真⑤のE点の古丹別川河口海岸では自然産卵で回帰するサケが狙える。群れの数は少なく、歩く距離も長いため入釣者は少なく、ゆっくりサオを出すことができる。時期は10月上旬。E点の入釣は、小平町の道の駅「おびら鰊番屋」から国道232号を北上。約16km走り苫前橋を渡り左に曲がり入釣する。河口付近まで砂利が敷かれてい

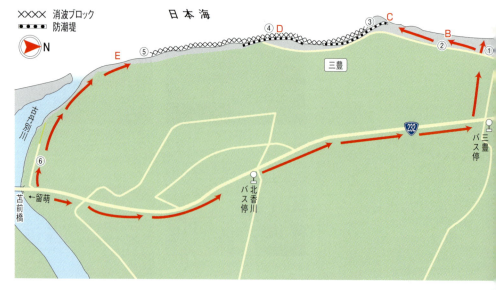

るが（写真⑥）、徒歩で草をかき分け300mほど歩かなければならない。D点からでは700m歩かなければならない。

[道北] 宗谷・留萌

[苫前町]

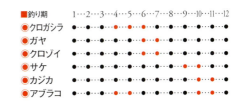

■釣り期	1	2	3	4	5	6	7	8	9	10	11	12
●クロガシラ	·	·	·	·	●	●	·	·	●	●	·	·
●ガヤ	·	·	·	·	●	●	●	·	·	·	·	·
●クロゾイ	·	·	·	·	●	●	●	·	·	·	·	·
●サケ	·	·	·	·	·	·	·	·	●	●	·	·
●カジカ	·	·	·	·	·	·	·	·	●	●	●	·
●アブラコ	·	·	·	●	●	·	·	·	·	●	●	·

①6〜7月にガヤやクロゾイが夜釣りで狙えるA点

②秋にはカジカの数釣りが狙えるB点

③防潮堤越しにサオが出せ、春のアブラコや秋のカジカが狙えるC点

④防潮堤越しにサオが出せ、春のアブラコや秋のカジカが狙えるD点

⑤秋にはサケが狙えるE点

⑥E点への入釣ルート（留萌方面からは苫前橋左折）

MEMO

留萌近郊でのカジカ釣りといえば、夜釣りが定番だが、苫前町三豊海岸のB〜D点は早朝や日中でもカジカが狙える。

[苫前町] うえひらかいがん

上平海岸

ほぼ全域が砂地だが、所々に飛び根が点在する。時期により、多魚種が狙えるが、ずば抜けて釣れる魚種はなく、のんびり派の釣り人にお薦めの釣り場だ。

写真①はA点から見た苫前側で古丹別川河口付近までサオを出すことができる。写真②はA点から見た留萌側。A点は国道232号と枝分かれした砂利道を通って入釣する。サクラマスやアメマスの釣り場で、匹数を狙うのは難しいが、地元の人たちを中心に春にはジグ、ジグミノーなどでサクラマスを狙っている。飛距離は80m以上の遠投が必要。ただ全体で上がっても1日に5、6匹程度。秋にはサケが狙えるが、釣れる数は少なくのんびり、サケ釣りに没頭したい人向きのポイント。近くには不法投棄禁止の看板が設置されており、ごみの処分には十分注意してほしい。

B、C点ともに、ルアー釣りでサクラマス、アメマスを狙うルアーマンが多く3～6月まで地元を中心に早朝や夕方は特に入釣者が多い。

写真③のB点は、6～7月にルアー釣りでヒラメが狙えるポイント。岸際に深みがあり、最後の最後まで気を抜かずルアーを引くこと。

写真④のC点は飛び根が多く、4～5月のクロガシラや10～11月のカジカ釣りで入釣者が多い。特にクロガシラは40cm級も釣れる。

写真⑤から海岸へ下りるD点は、小平町の道の駅「おびら鰊番屋」から国道232号を約14km北上すると左側に目印の空き地がある。ドライブイン跡地で広いので目に付くだろう。ここのポイントでは、釣り人の姿を見掛けたことがない。聞いた話だが、10数年前の

11月に日中にイソメをエサにした投げ釣りでコマイが入れ食いになったという。コマイで知られた苫前町なら十分にありうる話だ。苫前町の他の釣り場でコマイがいいという情報が入ってきたときは、D点は覚えておいてほしい穴場だ。

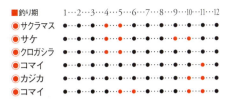

■釣り期	1	2	3	4	5	6	7	8	9	10	11	12
●サクラマス				●	●	●						
●サケ									●	●		
●クロガシラ				●	●	●						
●コマイ											●	
●カジカ										●	●	
●コマイ	●	●	●								●	●

[道北] 宗谷・留萌

[苫前町]

①春のサクラマス釣りで地元の人に根強い人気のあるA点の苫前側

②サクラマス、サケ釣りの穴場的ポイントのA点

③春のサクラマスに加え、ヒラメも狙えるB点

⑤コマイの穴場ポイントD点

④春のサクラマスや秋のカジカが狙えるC点

MEMO

あまり知られていないが、古丹別川は自然産卵でサケの回帰が見られる河川。サケの群れは薄いが、河口規制もないことから河口付近でサオを出すことができる。

[苫前町]りきびるかいがん

力昼海岸

力昼海岸は、一部に岩盤が広がっているが、ほとんどが砂地に飛び根の海底となっている。カジカやアブラコ釣りがメインで、小平町の海岸や羽幌町の海岸など、近隣のメジャーポイントと時期が重なることで入釣者が少ない穴場的な海岸といえる。

　A点は、写真②の階段から入釣する。写真①にあるようにA点の100mほど沖には、岩礁がそびえている。地元ではローソク岩と呼ばれ、岩の周りにアブラコのすみかがあるといわれている。捨て糸も必要だが、近年のタックルなら100mの遠投も可能なので、覚えておいてほしいポイントだ。

　写真③のB点は国道横からサオが出せる。5～6月にアブラコ、10～11月にカジカが狙えるが、釣れる範囲が狭く数も望めない。防潮堤沿いに消波ブロックが設置されているが、幅、高さもなく魚の取り込みは問題ない。

　写真④のC点は、カジカのポイント。番屋の沢川の河口海岸で、汽水域を好むカジカには最高のすみかとなっている。防潮堤から海岸まで、あまり高くはないが段差がある。消波ブロック伝いに下りることができるが、安全のためはしごや脚立を用意するといいだろう。

　写真⑤のD点は範囲が広いので、カジカの拾い釣りに向くポイント。10～11月は気温も下がってくるので、海岸に下りて釣り歩くのは条件的に厳しいが、人が入っていなければ大漁のチャンスがある。

　写真⑥のE点は、右側にドライブインがあるので分かりやすい。国道から海岸に下りることができ、5～6月のアブラコ釣りや10～11月のカジカ釣りに定評がある。多少、根掛かりするので、捨て糸の使用をお薦めする。

■釣り期　1…2…3…4…5…6…7…8…9…10…11…12
●アブラコ　●・●・●・●・●・●・●・●・●・●・●・●
●カジカ　●・●・●・●・●・●・●・●・●・●・●・●

[道北]宗谷・留萌

[苫前町]

①春にアブラコ、秋にカジカが楽しめるA点

②A点入釣時の下り口(階段)

③秋にカジカが釣れ、国道横の駐車帯からサオが出せるB点

④秋にカジカが期待できるC点

⑤秋にカジカの拾い釣りで数釣りが期待できるD点

⑥春のアブラコ、秋のカジカ釣りに定評があるE点

MEMO

カレイ狙いで入釣する人はほとんどいないが、5〜6月のアブラコの釣れる時期には、クロガシラも同時に狙える。サンマなどの身エサのほかにイソメやイワムシも用意したい。

[小平町] おにしかひろとみかいがん

鬼鹿広富海岸

砂地に飛び根が点在し、春先のクロガシラやアブラコ、秋にはカジカの数釣りができ、留萌近郊の釣り大会参加者がこぞって入釣するベテランが好む海岸といえる。

写真①のA点はカジカ、アブラコの釣り場。一帯は消波ブロックが敷設されていて、サオは出しづらいが、所々に船揚げ場があるので、その前に釣り座を構えることができる。写真①にあるように、その年や時期によっては、消波ブロックの海側に砂が堆積していることもあるので、消波ブロックの前でサオを出すことも可能となる。

写真③のB点は鬼鹿広富海岸でカジカが釣れる一番有名なポイント。南側の鬼鹿市街の手前のガソリンスタンド横（写真②）から海岸へ出るが、防潮堤を越えて海岸まで少し歩かなければならない。

釣れる範囲は広いので、拾い釣りをしながら釣り歩くのもいいし、イカゴロ仕掛けを投入し魚を寄せて釣ってもいい。ただし、カジカは人の入った後では全く釣れないこともあるので、移動しながら釣れるポイントを見つけてからイカゴロ仕掛けで魚を寄せる釣り方がベストだろう。

写真④⑤のC点は道の駅「おびら鰊番屋」前の海岸。駐車場も広く、海岸に下りなくても防潮堤や階段状護岸からサオを出すことができるので移動も楽なポイント。ここも春先のアブラコや秋のカジカがメインとなる。

写真⑦のD点は、右側にウニの種苗生産施設があり、そこの斜め手前に留萌建設協会の看板があり、目印となっている。写真⑥の下り口から、道路と防潮堤の間に行くことができる。写真⑦にもあるように階段が設置されており、容易に海岸に出ることができる。遠浅の海岸で、秋にはカジカ波といわれる2、3枚の波が立った時には数が狙える。

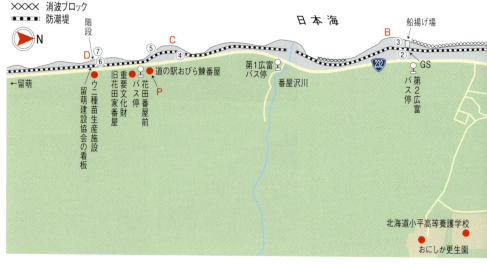

■釣り期	1…2…3…4…5…6…7…8…9…10…11…12
●クロガシラ	●・●・●・●・●・●・●・●・●・●・●・●
●カジカ	●・●・●・●・●・●・●・●・●・●・●・●
●アブラコ	●・●・●・●・●・●・●・●・●・●・●・●

[道北]宗谷・留萌

[小平町]

①春のアブラコ、秋のカジカが期待できるA点

②B点の入り口

③秋にカジカが期待できるB点

④春のアブラコ、秋のカジカが期待できるC点（苫前側）

⑤春のアブラコ、秋のカジカが期待できるC点（留萌側）

⑥D点入釣時の車両進入口

⑦秋にはカジカが期待できるD点

MEMO

アブラコやカジカ狙いで入釣するには、夜釣りがメインとなり、午後4～9時までがベストだが、意外と早朝にも数が釣れることがある。

[小平町] おにしかとみおかかいがん

鬼鹿富岡海岸

海底のほとんどが砂地で、カレイ狙いのポイントが多い。
一部には飛び根もあり、カレイのほかにアブラコやカジカなどが狙える。

写真①のA点は飛び根があり、多魚種が釣れ、晩秋にはカジカも狙うことができる。車の横でサオを出すことができるので便利だ。

B点は鬼鹿富岡海岸の中でも一番入釣者が多いポイント。小椴子橋の下（写真②）を通って海岸に出ることができ、カレイの2ケタ釣りも可能だ。国道を横断することもないので、小さな子供がいる家族連れに人気の釣り場となっている。

写真③のC点は根が多く、カレイに加えホッケ、アブラコなど多魚種が狙える。入釣するには国道と並行して設置された消波ブロックを下りる。

写真④⑤のD、E点はカレイ狙いの入釣者が多いポイント。小平トンネルを過ぎて約3.8kmの国道232号沿い右側にある生ごみ処理施設の看板（写真⑦）が目印。生ごみ処理施設のゲート横（向かって左）から国道の下に下りて、トンネル（写真⑥）をくぐって海岸に出る。このトンネルは、降雨後などには水量が多く、長靴でもくぐれない場合があるので、ウエーダーが必要となる。

釣り期は魚種全体をみるとおおむね5月下旬から6月下旬ごろまでが盛期で、E点はマガレイの数釣りが狙えるポイント。D点は飛び根が点在し、クロガシラやホッケ、アブラコなどが狙える。D、E点共通して100m以上の遠投で好釣果を得ることが多いが、40～50m付近にも深みがあり、ちょい投げにもチャンスはある。

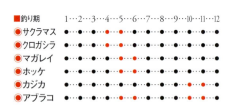

MEMO

鬼鹿富岡海岸は岸際に深みがあり、小平町花岡、大椴海岸のように有名ではないが、アメマスやサクラマスが狙える。岸際の深みでのヒットが多いので、リトリーブは最後まで気が抜けない。

[道北]宗谷・留萌 [小平町]

①防潮堤越しにサオが出せるA点

②B点へ入釣する際の国道に架かる小椴子橋の下

③飛び根や岩が多く、カレイに加えアブラコが狙えるC点の海岸

④カレイ狙いの入釣者が多いE点

⑤カレイ狙いの入釣者が多いD点

⑥D、E点へ入釣する際にくぐる国道下のトンネル

⑦カレイ狙いのD、E点の山側にある生ごみ処理施設看板

[小平町] おおとどかいがん

大椴海岸

大椴海岸といえば、春先のカレイ、ホッケ釣りが有名だ。海底が砂地で、飛び根もあるものの、根掛かりがほとんどなく、5、6月はよほどのしけでない限り、釣り人を見掛けない日はないほどである。

A点はピンポイントの釣り場。入釣は、縄ばしごやロープで下りるか、B点付近から400m砂場を歩いて入釣する。

写真①のA点はカレイ、ホッケ狙いの釣り人が入釣している。釣り期は3月下旬から6月下旬までで、大椴海岸の中でも最も入釣者が多い。海岸へ下りるには、大椴バス停の近くにある階段（写真②）を利用するか眞砂橋の下（写真③）をくぐるかの2通りあったが、バス停近くの階段は近年腐食が進み、進入禁止の看板が設置されているので、眞砂橋をくぐって入釣する。

B点はアメマスやサクラマス狙いの釣り場。以前は投げ釣りの人が多かったが、ここ数年はサクラマス狙いの人が圧倒的に多く50～60cmの良型が上がる。

写真④のC点もカレイ、ホッケ狙いの入釣者が多い。常設のロープが取り付けられており、国道沿いにある駐車帯（写真⑤）を利用できる点も人気の理由だ。

小平市街地から小平トンネルを過ぎて国道232号を約2.6km北上すると、右側に写真⑥の空き地が見える。D点の位置を示す目印で海岸に下りずに国道と防潮堤との間のスペースからサオが出せる。

防潮堤から下りた砂浜のE点（写真⑦）は、D点より約30m留萌側に位置する人気の釣り場。下り口は設けられていないが、縄ばしごや脚立で海岸へ下りることができる。人気の秘密はずばり「釣れるから」。釣れる距離は70～100m。D点とはあまり離れていないのにE点の方が釣れる。どんな釣りでも

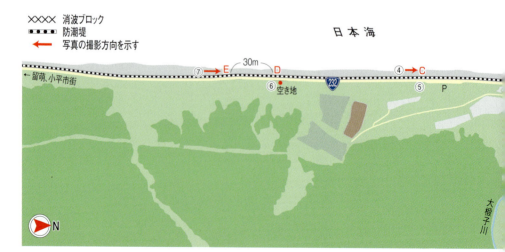

隣同士で釣果に差が出ることが多々あるが、まさにこのE点はそんなポイントといえる。

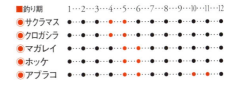

■釣り期	1	2	3	4	5	6	7	8	9	10	11	12
●サクラマス	●	●	●	●	●	●	●	●	●	●	●	●
●クロガシラ	●	●	●	●	●	●	●	●	●	●	●	●
●マガレイ	●	●	●	●	●	●	●	●	●	●	●	●
●ホッケ	●	●	●	●	●	●	●	●	●	●	●	●
●アブラコ	●	●	●	●	●	●	●	●	●	●	●	●

[道北]宗谷・留萌

[小平町]

①カレイ狙いの釣り人が多い国道距離表示青看板下のA点

②進入禁止となっている階段

③A、B点に入釣する際にくぐる国道232号の眞砂橋

④海岸に下りるロープも設置されているC点

⑤国道232号沿いにあるC点に近い駐車帯

⑥国道232号沿いにあるD点近くの空き地

⑦人気があるE点の海岸

MEMO

カレイの岸寄りが進むと意外に近くでヒットすることがあり、ちょい投げも試すといい。

[小平町] まさご〜はなおかかいがん

真砂〜花岡海岸

海底のほとんどが砂地で、カレイ狙いのポイントが多い。
一部には飛び根もあり、カレイのほかにアブラコやカジカなどが狙える。

　写真①の北に延びるA点はカレイ狙いの入釣者が多い。小平トンネルを過ぎて約1.9kmの国道232号沿い右側にある駐車場（写真②）に車を止め、国道と並行して設置させた消波ブロックを下りて入釣する。

　写真③の南側に広がるB点もカレイ狙いの入釣者も多いが、それ以上にアメマスやサクラマス狙いの釣り人が多い。3月下旬から6月中旬ごろまで、早朝と夕方にルアーマンを見掛けないことはないぐらい入釣者が多い。

　また、A、B点共通して、6〜7月にミノーやジグでヒラメが狙える。ヒラメは、日本海海域では漁業管理協定により35cm未満のヒラメを採捕しないよう漁業者が自主規制を行っているので、遊漁者も35cm未満はリリースしてほしい。

　写真④⑤のC点は車の横でサオが出せカレイ、アブラコ、ホッケが狙える。

　写真⑥のD点は旧海水浴場。沖に離岸堤があり、晩秋のしけの日でもサオが出せ、カジカやクロガシラが狙える。留萌方面から小平トンネルの手前で左折し、宿泊施設「ゆったりかん」の前を通って入釣する。

　写真⑦のE点もD点と同様のルートで入釣する。釣り座は階段状の護岸が施され、サオが出しやすい。大型カジカが上がることでも有名で、50cm級も夢ではない。

　写真⑧のF点の海底は砂地でカレイが狙えるが、すぐそばに小平蘂川（おびらしべ）が流れており、カワガレイが多い。また、アメマスやサクラマスの回遊もある。国道からF点の海岸線までは民有地があり、車の駐車はできなくなっているので、注意してほしい。

■釣り期　　　1…2…3…4…5…6…7…8…9…10…11…12　　　　　　　　1…2…3…4…5…6…7…8…9…10…11…12
● サクラマス　●‐●‐●‐●‐●‐●‐●‐●‐●‐●‐●‐●　　● ヒラメ　　●‐●‐●‐●‐●‐●‐●‐●‐●‐●‐●‐●
● クロガシラ　●‐●‐●‐●‐●‐●‐●‐●‐●‐●‐●‐●　　● アブラコ　●‐●‐●‐●‐●‐●‐●‐●‐●‐●‐●‐●
● マガレイ　　●‐●‐●‐●‐●‐●‐●‐●‐●‐●‐●‐●　　● カジカ　　●‐●‐●‐●‐●‐●‐●‐●‐●‐●‐●‐●

[道北] 宗谷・留萌

[小平町]

①カレイ狙いの入釣者が多いA点

②カレイやマス釣りで利用できる国道232号沿いにある駐車場

③アメマスやサクラマス狙いの入釣者が多いB点

④海岸に下りずにサオが出せるC点

⑤飛び根や岩が多く、カレイに加えアブラコが狙えるC点

⑥晩秋にクロガシラやカジカが狙える旧海水浴場のD点

⑦晩秋に大型カジカが狙えるE点の階段状の護岸

⑧アメマスやサクラマス狙いの入釣者が見受けられる小平蘂川河口左岸のF点

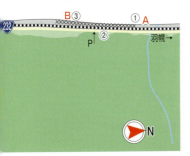

MEMO

砂地の場合、1回のしけで海底が変わってしまうこともあるので仕掛けを投入後、5〜10分間隔でリールを2、3回転させ、かけ上がりを探すことでカレイの大漁がみえてくる。

427

釣り用語

【あ】

〈相掛け〉 2種類以上のエサを1つのハリに付けること。
〈朝まづめ〉 まづめは間が詰まるという意味で、早朝、明るくなり始めてからの1〜2時間のこと。魚がエサを活発に取るのでよく釣れる。
〈当たり〉 魚が食い付いたときにサオ先が動いたり、手元に振動が伝わること。
〈荒根〉 海底が起伏の激しい岩場等で根掛かりが激しい所。
〈合わせ〉 サオをあおって魚の口にハリを掛ける動作。
〈磯渡し〉 渡船で岩場に渡って釣りをすること。積丹町幌武意、積丹町・神恵内村の沼前岬などが有名。
〈ウエーディング〉 川や海の中に立ち込んで釣りをすること。
〈ウエーダー〉 川や海などで水の中に立ち込んで釣りをするための胴付き長靴。腰までの物はウエストハイ、胸までのタイプはチェストハイと呼ぶ。
〈エンカマ〉 海水の浸食などで平磯にできた潮だまり。深さ1.5m以上のものもある。
〈遠投〉 糸に付いた仕掛けを遠くへ投げること。投げ釣りで遠投といえば一般的には約80m以上。
〈沖根〉 沖合にある岩礁や海藻群。
〈オマツリ〉 隣の釣り人や複数出した仕掛け糸が絡むこと。

【か】

〈隠れ根〉 海面には見えない岩礁や海藻群など。魚が潜む釣りポイントになっている。
〈河口規制〉 道海面漁業調整規則や海区漁業調整委員会指示によりサケ、マス増殖河川の河口付近で、期間、区域を設けて親魚の産卵活動を促進させるためサケ、マス釣りを禁止すること。
〈魚影〉 魚の数のこと。魚数が多いときは濃い、少ないときは薄いという。
〈銀ピカ〉 婚姻色が出る前で体色が銀色のサケ。脂が乗っておいしいとされる。
〈近投〉 ちょい投げ。目の前から30m程度先までを言う。
〈食いが立つ〉 魚の食いが良くなること。
〈コマセ〉 魚を寄り付かせるためにまくエサで、オキアミや練りエサなどが多い。
〈五目釣り〉 多魚種を釣ることで5種に限らない。
〈コンブ根〉 コンブが集まっているところで根魚が潜んでいる。

【さ】

〈サビキ〉 1本のミキ糸にハゲ皮（カワハギの皮）、サバ皮、ビニールなどを用いた多数の擬似バリが付いた仕掛け。
〈すれる〉 入釣者が多く魚の警戒心が高まり、同じようなルアーなどを何度も見て反応が鈍くなること。

【た】

〈立ち込み〉 海中に立って釣りを行う方法。ウエーディングともいう。
〈タナ〉 ウキ、ウキルアー釣りではウキから仕掛けまでの長さ。船釣りの場合は海面から魚のいる深さまでの距離。
〈垂らし釣り〉 仕掛けを投げないで、サオ先から真下に垂らして釣る方法。
〈中投〉 一般的には中投げ（ちゅうなげ）という。おおむね30〜80mほど。
〈潮位〉 満干潮の時間によっておこる潮位表基準面からの潮汐の高さを表す数値。単位はcm。

釣り場のイメージ

漁港

漁港は釣り人にとってなじみ深く、初級者からベテランまで楽しめる好釣り場。防波堤は、向きなどによって頭に東西南北が付くのが正式名称だが、釣り人の間では、外側に突き出す防波堤は外防波堤、包み込まれる防波堤を内防波堤と呼ぶのが一般的。ただし、本書では外防波堤、内防波堤の表記は使わない。

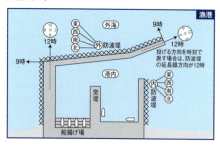

◯◯川河口海岸

河川が流入する河口海岸は、ミネラル豊富な真水が流入するため微生物が発生しやすく、小魚も集まる好釣り場。川水が勢いよく流入する付近を川筋と呼ぶ。ワンドが小さい場合は、両側の入釣者が12時方向に投げるとオマツリが発生することがあるので注意。

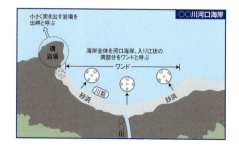

〈潮汐表〉満干潮の時間や潮回りをまとめた表。釣具店で手に入る。
〈釣り座〉サオを出す場所。
〈テーラ仕掛け〉本来は商品名だが、イカのエサ釣り用仕掛けとして、同タイプの物はほとんど同名で呼ばれる。
〈胴突き仕掛け〉ミキ糸上部のサルカンにミチ糸、仕掛け下部のサルカンにオモリを付けるタイプの仕掛け。
〈導流堤〉河口付近に突き出す川の流れを導く堤防。
〈飛び根〉所々に岩礁や海藻群などがある釣り場。
〈どん深〉急激に水深が増す場所の中で極端に深い場所を指す。

【な】

〈なぎ〉漢字では「凪」。波がなく海面が静かな状態。まったく波がないときはべたなぎという。
〈根〉岩礁や石、海藻など根掛かりのもととなるもの。
〈根掛かり〉海底の岩や海藻などに仕掛けやルアーが引っ掛かること。
〈根魚〉主に岩礁帯や海藻の多い場所を好む魚。アブラコやソイ、カジカなど。
〈根原〉ねわらと読む。海藻や岩礁などが切れ目なく続く場所。根掛かりが多く攻めにくい。

【は】

〈バラ根〉小さな岩礁や海藻群などが点々とあること。
〈ぶっ込み釣り〉仕掛けを投げ込み置きザオで当たりを待つ釣法。道内の投げ釣りはほとんどこのスタイル。
〈船道〉漁港などの漁船の通り道。海底が掘れて深くなり好ポイントとなる。

〈ブラー〉細長い楕円形の鉛の板に着色したルアーとブラクリの中間的存在の釣り具。カーブの形状により独特の動きをみせる。

【ま】

〈ミチ糸〉サオと仕掛けなどをつなぐための糸。リールから仕掛けまで続く糸。

【や】

〈夕まづめ〉日没の1、2時間前から暗くなるまでの時間帯。魚の活性が上がりよく釣れる。
〈遊動式仕掛け〉ミキ糸上をオモリが自由に動く仕掛け。主にカレイ狙いに使用される。

【ら】

〈離岸堤〉岸から離れた消波堤。消波ブロックで形成されたものが多い。
〈ルアー〉金属やプラスチックなどでできた疑似餌。

【わ】

〈ワーム〉塩化ビニールなど軟らかい素材でできた疑似餌。ソフトルアー。
〈ワンド〉漢字では湾処と書く。海岸が湾状になった所。入り江。

ゴロタ場

ゴロタ場はごろごろした石が並ぶ海岸の状態がそのまま沖に続く場合が多い。オモリや仕掛けが石のすき間に挟まりやすく根掛かりが多いため初級者には攻略は難しいが、根魚の好釣り場。

平盤・平磯

さまざまな形状の岩場の中で、比較的平らで海面から高さのない岩場を平盤や平磯と呼ぶ。入釣しやすくアブラコやカジカなどの好釣り場で、根魚釣り入門に最適。一般的には近投や中投で攻略するが、沖に砂地があればカレイの好ポイントとなる。

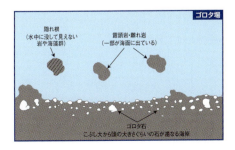

[編集・執筆]
北海道新聞 HotMedia 釣り新聞編集部
横山秀視、菊地保喜、三木田久史、平田克仁、七尾 亘、坂田義人、
佐々木徹、宮ヶ丁勇、正岡美由紀、佐藤忠幸、早坂伸司、渡辺純子、
藤髙一美、大井 昇

イラストマップ制作：浪内一雄（DESIGN5）、中川 翔
ブックデザイン：佐々木正男（佐々木デザイン事務所）

北海道の海岸　特選釣り場ナビ
2016年10月7日　初版第1刷発行
2021年12月28日　初版第3刷発行

編　者：北海道新聞HotMedia・週刊釣り新聞ほっかいどう
発行者：菅原　淳
発行所：北海道新聞社
　　　〒060-8711 札幌市中央区大通西3丁目6
　　　出版センター　（編集）☎ 011-210-5742
　　　　　　　　　（営業）☎ 011-210-5744
　　　https://shopping.hokkaido-np.co.jp/book/

印刷：株式会社アイワード
Ⓒ株式会社北海道新聞HotMedia

落丁、乱丁本はお取り換えいたします。
ISBN978-4-89453-842-9

おすすめの一冊

よく釣れる 北海道サケ釣り場ガイド

ビギナーからベテランまでサケ釣りはこれで完璧!

道内150カ所余りの釣り場を紹介する本格的なガイド。「週刊釣り新聞」記者が取材した豊富な情報と現場の写真、イラストマップでサケ・マス釣り場を分かりやすく解説。釣果を上げるために読みたい内容がいっぱいです。

週刊釣り新聞ほっかいどう 編
A5判　316ページ　　定価2420円

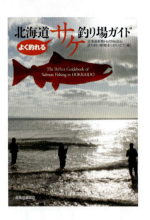

新版 ここで釣れる 北海道の港 全ガイド

ファミリーにもぴったり、身近なレジャーの手引きに

北海道内のほぼすべての港湾・漁港を網羅した釣り場ガイドの最新版。港内の釣りポイントはもちろん、駐車場やトイレをはじめ、漁港近くのコンビニやガソリンスタンドまで表示するなど、ファミリー向けのガイドブックとしても便利。ファン必携の一冊です。

週刊釣り新聞ほっかいどう 編
A5判　432ページ　　定価3080円

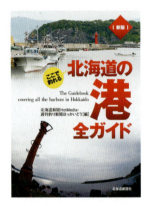

写真で学ぶキャスティング 目指せ150メートル

投げ釣りで遠くへ飛ばす技 道内第一人者が伝授

北海道のトップキャスターが自らの模範フォームの連続写真で、飛ばすコツを分かりやすく説明。初心者が陥りやすい悪い例も解説し、スポーツキャスティングを目指す人はもちろん、投げ釣りで周囲より遠くへ飛ばしたい人にも役立ちます。

小西勝美 著
週刊釣り新聞ほっかいどう 編
A5判　160ページ　　定価1650円

Doshin Books 北海道新聞社の本　道新の本　検索

北海道新聞社 出版センター 〒060-8711 札幌市中央区大通西3丁目6
電話／011-210-5744　受付／9:30〜17:30（平日）
お求めはお近くの道新販売所、書店、ホームページでどうぞ